幼儿园课程研究与实践方案丛书

林瑛熙 霍力岩/丛书主编

支架儿童的主动探究
——STEM与个别化学习

汪秀宏　王微丽　霍力岩/主编

北京师范大学出版集团
BEIJING NORMAL UNIVERSITY PUBLISHING GROUP
北京师范大学出版社

图书在版编目（CIP）数据

支架儿童的主动探究：STEM与个别化学习/汪秀宏，王微丽，霍力岩主编．—北京：北京师范大学出版社，2019.5（2022.8重印）
（幼儿园课程研究与实践方案丛书/林瑛熙，霍力岩主编）
ISBN 978-7-303-24377-8

Ⅰ．①支… Ⅱ．①汪… ②王… ③霍… Ⅲ．①科学知识－教学研究－学前教育 Ⅳ．①G613.3

中国版本图书馆CIP数据核字（2018）第274852号

营 销 中 心 电 话　010-58802755　58800035
编 辑 部 电 话　010-58808898

出版发行：北京师范大学出版社　www.bnup.com
　　　　　北京市西城区新街口外大街12-3号
　　　　　邮政编码：100088

印　　刷：	北京玺诚印务有限公司
经　　销：	全国新华书店
开　　本：	787 mm×1092 mm　1/16
印　　张：	17.75
字　　数：	357千字
版　　次：	2019年5月第1版
印　　次：	2022年8月第5次印刷
定　　价：	58.00元

策划编辑：罗佩珍　　　　责任编辑：康　悦　梁民华
美术编辑：焦　丽　　　　装帧设计：焦　丽
责任校对：韩兆涛　　　　责任印制：陈　涛

版权所有　侵权必究

反盗版、侵权举报电话：010-58800697
北京读者服务部电话：010-58808104
外埠邮购电话：010-58808083
本书如有印装质量问题，请与印制管理部联系调换。
印制管理部电话：010-58808284

丛书编委会

主　　任：林瑛熙　霍力岩
副 主 任：吕　颖　黄立志　刘　凌
执行编委：韩　智　张　敏　凌春媛

本书编委会

主　　编：汪秀宏　王微丽　霍力岩
副 主 编：张丹丹　杨伟鹏
编 写 组：张丹丹　杨伟鹏　杜豪杰　陈　灵　庞明俊　彭　丽
　　　　　符晨雁　魏建红　付　瑶　卓丽莉
参与编写（按姓氏拼音排序）：
　　　　　白明明　陈　海　陈小红　邓珍靖　方旖旋　费洪利
　　　　　贺　佳　胡　敏　江佳佳　蒋玉妹　蓝丽葵　李美玲
　　　　　李　涛　林竞豪　刘　姝　刘　瑛　罗　丹　罗珍妮
　　　　　宋春蕾　吴　南　吴　群　徐　蕴　许　盈　张婧婧
　　　　　张晚霞　张　彦　朱彩玲　邹姝华

丛书序

幼儿园课程是实现幼儿园教育理念和目标的途径或桥梁。没有高品质的幼儿园课程，就没有优质的幼儿教育。幼儿园进行课程研究和实践的过程，是办园理念提升的过程，是办园特色形成的过程，是文化积淀的过程，是多层面、多因素协同提高教育品质的过程。

基于对高质量幼儿教育的不懈追求，实验幼教（深圳市实验幼教集团有限公司）作为深圳市22所市属公办幼儿园的管理者，一直将创办全国一流幼儿园作为自身不懈追求的目标，始终坚持公益导向，积极探索内涵式发展模式。近年来，我们顺应深圳多元化文化背景，赋予幼儿园更多课程决策权，支持各园自主、因地制宜地开展课程研究与实践工作。在此过程中，我们根据幼儿园课程特点和需求，引入国内外高校专家资源，组织各类课程培训、课程诊断建构活动和课程论证会，帮助幼儿园掌握更为行之有效的课程实施方案，不断增强课程规划与实施的科学性和合理性，进而提升教育质量和教育内涵。

实验幼教下属的幼儿园是深圳市最早成立的一批公办幼儿园和首批优质特色示范幼儿园，拥有近三十年成熟的办园经验和优质的教科研成果，多年来一直在深圳学前教育行业中发挥骨干示范作用。近十年来，在国内外专家团队的悉心指导和实验幼教的倾力支持下，各园秉持对学前教育事业的热爱，肩负起促进幼儿发展的责任，吸纳并融合国内外教育思想，不断学习，反复实践，调整优化课程实施方案，开展多种形式的课程研究与实践活动。这是一个漫长又艰苦的过程。期间园长和教师们遇到过困难，产生过疑惑，但他们凭借巨大的勇气和坚守的耐力，在完善和发展过程中收获了一系列具有操作价值的课程建设经验，创造性地构建出一批既立足中国本土文化，又符合世界主流学前教育理念，而且能有效促进幼儿发展的幼儿园课程模式，创设出一个个精彩、多元的教育实践现场，在深圳市、广东省乃至全国的学前教育学术交流活动中获得一致赞誉。

由此，我们在梳理总结深圳市属公办幼儿园课程研究与实践经验的基础上，充分吸收专家团队的反馈建议，精心筹划本套幼儿园课程研究与实践方案丛书，用幼儿园课程一线实践者的话语，为大家了解实验幼教幼儿园课程提供一个全方位的开放性平台。可以说，本套丛书是对实验幼教已有优秀课程成果的筛选与展示、提炼与再创造。丛书选择的幼儿园课程研究与实践方案皆以我国《幼儿园教育指导纲要（试行）》和《3—6岁儿童学习与发展指南》为指导，以帮助我国幼儿学会主动学习、合作学习为主要价值取向，展示了通过不同方法和路径完成教育目标且有利于幼儿发展的课程范式。各园课程方案具有清晰的课程理念和目标，设计了操作性较强的课程内容和组织实施形式，希望能为广大幼儿园教师开展课程实践提供参考。

我们特别感谢北京师范大学教育学部霍力岩教授及其研究团队对实验幼教的关注与支持。霍教授用自己贴近世界前沿水平的教育主张和教育思想指引着实验幼教的课程探索之路。她深入幼儿园课程现场进行考察与调研，主持课程诊断与指导活动，确保各园课程发展的科学性、适宜性和有效性。在本套丛书的筹备阶段，霍教授用她独到的教育智慧和视角把握丛书框架，精心指导编写全程，使实验幼教课程研究成果终得以面世。这是高校专家团队、实验幼教和深圳市属公办幼儿园三位一体精诚合作，走出以前学前教育大力崇尚借鉴国外课程的窠臼，共同打造具有中国实践特色的幼儿园课程模式的探索与尝试。

同时，我们衷心感谢北京师范大学出版社的领导和编辑为丛书的出版发行工作所做的努力。

最后需要说明的是，幼儿园课程并没有既定模式，也没有最完美的课程方案。本套丛书呈现的仅是幼儿园开展课程研究与实践工作时总结的较完整和较系统的案例，其中必有不尽完善之处。我们希望能借此抛砖引玉，为广大幼儿园依据自身特点研发园本课程带来一点经验和启发，欢迎广大读者提出建议。

深圳市实验幼教集团有限公司
2017年10月

推荐序

我国幼儿园课程改革在政治、经济、文化、科技等复杂外力的作用下，经历了风雨和起伏，迎来了新世纪和新挑战。随着"互联网+"等重要发展战略的提出，如何将科技进一步融入教育成为教育界的重要议题。面对科技引领下的社会发展带来的时代挑战，学前教育作为当下我国教育体系的"第一颗扣子"，应积极探索如何有效培养幼儿的科技素养，包括兴趣、基本概念、基本技能、学习能力、应用能力和创造能力。与这一考虑不谋而合的是STEM教育在全球范围内的兴起。STEM教育作为一种跨学科、综合化的教育思想及实践，旨在将科学、技术、工程和数学这四个主要学科进行深度融合，并呼吁教育工作者给予格外重视。但是，目前学界在如何开展幼儿园STEM教育这一议题上仍然存在很大的空白。

值得高兴的是，我国改革开放的前沿重地——深圳打响了幼儿园STEM教育的"第一枪"。深圳市第八幼儿园早在20世纪90年代便开始探索幼儿科技教育，2009年开始接受王微丽园长的引领，借鉴姐妹园——深圳市莲花二村幼儿园的课程经验，全面强化园本课程建设，将幼儿科技教育融入区域、主题、亲子等课程的各个方面，并体系化地梳理幼儿园开展科技教育的有效经验。这些历史性的园本经验，也促使深圳市第八幼儿园对外界的新信息有极强的嗅觉。2016年，深圳市第八幼儿园开始有意识地推动户外大型器械及建构活动。2017年，深圳市第八幼儿园开始将自身的课程定位为以STEM教育为抓手的课程方案。2018年，深圳市第八幼儿园形成了以科技类区域活动、主题活动为主，以体育活动、浸入式英语、师幼互动评价为辅，以STEM教育和个别化学习为亮点的支架儿童主动探究的课程方案。

编写组基于十多年的实践经验，理论结合案例，生动地介绍了如何开展不同活动以支架儿童的主动探究，这对于幼儿园一线实践是有借鉴价值的。通过阅读这本书，我们能够更清楚地了解到中国的幼儿园应该如何有效开展STEM教育活动，幼儿园应该如何基于多元活动支持幼儿的个别化学习，教师应该如何支架儿童的主动学习与探究，并明白我们应该如何观察和评估课程实施中的中国儿童和教师。

霍力岩

北京师范大学教育学部教授　博士生导师

2018年5月

前言：传承中扬弃　探索中创新

教育者最大的理想是给学生最好的教育。那么，什么是最好的教育？怎样给幼儿最好的教育？这些都是当下人们最为关心的话题。但关于其标准的界说却是众说纷纭，莫衷一是。尤其是对作为基础教育之基础的学前教育而言，为幼儿提供什么样的教育更为关键。传统的、舶来的教育理论、教育模式、课程方案五花八门且层出不穷，但"弱水三千，只取一瓢饮"，适合国情的、园本的才是适宜的、符合幼儿需要的教育，才是人们期望的最好的教育。我国的学前教育经历了从全盘否定传统教育到大力复制、模仿国外教育，再到后来整合国内外教育的过程。这种整合必然是在传承中扬弃，在探索中创新的。作为一个有三十余年办园历史的园所，我园的课程经历了从摸索到借鉴再到整合的过程，这一过程包含三个时期。

【摸索期】开园伊始至2006年。我园的课程经历了从分科教学到方案教学，再到《幼儿园教育指导纲要（试行）》颁布实施后的领域教学的摸索，其中包含对幼儿健康教育和科技教育的摸索。

【建构期】2006年至2009年。我园带领15所片区园参加了中央教育科学研究所幼儿科技教育项目"十一五"规划课题"科技教育研究"的研究工作，从科技教育的课题研究逐步过渡到科技教育的课程建构，并初步形成了科技教育课程特色。

【整合期】2009年至今。2009年至2016年，王微丽园长兼管我园，带领教师学习、借鉴、吸纳深圳市莲花二村幼儿园的区域活动及英语浸入式教学等的先进理念和方法，把这些课程与我园的健康课程、科技教育课程融合，将幼儿科技教育融入区域、主题、亲子等课程的各个方面，构建了以幼儿园科技类区域活动和主题活动为主，以体育活动和英语浸入式教学为辅的园本课程体系。特别是2012年《3—6岁儿童学习与发展指南》颁布施行后，我园进入了园本课程建构创新发展的新阶段——探究以科技启蒙教育为抓手，融合语言、健康、社会、艺术和科学五大领域学习目标及内容，全面支持幼儿主动学习，从而促进幼儿整体发展的课程模式。

2016年以来，我们在原有健康课程的基础上，大力开展户外大型器械运动及建构活动；2017—2018年度，我们认真、系统地梳理了幼儿园开展科技教育活动的经验，认为我们这些年的探索与STEM教育这一跨学科、综合化的教育思想及实践不谋而合，故将我们的课程定位为STEM教育，并于2018年以课程总结的形式完成了这本有关幼儿园STEM教育的著作。本书基于我园十多年的实践经验，理论结合案例，系统地介绍了如何开展有效的STEM教育活动以及如何开展不同活动以支架儿童的主动探究和个别化学习的内容，呈现了幼儿园STEM教育的许多方面，力求为STEM教育的本土化、园本化实践提供借鉴。为了完整呈现课程全貌，本书活动篇主要围绕幼儿的主动探究进行介绍。STEM教育和个别化学习虽然是整个课程的核心理念与亮点，但不一定和每种活动都直接相关。

前人栽树，后人乘凉。在此深深感谢罗红和王微丽两位前任园长为深圳市第八幼儿园的课程建设做出的贡献。前者开启了新型课程模式的摸索，为课程建设打下了坚实的根基；后者对课程进行了重新整合和科学规划并注入了生命力，同时花大气力进行教师专业化研究。前期我们的课程学习借鉴了深圳市莲花二村幼儿园的经验，并得到了该园教师团队无私的支持，这使我们的课程建构走了捷径，在此表示感谢。

前行路上遇贵人。我们有幸得到北京师范大学霍力岩教授的专业指导。霍教授自2010年10月17日首次莅临我园起，对我园课程进行多次问诊、把脉和现场指导，明确指出课程决策的依据应该中国化、本土化；课程目标应该清晰化、聚焦化；课程内容应该体系化、逻辑化；课程方法应该是主题活动、区域活动、一日常规相融合又突出特色；课程评价应该注重建构可量化、过程化、可操作化的评价指标体系，关注幼儿关键经验的发展和学习品质的培养等，据此提出园本课程的建设应该坚持找一、归一、守一的原则，帮助、引领我园确立了"培养主动探究、合作创造的幼儿"的课程目标，明确了"感知、探究、制作、呈现、表达"的课程"五步法"。正是得益于专家对症下药式的引领和画龙点睛式的点拨，我园才建构起具有国际视野、中国立场、园本实践的课程体系。在此真诚感谢霍老师及其研究团队的陪伴和指导。

吃水不忘挖井人。我园在课程建构和师资队伍培养培训中，还有幸得到了中国教科院徐子煜教授，陕西师范大学赵琳教授、刘华副教授，深圳大学张纯副教授等业内名家给予的支持和引领，在此一并表示感谢。

同时，向给予我们关心、支持和帮助的主管单位——深圳市实验幼教集团有限公司的总经理林瑛熙及诸位领导和本系统内各姐妹园园长表示衷心的感谢！

最后，感谢张丹丹和杨伟鹏率领的编写团队为课程经验的梳理、总结和《支架儿童的主动探究——STEM与个别化学习》一书的付梓出版付出的艰辛努力，感谢所有深圳市第八幼儿园相关人员对课程理念和模式的坚守。他们用全身心的爱和艰辛的付出及专业的指导让每名幼儿在园的每一天快乐且有价值，成就了幼儿快乐的童年。

汪秀宏
深圳市第八幼儿园园长
2018年5月

目 录

导　言　培养面向未来的主动学习者　　　　　　　　　　　　1

理论篇　　　　　　　　　　　　　　　　　　　　　　　　7

第一章　支架儿童的主动探究　　　　　　　　　　　　　　9
第二章　主动探究与STEM教育　　　　　　　　　　　　　15
第三章　主动探究与个别化学习　　　　　　　　　　　　　21

活动篇　　　　　　　　　　　　　　　　　　　　　　　　27

第一部分　集体探究活动　　　　　　　　　　　　　　　28

第四章　主题探究活动　　　　　　　　　　　　　　　　　29
第五章　科技教育活动　　　　　　　　　　　　　　　　　89
第六章　健康体育活动　　　　　　　　　　　　　　　　　108
第七章　英语主题活动　　　　　　　　　　　　　　　　　123

第二部分　区域探究活动　　　　　　　　　　　　　　　168

第八章　室内区域活动　　　　　　　　　　　　　　　　　169
第九章　户外区域活动　　　　　　　　　　　　　　　　　178

第三部分　亲子探究活动　　　　　　　　　　　　　　　189

第十章　家园亲子活动　　　　　　　　　　　　　　　　　190

评价篇 213

第十一章　幼儿学习与发展档案　　　　　　　　　　　215

第十二章　教师学习与工作档案　　　　　　　　　　　234

第十三章　师幼互动质量及提升　　　　　　　　　　　246

参考资料　　　　　　　　　　　　　　　　　　　　　264

后　记　孩子们从中华文化中走来　　　　　　　　　　268

导 言　培养面向未来的主动学习者[1]

> 教育最重要的目标之一是培养学习者终身学以致用的能力和品质。学前教育也不例外。我们当前的社会受到科学技术价值观、平台和终端产品的深刻塑造，这种影响已经渗透到每个人生活的点点滴滴，包括能源、消费、健康、交通运输、信息交流、环境保护等。同时，终身学习和可持续发展也已经成为新时代对每一个公民的基本要求。将科学技术这种生命方式（而不仅仅是生产方式）注入幼儿的价值观与思维系统，培养善于主动探索、创造、合作的世界公民，是我们开展幼儿园教育的出发点。

一、聚焦STEM探究性学习，培养具有创造性的幼儿

20世纪末以来，互联网成了改变世界运作方式的关键词。如今，"人工智能"（artificial intelligence，AI）开始占据人们的视野，成为引领未来社会变革的动力源之一。最前沿的思考有利于保证我们的教育在担负人类精神传承与发展的历史任务上，能一直保持旺盛的生命力和全球竞争力。对此，面对即将到来（或者已经到来）的人工智能时代，培养具有个性和创造力，能应对人工智能挑战（包括劳动力市场、生活方式、全球竞争等）的人，是我们教育者的不懈追求。这一追求对我们提出的要求就是，在社会文化适宜的基础上力求实现教师的个别化支持与幼儿的主动探究，这需要课程体系的全方位支持。

随着信息时代的颠覆性变革，现在和未来的时代必然与科技和工程进行更深度的融合，这也对基础教育的创新提出了新的时代挑战——从传统只关注科学、数学教育，到全面关注"科学·技术·工程·数学"（STEM）教育。换句话说，除了培养幼儿的科学、数学素养外，还应该培养其技术素养和工程素养。[2] 从幼儿发展的视角看，培养学习者对STEM的兴趣永远不会太早。已有研究证实，童年时期是学习者形成自己的

---

[1] 本导言已被修改并发表如下：杨伟鹏、张丹丹：《推动STEM教育：人工智能时代下的幼儿园课程建设》，载《幼儿教育（教育科学）》，2018（8）。
[2] White D. W., "What is STEM education and why is it important," *Florida Association of Teacher Educators Journal*, 2014, 1(14), pp.1–8.

STEM认同和职业兴趣的关键期。[1]从小对学习者进行技术和工程方面的教育尤为重要，因为在许多幼儿园乃至中小学中，技术与工程教育一直被人们忽略。正如我国改革开放总设计师邓小平所说的，"计算机的普及要从娃娃抓起"。因此，我们将计算机普及推广至STEM教育，什么时候开始STEM教育都不为早。

实际上，在幼儿园开展STEM教育是具有扎实理论基础的。从学习目标、学习内容和学习方法这三个方面出发，STEM教育与学前教育有三大契合之处。

①STEM教育和学前教育都着眼于培养幼儿良好的学习品质，使幼儿学会学习，成为终身学习者。不管是强调知识领域的STEM教育还是强调年龄阶段及幼儿发展的学前教育，根本追求都是人的可持续发展。

②STEM教育和学前教育都强调学习内容的整合，实现全人教育和迁移性学习。STEM这一代名词是对科学、科技、工程和数学学科的统称，反映的是对综合性学习的重视。这一点驳斥了少部分人将STEM教育误解为学科式教学的认识。

③STEM教育和学前教育都鼓励动手操作，使幼儿在活动中建构知识，养成技能，探究发现，以获得直接经验，实现差异性学习，但都不排斥直接教学与经验分享。

除了在学习目标、学习内容和学习方法上，STEM教育与学前教育表现出出奇的一致，论证了幼儿园开展STEM教育的合理性。我们可以借用意大利教育家蒙台梭利的"敏感期"概念，来强调幼儿园STEM教育的重要性——幼儿是最早的技术使用者，只要有机会，他们就会抓住相机、智能手机和其他技术工具，并出人意料地使用起来。幼儿园STEM教育潜能急需受到学前教育工作者的重视，以变革已有的幼儿园课程和教学，从而使幼儿符合时代要求。

二、用兼容并包的中庸思维，全面支持幼儿的主动探究

在理论上，学者对幼儿园应该如何开展教学这一问题一直讨论不断，也没有定论。不管是我们前面倡导的个别化学习，还是STEM探究性学习，都不等于现实教育应排斥幼儿的合作性学习及其全面发展。实践秉持的不应该是非黑即白的原则，而应该是兼容并包的中庸之道，这一点也是对审慎反思中国文化现实的呼应。

自从美国幼教协会（National Association for the Education of Young Children, NAEYC）提出发展适宜性（Developmentally Appropriate Practice, DAP）的理念并广为倡导之后，在人本主义的哲学导向和进步主义教育运动的历史影响下，基于游戏的课

---

[1] McMurrer, J., "Instructional time in elementary schools: A closer look at changes for specific subjects," *Arts Education Policy Review*, 2008, 109（6）, pp.23-28.

程被视为有效学前教育的不二法门。但是理论上的质疑声一直不断，教育工作者对直接学术性学习的强调和追捧一直存在于现实教育中。如果说要从中选择一者去付诸实施，倒不如客观对待两者的利弊，通过走平衡融合的路线规避极端主义的风险，真正为幼儿当下的幸福和未来的发展谋求最大利益。

当我们倡导开展幼儿园STEM教育时，我们希望教师能有意识地总结STEM学习的关键经验，培养幼儿的关键思维能力，提出重点概念和技巧，允许幼儿主动提出问题，引导幼儿探究，善于抛出开放式的问题，引发幼儿思考，帮助幼儿形成假设、收集数据、解决问题。这种方式在一定程度上更强调幼儿的主动性、合作性，也允许个别化兴趣的存在，让STEM学习真正成为幼儿对周遭实际生活中的事件积极进行探索的过程。与此同时，保持有直接教学成分的幼儿园课程，也是形成幼儿STEM知识和技能的关键。这种教学方式能够保证STEM学习的系统性，为幼儿提供探索经验和能力基础。STEM学习的轨迹应该是从一个目标开始，让幼儿的学习进程、连续性思考和目标相关，进而提高幼儿的理解能力；通过教师在过程中的微调，帮助幼儿积累有效经验、达到目标。当这两种似乎存在差异的教学方式得到整合时，我们可以将其视为基于探究的学习。这种方式将自主获取知识和他人传授知识结合起来，促进幼儿更为全面的发展。

在中庸思维的指导下，STEM教育中的幼儿个别化、主动性学习，还应该是多领域的、具有延伸性的。因此，幼儿园中的STEM课程不单是科学、数学，而是以STEM为主，融合语言、健康、社会、艺术和科学等全面的学习内容，支持幼儿的主动学习。我们认为，不管是什么学习活动，都应该遵循的原则包括：①保证幼儿能积极参与其中；②结合自主探究和有目标的教学；③将活动建立在幼儿的前期学习和经验之上；④着眼于幼儿的综合性学习；⑤将活动建立在已有的专业标准或相关的有效学习的研究证据之上。

除了在课程实践上的兼容并包，在课程的理论基础上，我们强调借鉴与融合国内外学前教育课程理论与模式，在课程发展过程中，融入国内外文化，调整课程内容和方法，实现外来课程的本土化。

三、实现个别化学习，促进幼儿个性发展

虽然我们在理论与实践上都有不少对幼儿个别化学习的探索，但是我们发现，这些探索都很宽泛，都是建立在诸如问题解决能力、交流能力或者认知学习等方面的，未能实质性地解答应该给幼儿什么样的具体的、系统的学习内容。针对这个核心问题，深圳市第八幼儿园的教育者以STEM教育为抓手，将幼儿个别化学习建立在扎实的STEM课程目标与内容的基础上，围绕幼儿全面发展的需要，建构系统的个别化学习课

程方案。值得一提的是，这个课程方案同时也是建立在借鉴中国本土相对成熟的幼儿个别化学习课程体系的基础之上的（这个课程体系详见《支架儿童的主动学习》[1]一书）。该方案通过在相对完整的幼儿个别化学习课程体系中融入STEM教育的优质经验和崭新结构，实现幼儿个别化学习课程方案对STEM探究性学习的聚焦与价值发挥。对STEM教育的关注，为幼儿个别化学习课程的建立提供了清晰具体的发展方向——从物质系统、生命系统、地球和空间系统、技术系统四个范畴，对STEM教育的目标和内容体系进行架构和细化。对于STEM教育原本的学科划分，我们认为，科学、技术、工程和数学之间不是割裂的，而是互相联系的。正如数学涉及的几何、测量、统计、公式和图表，都在科学、技术和工程中被广泛使用，科学知识常常被应用到技术和工程中，技术与工程之间也具有水乳相融的紧密联系。更重要的是，考虑到幼儿学习的综合性和生活性，我们更倾向于将STEM看作一体，而非不同学科的统称。

除了从课程内容（关键经验）的角度看待STEM教育，我们还着眼于发展幼儿的关键思维能力。STEM的本质是探究，能力本身的价值是不容被忽略的。可以通过STEM教育有针对性培养的关键思维能力包括理解、复述、比较、分类、归纳、评估、实验、实现问题解决和决策制定。[2]无论是关键经验还是关键思维能力，都是与国际上教育学者和发展联盟广泛倡导的"21世纪技能"（21st century skills）相一致的。"21世纪技能"包括创造性与创新、批判性思维、问题解决与决策、学习与元认知、交流、合作、信息素养、信息交流技术素养、个人及社会责任等。[3]

四、建构适合社会文化的课程方案

当我们置身科学主义的叙事方式和科技主导的人类生活时，我们不得不时时思索背后的人文社会因素所起的巨大影响。同样，我们论述学前教育STEM课程，不应该忽视传承与发展社会文化的责任。在西方文化已经得到大多数中国人有意或无意接纳的今天，学前教育工作者也有意或无意地认同、学习外来的（尤其是西方发达国家的）教学理论和方法，倡导幼儿中心和兴趣导向。但是，这种西方文化与中国传统追求的"礼"（社会秩序）、"仁"（自我完善）和中庸辩证的文化精髓是不完全一致的。儒释道的价值观在一定程度上追求对人性的引导和对个人欲求的节制，从而保持社会的和谐有序。这种对中国文化的传承，是引导我们建设适合中国社会文化现

---

1 王微丽、霍力岩：《支架儿童的主动学习》，北京，北京师范大学出版社，2016。
2 Baartman, L. K. J., Gravemeijer, K, "Science and technology education for the future," *Professional Development for Primary Teachers in Science and Technology*, 2011, 9, pp.21-33.
3 Trilling, B., Fadel, C., "21st century skills: Learning for life in our times," *Jossey-Bass*, 2009.

实的学前教育课程的重要基础。课程从根本上来说是一种复杂的文化现象，受社会文化因素的广泛影响；课程的建构与实践离不开教育工作者对其所处社会文化背景的认知。[1]认识到学前教育课程的社会文化影响，有助于我们更深刻地理解课程建构与实践的本质，进而保证教育在目标、内容与方法上的社会文化适宜性。

实际上，外来的课程并不完全符合我国幼儿的发展需要和我国幼儿教师的专业能力。[2]除了幼儿园层面，在我国的课程改革（政策层面）中，文化的适宜性一直是备受争议的问题。对此，我们结合自己所处社会文化环境的实际和家长的真实需求，在适合幼儿发展的基础上，尝试对学前教育的课程目标进行文化反思和审视，以使其更具社会文化适宜性，满足21世纪我国幼儿的发展需要。我们邀请国内学前教育课程专家为我们介绍世界范围内有效的课程理论和模式，并对我们的一线实践工作进行指导，从而探索出融合我国和世界有效课程理论的课程实践体系，平衡国外文化和国内文化，探索出适合我国社会文化且符合当代幼儿发展特点的课程模式。当然，我们课程的特点也从传统的统一、固化的实践跨越到更加注重过程性、动态性以及文化适宜性，进而实现幼儿园园本课程从学习借鉴走向本土适宜，从外来与本土的冲突对立走向协调融合发展。[3]所有的这些文化思索，反映到具体的课程实践中，都是对原有教师教学过程中理念与实践的对立冲突的缓解，直至实现实践中的多元统一、兼容并蓄。

已有研究发现，我国幼儿园园本课程开发的驱动力实则是改革开放后的社会变革，这些社会变革重塑了我国幼儿园园本课程的建设过程和结果。[4]在课程建设中，幼儿园一般会先质疑传统做法，然后引入并学习新的做法，并将其付诸实施，在实施中进行必要的调整，从而走向稳定和成熟，建构新的模式，如此反复。在这个过程中，传统做法的缺点得到了弥补，传统做法的优点会被保留传承下来。在我国当前背景下，幼儿园课程实践往往既重视幼儿的行为常规、道德品质的养成，又重视知识技能的系统性学习，并强调游戏性学习、方案探究、做中学等主动性学习。

我们认为，优秀的幼儿主动探究课程不仅应该关注幼儿发展的需要，也应该关注其社会文化适宜性，从而满足本土社会现实对教学的要求。虽然当下以心理学研究为基础的教学建议盛行，但是这种幼儿发展适宜性实践的潮流改变不了文化对学前教育持续产生深刻影响这一事实。如果忽视社会背景和文化的塑造力量，单一追求幼儿本位，会导致文化不自信，并否定本土优秀的教育传统，进而造成文化后殖民的结果，

---

1 王微丽、杨伟鹏:《幼儿园园本课程开发的个案研究——基于社会文化历史的视角》，载《幼儿教育(教育科学)》，2017（4）。
2 同上。
3 同上。
4 Yang, W., Li, H., "School-based fusion of East and West: A case study of modern curriculum innovations in a Chinese kindergarten," *Journal of Curriculum Studies*, 2017, pp.17-37.

阻碍本土文化的传承与发展，严重的话会引起社会中的文化冲突和动荡。在呼吁幼儿园开展个别化的STEM教育时，我们深刻地意识到，课程本身是一种文化及伦理实践，扎根于人自身的文化经验，没有哪个课程是独立于其所处的社会文化之外的。因为课程不是隔离于人类社群之外的，所以心理学研究主导的幼儿发展常模或特点并不能成为幼儿园课程发展的唯一标准或基础。我们认为教育不是一种标准化的、有最优解的实践；相反，我们认识到文化对课程和教学的形塑力量是不可逆的，需要我们去主动追求课程的文化适宜性，实现文化吸收和文化发展。

培养能够主动适应当下及未来社会的幼儿，让其具有良好的学习品质，实现其可持续发展，必然要求我们在培养体系上有所创新。基于深圳市第八幼儿园集体教育者的教育思考和实践探索，我们认为，一套适合中国社会文化，以STEM教育为生长点的主动探究课程方案，是具有深远教育价值的。我们将这套主动探究课程方案建设成自己的园本课程体系，并梳理总结成此书，愿与幼儿教育同行分享、交流。

理论篇

随着社会发展的智能化，如何培养能积极适应新的社会要求、引领未来世界的幼儿成为教育者关注的焦点。STEM教育为我们提供了先进的方式。STEM教育旨在以科学、技术、工程和数学领域的课程内容为抓手，通过探究性学习，实现幼儿的个别化学习及全面发展。作为全书的理论根基，本篇将系统阐述STEM教育的课程目标、课程内容和课程方法，幼儿的个别化和探究性学习，以及被我们借鉴、学习和吸纳的课程模式。

第一章　支架儿童的主动探究[1]

正如导言所说，兼容并包的中庸思维才是我们建设幼儿园课程的基本原则。在积极借鉴学习、取长补短的过程中，我们要全面支持幼儿的学习与发展。对此，在论述STEM教育和幼儿个别化探究性学习之前，我们将从课程理论与课程模式的角度，论述本书介绍的课程实践背后融会贯通的"百家之长"，让读者更好地理解何为支架儿童的主动探究，换句话说，就是理解世界范围内的先进课程理论与模式，是如何不约而同地聚焦"儿童的主动探究及其支架"这一核心议题的。

课程的模式和方法是课程理论与思想的表征，是课程思想与实践的中介。学前教育课程模式指教育项目的内容和结构，包括旨在促进幼儿身体、社会情感和认知发展的所有日常活动。此外，课程方法在一些学前教育课程中也很流行。学前教育课程方法是指促进幼儿学习与发展的一般做法或程序。在这里，我们简要回顾一些学前教育领域中较为著名，并在我们的课程实践中有所体现的课程模式和方法，包括蒙台梭利教育法、瑞吉欧方法、高宽课程、方案教学法、英语浸入式教学法和综合课程。

一、蒙台梭利教育法

蒙台梭利教育法也称蒙台梭利方法，由意大利教育家玛丽亚·蒙台梭利创立。在蒙台梭利看来，幼儿是周围世界的感官探索者，本能上已经准备好根据自己的能力去学习。[2]有了合适的环境和材料，他们可以按照自己的步调前进。蒙特梭利教育法为幼儿提供了自己选择学习内容和学习节奏的自由，这是一种天然的自主学习。这种学习方式为幼儿提供实用材料，激发他们的学习兴趣，让他们通过学习表达自己，而不是被迫为学习而努力。蒙特梭利教育法的其他特征如下。[3]

---

[1] 本章节选并改写自Yang, W., "Early childhood curriculum as cultural practice: A comparative study of school-based curriculum development in Hong Kong and Shenzhen," PhDdiss., University of Hong Kong, 2018.
[2] Montessori, M., "*The Montessori Method*," www.Snowballpublishing.com, 2009.
[3] 杨伟鹏、霍力岩：《生态学视野下的幼儿园环境创设——对三种课程模式环境创设的比较及借鉴》，载《幼儿教育（教育科学）》，2013（4）。

①学习活动：感官探索的自由选择，自发和有目的的活动，书写和阅读活动，富有想象力的游戏。

②学习环境：能够保护幼儿并让其感到安全；对幼儿有吸引力；能够适合幼儿的发展节奏和步调；能够使幼儿自由操作各种活动材料；对活动材料有所限制（太多的材料会使幼儿难以选择，导致幼儿注意力不集中）；有秩序的（没有秩序的环境会使幼儿产生混乱，不能对事物进行逻辑化和抽象化思考）；与成人环境有关联的。

③学习材料：以幼儿为中心，方便其使用；专门设计的，有智力挑战性的。

④教师角色：指导幼儿的学习，并演示如何使用学习材料。

二、瑞吉欧方法

瑞吉欧方法是以社会文化理论为基础、以学习者为中心的方法，倡导幼儿的主动学习。由于瑞吉欧·艾米莉亚（位于意大利的一个城市）的教育工作者没有遵循任何预定的国家框架，因此它通常被称为"方法"，而不是一个正式的"模式"。瑞吉欧方法其实处在学前教育课程信念的连续渐进光谱的一端（进步主义）。瑞吉欧·艾米莉亚最初是一个基于社区支持和社区活动的本地化学校教育系统，在意大利教育家马拉古兹（Malaguzzi, 1920—1994）的领导下建立。马拉古兹受第二次世界大战和战后意大利政治背景的影响，实现了他建立以幼儿为主的课程的愿望。在他的领导下，这个体系从父母合作运动演变为城市运营体系，现在在意大利乃至全世界产生了日益扩大的影响。马拉古兹的"基于关系的教育"的设想侧重于建立每名幼儿与他人的联系，鼓励幼儿与伙伴、家庭、教师、社会环境保持互惠关系。[1]瑞吉欧方法主要基于以下关键原则。[2]

①幼儿的角色：作为主角，扮演合作者和沟通者的角色，通过"一百种语言"，如表达、交流和认知，系统地探索语言、运动、绘画、建筑、雕塑、戏剧、音乐等。

②教师的角色：扮演共同建设者和研究者的角色。环境是第三位教师。例如，教师要照顾幼儿的兴趣，不要在阅读和书写方面提供专门教学。然而，当幼儿记录和操纵自己的思想并与他人交流时，教师可以引导他们的读写活动。

③课程：有目的地进行，但不在范围或秩序限制之内。教与学是成人与幼儿谈判

---

[1] Soler, J., Miller, L., "The struggle for early childhood curricula: A comparison of the English Foundation Stage Curriculum, Te Whariki and Reggio Emilia," *International Journal of Early Years Education*, 2003, 11 (1), pp.57-68.

[2] Wood, E., Attfield, J., "*Play, learning and the early childhood curriculum*," Paul Champmun Publishing, 1996.

的过程，需要持续的时间和及时的回顾，通常通过组织机构的推广，维持幼儿与成人、同伴的关系。长期的、开放式的项目是协作工作的重要工具，需要在环境中精心准备，以使幼儿有幸福、舒适的感受。

④学习环境：首先，在整体设计上表现出对美和和谐的关注，以及对社会互动的关注；其次，能反映出幼儿付出的努力和取得的成果，展示幼儿个人、小组或集体完成的作品；最后，所有材料的投放和布置都以吸引幼儿与激发幼儿的创造性和探究欲望为目的，鼓励幼儿对周围环境做出敏锐且积极的反应。[1]

三、高宽课程

在高宽课程中，根据美国国家教育目标小组（US National Education Goals Panel）确定的入学准备维度，课程开发者确定了八个内容领域：学习方法，社会和情感发展，身体发育和健康，语言、读写和交流，数学，创意艺术，科学和技术，社会研究。这八个内容领域以58条符合美国所有州标准的关键性发展指标（KDI）为指导。每条关键性发展指标都与入学准备的维度相关，都是一个声明，用以确定反映这些领域的知识和技能的可观察的幼儿行为。高宽课程的更多特点如下。

①成人和幼儿之间的互动是一个过程。在这个过程中，双方一起工作，通过语言或非语言沟通，鼓励幼儿学习。成人和幼儿互动的一个关键策略是与幼儿分享控制权。其他策略包括：支持幼儿游戏，鼓励而不是赞美，以解决问题的方式去解决冲突。

②高宽课程将教室和学习材料划分为许多具有特定类型的游戏导向的兴趣区域，如住宅区、艺术区、小型玩具区、计算机区、数学和科学区、运动和音乐区、木工区和读写区等。这些材料被放置在一个统一的货架上，货架上贴有适合幼儿使用的标签，这样幼儿就可以自行取放材料了。教室在组织上也能帮助幼儿了解世界的组织方式，以及更多、更少、相同、不同、大、小、进、出等概念。

③高宽课程有一个提供各种各样的经验和学习机会的框架。借此，幼儿能参加个人和社会活动，参加大小团体活动，在进餐时交往，培养自我保健技能，锻炼大小肌肉等。幼儿在日常生活中按"计划—执行—反思"的顺序，选择他们将要做的事情，贯彻他们的想法，并与教师和同伴共同反思他们的活动。

---

[1] 杨伟鹏、霍力岩：《生态学视野下的幼儿园环境创设——对三种课程模式环境创设的比较及借鉴》，载《幼儿教育（教育科学）》，2013（4）。

四、方案教学法

方案教学法也称项目方法、项目教学法等，其创始人承认方案教学法的灵感来自瑞吉欧方法和其他类似的课程方法，如基于项目的学习、基于问题的学习和探究性学习。[1]这些方法都强调深入调查、主动学习和教师指导。方案教学法是指"深入调查一个值得更多了解的主题"[2]，可以由一名幼儿、整个班级，或者同一班级中一个小组的幼儿来开展。方案教学法通常包括三个阶段：开始方案，正在进行方案，完成方案。[3]方案教学法不是一个完整的课程，也不是一个独立的模型。方案教学法应该与单元或主题教学和学习中心等其他学习活动一起构成学前教育的整个课程。[4]同时，由于将方案教学法纳入其他类型的方法，因此一些单元或主题学习方法可能看起来也像方案教学法。然而，只有在方案调查是由幼儿利益驱动的，以幼儿的发起、决策和参与为关键性特征的情况下，方案教学法才起作用，也只有这样的学习方法，才可以称为"方案教学法"[5]。

五、英语浸入式教学法

英语浸入式教学法是为了给第一语言不是英语的幼儿营造英语交流的环境，从而促使其有效习得英语这门第二语言的一种方法。这种教学法的本质是增强幼儿语言学习的主动性。在英语浸入式的班级里，第一语言是中文的教师用全英语的方式开展活动，持续大概半天的时间。[6]英语浸入式教学法的历史应该追溯到19世纪中后期加拿大魁北克地区。一些加拿大父母发现已有的法语教学不能帮助他们的第一语言是英语的幼儿充分地进行法语交流，因此，他们说服了当地一所学校的校董会尝试在一个小学班级里实施语言浸入式的教学法。[7]这个尝试获得了巨大成功，并得到了大面积推广。一年内有几十万名加拿大学生参与到这种浸入式的语言学习当中，不同层次的语言浸

---

[1] Helm, J. H., Katz, L. G., "*Young investigators: The project approach in the early years (3rd Ed.),*" New York: Teachers' College Press, 2016.
[2] Katz, L. G., Chard, S. D. "The project approach," *Curriculum Design*, 1993.
[3] Ibid.
[4] Helm, J. H., Katz, L. G., "*Young investigators: The project approach in the early years (3rd Ed.),*" New York: Teachers' College Press, 2016.
[5] Ibid.
[6] Siegel, L. S., "Early English immersion and literacy in Xi'an, China," *The Modern Language Journal*, 2007, 91（3）, pp.395-417.
[7] Siegel, L., Knell, E., "Teaching English to Chinese-speaking children," *Revisiting The Chinese Learner*, 2010, 25, pp.233-254.

入方法陆续出现了。[1]

　　1997年，为了帮助我国幼儿有效地学习英语，这种外语浸入式教学方法最初在陕西省西安市得到引入、试验和推广。这种做法的根本原理是将幼儿"浸泡"在语言环境中，倡导自然和有意义的沟通，使幼儿除了学习第一语言，还可以学习第二语言，从而让幼儿主动在语言应用中习得两种语言的表达能力。这种语言浸入式教学法可以让幼儿在开始读写活动之前就掌握较为良好的口语表达能力。对于我国的实际情况来说，英语浸入式教学可以帮助幼儿有效习得英语表达方式，从而使幼儿能够在真实情境中使用英语。这种方法取代了传统的语法和规则学习，解决了语言学习中的死记硬背、主动性不够、欠缺听说能力的问题。

　　深圳市作为我国改革开放的前沿阵地，具有明显的国际化发展趋势。为了帮助幼儿从小习得英语交流的能力，深圳市多家幼儿园（包括深圳市第八幼儿园）积极引入英语浸入式教学研究成果，在幼儿园课程中进行调适，取得了显著成效，形成了"幼儿英语浸入式整合课程"。这种英语学习课程以我国社会实际为基础，兼容并蓄多元文化，以标准的英语，丰富的内容，直观化、形象化、情境化、游戏化和活动化的课程设计，师生对话式的伙伴关系，引导幼儿在全英语环境中学习发展。这一课程涵盖和整合了幼儿园健康、语言、社会、科学、艺术等领域的教育内容，以大主题、小单元的结构提供了内容丰富、形式多样的幼儿全英语教育活动。[2]

六、综合课程

　　已有研究发现，我国许多幼儿园园本课程倾向于通过混合不同的成分来整合不同的课程和教学方法。[3]正如前面所说的，不同的课程模式或方法有其自己的特点和原则。是否有可能采纳这些不同的模式或方法的优点是一个重要的问题。对此，有学者提出了整合课程方法的模式（见图1-1）。[4]

　　这种模式平衡了成人导向和幼儿主导的活动，并结合了不同方法的、非游戏和游戏化学习的多种要素[5]，吸收了发展和改进课程的动态研究循环，通过这种循环实现不

---

1 Siegel, L., Knell, E., "Teaching English to Chinese-speaking children," *Revisiting The Chinese Learner*, 2010, 25, pp.233-254.
2 赵琳：《幼儿英语浸入式整合课程》，5页，西安，西安交通大学出版社，2004。
3 Yang, W., Li, H., "A school-based fusion of East and West: a case study of modern curriculum innovations in a Chinese kindergarten," *Curriculum Studies*, 2017, pp.1-21.
4 Wood, E., Attfield, J. *Play*, "learning and the early childhood curriculum," Paul Champmun Publishing, 1996.
5 Ibid.

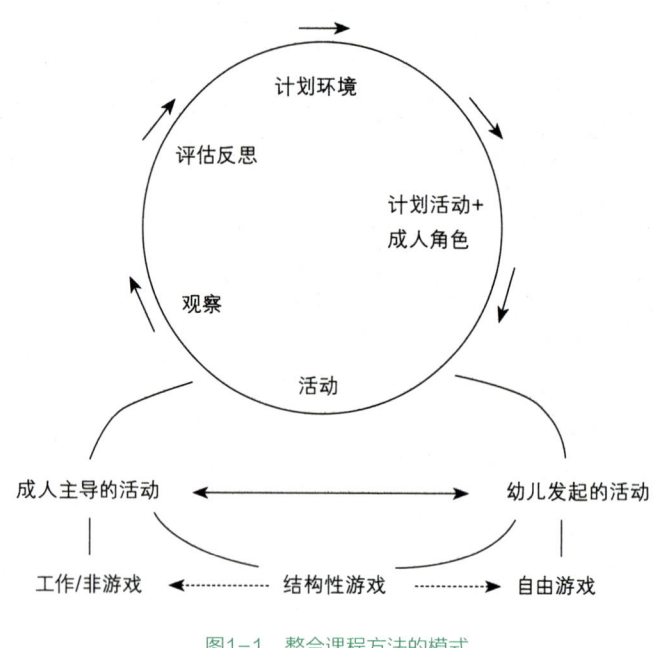

图1-1 整合课程方法的模式

同课程方法的整合。首先，这种模式从不同课程模式的结构化程度出发，在自己的课程中采纳由低到高不同程度的结构化课程方式，包括自由游戏、区域性幼儿工作、瑞吉欧主题探索、教师主导的教学活动、户外自由活动、户外有规则的体操活动等。其次，这种模式平衡了教师主导与幼儿中心的教学法，融入了教师直接教学、问题式/反馈式引导性学习、自由探究；在同一个活动中，教师也可以兼顾两者的优势，如在区域活动中设计有错误控制（引导性）的学习材料，让幼儿在自主操作中完成蕴含在材料中的学习目标。最后，这种模式在行动研究的"计划、行动、评估、反思"的循环中，不断借鉴不同课程的优势，促进不同课程的整合，增强了幼儿学习的全面性和主动性。

第二章 主动探究与STEM教育

STEM是英文表述——Science, Technology, Engineering and Mathematics——的缩略，STEM教育可以被简单定义为一套综合四个学科——科学、技术、工程、数学（定义详见表2-1）来教育学生的课程。STEM教育的表述从根本上改变了传统基础教育只关注纯科学与纯数学领域，忽视影响日渐深远的技术和工程方面的学习和兴趣养成的状况。从字面上理解STEM教育，它似乎只涉及学习内容；而且，这四个方面似乎是割裂的，是学科导向的，与现代课程改革的综合性学习趋势相左。为避免这种误解，我们需要进一步从STEM教育的历史去准确地了解其核心理念和实质性价值，明白STEM教育是什么，为什么做STEM教育以及如何做STEM教育。

表2-1 科学、技术、工程、数学的定义

科学	S	在观察、实验和测量的基础上，系统地研究物质和物理宇宙的性质和行为，并用一般的术语来描述形成这些事实的规律
技术	T	在工业艺术、工程学、应用科学和纯科学等学科的基础上，涉及技术手段的创造和使用及其与生活、社会和环境的相互关系的知识分支
工程	E	将纯科学知识，如物理学或化学知识，进行实际应用的艺术或科学，如桥梁、建筑、矿山和化工厂的建设
数学	M	包括代数、几何和微积分在内的一系列相关科学，通过使用专门的符号来研究数字、数量、形状、空间及其相互关系

定义来源：柯林斯英语词典第十版

STEM一词的提出源自20世纪90年代美国国家科学基金会（US National Science Foundation, NSF）。后来针对美国基础教育中学生在理工学科学业方面薄弱的现象，在全美科学教育标准（National Science Education Standards, NSES）委员会和全美数学教师委员会（National Council of Teachers of Mathematics, NCTM）等专业委员会的帮助下，许多美国教育工作者和一线教师开始关注STEM教育，并为STEM教育的相关学科制定了适宜的标准及纲要。在经济全球化及文化输出的影响下，美国本土对STEM教育的重视也引起了全球教育学术界与实践界对STEM教育进行探索的热潮。我国教育界，尤其是中小学教育工作者也对其产生了广泛的兴趣。

实际上，对理工学科的重视在我国并非新现象。深圳市第八幼儿园从20世纪90年代末建设幼儿园课程时，便开始探索如何系统有效地开展幼儿科学（包括数学）启蒙教育，并以其为突破口，开发综合性的课程内容，发展探究性的课程方法，从而实现幼儿的全面发展。这和我国改革开放之后强调"科学技术是第一生产力"是相契合的。

有实证研究发现，通过有效的方式培养幼儿从小对自然和社会科学的兴趣，能极大提升他们中学STEM学习的成绩。[1]STEM学业和学生未来就业、社会适应等都紧密相关。我们将对科学教育的探索，逐步扩展到数学、大型建构与机械、信息技术等更广泛的领域，从而将自身的幼儿园课程进一步定位为"STEM学习课程"。2015年，香港特别行政区教育局课程发展委员会发布了《推动STEM教育：发挥创意潜能》，从官方的角度正式提出STEM教育的意义——为信息时代、智能时代和数据时代培养创造性人才。这份文件提出，应审阅学校课程中科学、技术、工程和数学领域的课程实施情况，强化学生的综合应用能力，丰富相应的学习活动，提供相应的教学资源，发展教师相应的专业性，强化与社区的相关合作，并宣传推广优秀的STEM教育实践。这些专业要求和我们多年来孜孜以求的课程建设尝试有着极高的契合度。

为了更好地帮助幼儿在未来能够应对全球经济、科学和技术的快速发展带来的社会挑战，我们不得不思考，如何从幼儿园开始建设优质的STEM课程，在为幼儿谋求童年幸福的同时奠定幼儿终身学习的扎实基础。

一、STEM教育的课程目标

在幼儿园开展STEM教育应该实现什么样的目标呢？或者说，什么样的STEM教育目标才是适合幼儿的呢？对此，美国幼儿教育家丽莲·凯茨（Lilian Katz）认为应该围绕四个方面设置学习目标，包括：①知识理解；②技能；③学习品质；④感受。[2]当然，学习目标的实现应该是综合的、互相关联的。STEM教育实际上思考包括家长在内的各级教育工作者应该如何帮助幼儿进行跨学科的知识整合，鼓励幼儿以更加连贯和整体

---

[1] Morgan, P., Farkas, G., Hillemeier, M., et al., "Science achievement gaps begin very early, persist, and are largely explained by modifiable factors," *Educational Researcher*, 2016 (1), pp.18-35.
[2] Katz, L. G., "STEM in the early years," Conference paper from the STEM in Early Education and Development, 2010.

的方式进行思考。我们知道，学习的成功需要学习者成为经验的中心，在跨学科和跨情境的背景中建立联系。一方面，幼儿需要有机会通过不同的环境和不同的视角去学习相同的材料；另一方面，STEM教育也呼吁家长和其他教育工作者让幼儿有机会在各种环境中调查一个想法，即迁移性学习。例如，除了利用数学工作表来帮助练习计数外，我们还可以让幼儿在户外计算他们发现的真实物体的数量，如石头、树木或树叶的数量。当在不同的环境中学习相同的技能、想法和概念时，幼儿的学习就会得到强化和延伸。

除此之外，因为幼儿园具有丰富的内容及资源，且与幼儿的生活有紧密联系，我们根据我国教育部颁发的《幼儿园教育指导纲要（试行）》和《3—6岁儿童学习与发展指南》对科学领域的要求，参考《2001—2005年中国青少年科学技术普及活动指导纲要》和《美国国家科学教育标准》，从"认知""拼接""探索""制作"等不同类型的活动出发，进一步强调培养幼儿科学探究兴趣和动手操作能力的重要性。

在STEM教育的培养目标上，我们还更系统地强调幼儿STEM教育在知识、操作技能、思维技能、态度、复杂性操作等多方面的目标[1]：

①在知识上，应该包括物理系统、化学系统、生物系统、数学系统、技术系统等知识的认知及学习；

②在操作技能上，应该包括软件使用、工具使用、材料使用、观察和测量、建构与解释、图表等方面的学习；

③在思维技能上，应该包括分类、归纳和排序、变量式思维、关系解释、可视化、结构化等的掌握；

④在态度上，应该包括灵活及持续性学习意识、不确定性意识、伦理及道德意识、风险及条件意识等的养成；

⑤在复杂性操作上，应该包括问题解决、决策制定、实证研究设计、数据收集及论证等方法的使用。

二、STEM教育的课程内容

STEM无处不在，当你环顾四周的时候，你会发现此话不虚。物质世界本身就充满了自然科学和数学规律。随着现代文明的发展，科技和工程也已经离不开现代人的生活了。STEM教育的课程内容应该是俯拾皆是的。

---

[1] Baartman, L. K. J., Gravemeijer, K., "Science and technology education for the future," *Professional development for primary teachers in science and technology*, 2011, 9, pp.21-33.

在实际教学中，我们可以将幼儿园STEM教育的课程内容大致划分为四大部分：第一，"生命科学"，包含人体、动植物、生命成长、安全防护等主题；第二，"物质科学"，包含物体、物体的运动、物体的应用、物体的制作等主题；第三，"地球与空间科学"，包含地球、太空、保护地球、环保等主题；第四，"科学与生活"，包含军事武器、信息传输、生活中的科技等主题。按照这些课程内容和年龄特点，我们分别设计小班（3~4岁）、中班（4~5岁）和大班（5~6岁），上学期（秋季）和下学期（春季）不同层次的活动。

另外，美国国家科学基金会为幼儿的学习提供了可供参考的STEM课程范例。这些课程都经过了实证论证，具有较好的实效性。这里简要介绍世界上较有影响力的三个属于STEM教育范畴的幼儿学习课程/方案。

（一）数学学习

筑积（Building Blocks）[1]项目提供的数学学习活动使用基于研究的发展路径（称为"学习轨迹"）进行排序，从而反映幼儿学习数学知识的自然方式。这一项目强调如下幼儿数学学习原则：

①以幼儿的数学经验为基础；
②为进一步研究数学奠定坚实的基础；
③将评估纳入学习活动的组成部分；
④建立强大的概念框架，为技能获取提供支撑；
⑤让幼儿在做中学数学；
⑥强调发展幼儿的数学思维和推理能力；
⑦包含广泛的内容；
⑧适宜和持续地使用技术，包括计算器和计算机。

筑积项目着眼于发展幼儿的数学能力，基于数学学习的若干原则开发出基本的数学构建模块，即"从数学角度认识世界的方法"（ways of knowing the world mathematically）。该项目包括两个领域：①空间和几何能力的概念；②数字和定量的概念。除此之外，它还包括三个次级主题：①模式和功能；②数据；③离散数学（分类、归类和排序）。

在使用上，这个在美国应用较广的数学课程包含了近300个充满趣味的数字化活动（可以用在移动端设备上，如iPad等），用于从幼儿园至八年级的数学练习、概念开发

---

[1] Clements, D. H., Sarama, J., *"Building Blocks, Volumes 1 and 2. Columbus,"* OH: McGraw-Hill Education, 2013.

和强化。这些数字化活动涉及各种主题，包括数数、基本的数学运算、代数思维、几何形状、有理数、数据分析和分类。筑积数字活动也可以成为一个完整的、适合幼儿发展的幼儿园数学课程的一部分。筑积可被用于幼儿园日常活动中的数学学习，将非正式的数学知识与正式的概念联系起来。筑积可以为幼儿园提供互动的高科技活动和低技术的操作活动，通过计算机、书籍等提供探索真实世界的资源，开发幼儿的数学思维，强调概念性思考和推理以提高技能学习，研发符合专业标准的学习（如数量和操作、几何、测量、模式和代数、数据分析和分类），提供适宜的持续的技术支持，将评估与学习活动结合在一起。

（二）科学与数学学习

《小鸟趣事多》（*Peep and the Big Wide World*）动画系列为幼儿科学与数学的学习提供了翅膀。独特的视觉、幽默迷人的情节、可爱的人物和完整的科学计划，能很好地吸引幼儿。动画的故事情境是在一个池塘、一个灌木丛和一个锡罐的周围，展示了一只名叫Peep的新孵出的鸟以及它的朋友——一只知更鸟和一只鸭子的日常冒险经历，周围是一个大型的城市公园——一个神秘的地方，一个它们永远渴望探索的地方，一个被它们称为"大世界"的地方。

每个半小时的视频包含两个突出特定科学概念的故事以及两个真人秀短片。幼儿通过观看这个精心制作的科学和数学动画，可以激发他们在自己广阔的世界里理解这些概念并进行实验。

（三）科技（编程）学习

ScratchJr是一种入门性的编程语言，可以让5~7岁的儿童创建自己的互动故事和游戏。儿童通过将图形编程块拼接在一起，让角色实现移动、跳舞、唱歌。儿童可以在画图编辑器中修改角色，添加自己的声音，甚至可以插入自己的照片，然后使用编程块使角色变得生动。

ScratchJr的灵感来自流行的Scratch编程语言（scratch.mit.edu），全球许多年轻人使用它进行编程。ScratchJr重新设计了界面和编程语言，使其更适合幼儿的认知、社交和情感的发展特点。ScratchJr可作为iPad和基于Android系统的平板电脑的免费应用程序。编码（或计算机编程）是当今一种新型的识字方式。当幼儿使用ScratchJr进行编码时，他们就会学习如何用计算机创建和表达自己的想法，而不仅仅是操作计算机。在这个过程中，幼儿学习如何解决问题和设计项目，为以后的学业成功奠定基础。他们还在一些情况下使用数学和语言，促进自身识数能力和识字能力的发展。在使用ScratchJr时，幼儿不只是学习编码，也获得了更多的学习机会。

三、STEM教育的课程方法

丽莲·凯茨曾经提出以方案教学法（主动的项目探究，详见第三章）来论证STEM教育的可行性和价值。[1] 为了让幼儿有机会最大化地达成四类学习目标，教师需引导幼儿开展较为深入的调查、探究和操作，从而使幼儿获得相应的经验、技能和品质。方案教学法是基于经典的科学程序，从一组感兴趣的现象或问题开始，对可能的答案进行预测，然后收集可以回答问题的数据的一种方法。在与幼儿一起进行方案工作的情况下，一旦对调查的主题达成一致（通常由幼儿和他们的教师一起），教师便可以鼓励幼儿预测问题的答案。接下来的步骤是讨论需要哪些数据来回答他们的问题并验证他们的预测。数据收集可以按预期给幼儿提供问题的答案，由幼儿自主计划和承担。师幼通过广泛的相关实地工作，包括调查、访谈、实验、绘制和测量等，来理解新知识，讨论结果。[2]

当然，我们认为方案教学法只是达成这些目标的途径之一。但无论采用什么方法，幼儿园开展STEM教育活动应以支持、引导和鼓励幼儿的主动探究和个别化学习为主（我们将在第三章对此进行深入的阐述），凸显STEM学习的生活性、探索性和操作性。在课程组织形式上，区域活动和主题活动并举，既为幼儿提供丰富、多层次、有吸引力、有引导性的科技操作材料（全开放、半封闭、全封闭的"资源盒"），又为幼儿提供系统的主题活动，在预设与生成中让幼儿亲历科技探索，体验成为一名"小小科学家""小小发明家"，获得对科学—技术—社会（Science—Technology—Society, S—T—S）的初步认识和理解。幼儿的操作过程记录与成果（作品）也自然成为课程开展中的评价依据。

---

[1] Katz, L. G., "STEM in the early years," Conference paper from the STEM in Early Education and Development, 2010.
[2] Ibid.

第三章　主动探究与个别化学习

　　STEM教育的重要性受到越来越多的关注。国内越来越多的中小学开始着手建设STEM教育课程，或者变革原有数理化等学科的学习方式，以更好地开展这方面的教育。但是，如何在幼儿阶段开展STEM教育，是一个尚未得到很好解答的问题。在实践层面，许多幼儿园教师反映，自己并不擅长为幼儿组织科学类、数学类的学习活动，更不用说给予针对性、个别化的科学和数学引导了。实际上，STEM教育与幼儿的个别化、探究性学习之间有着天然的紧密联系。STEM教育在被强调之初，就是希望能更好地培养具有批判性思维能力的学生，让他们能成为富有创造性的问题解决者和更有竞争力的社会领袖。[1]我们旨在通过幼儿的个别化、探究性学习，培养其复述、比较、分类、归纳、评估和实验等关键思维能力，以及问题解决和协同合作等学习能力。

　　过去二十年的STEM教育研究很多是关于怎样才能使STEM教育更有效、更有吸引力的。其中被总结出来的关键因素是让幼儿利用自己的兴趣和经验，识别和建立自己的知识，并为幼儿提供参与科学和数学实践的机会，以维持他们的兴趣。[2]换句话说，幼儿应该像科学家和数学家一样，主动去调查在日常生活中遇到的问题。也有学者认为高质量的互动是保证STEM教育有效性的重要因素，并将STEM教育中有效的互动总结为三个方面的特点：手动（hands on）、脑动（minds on）和嘴动（talk it over）。[3]强调嘴动的根据是维果茨基学派的社会文化学习理论：①学习源自对话中的语言；②推理思维在对话中习得；③学会参与到对话中为开放型心智和新想法提供了平台。[4]

　　正如第二章在"STEM教育的课程方法"中提到的，我们将STEM教育的课程方法独立为幼儿的个别化、探究性学习方式，由此专门、详细地论述在幼儿园

---

[1] Butz, W., Kelly, T., Adamson, D. M. et al., "*Will the scientific and technology workforce meet the requirements of the federal government?*" Pittsburgh, PA: RAND, 2004.
[2] National Research Council, "*Successful K-12 STEM education: Identifying effective approaches in science, technology, engineering, and mathematics,*" Wachinyton, DO: The National Academies Press, 2011.
[3] Damhuis, R., Blauw, de, A., "High quality interaction in science and technology education," *Professional Development for Primary Teachers in Science and Technology*, 2011, pp.199-215.
[4] Ibid.

> 应该如何有效地开展STEM教育。我们认为，幼儿园应遵循以下五大原则：
> ①以问题为导向进行主动探究；
> ②开展平衡预设与生成的项目活动；
> ③以个别、小组和集体的形式解决问题；
> ④习得认知性、操作性的有效经验及策略；
> ⑤基于可得的资源，将知识或技术应用到现实生活中。

一、以问题为导向的学习方式

幼儿常常富有好奇心，他们的好奇心会引导其提出有关STEM的问题。例如，幼儿园教师常常会听到这样的问题："我们要怎么分这个蛋糕，才能让每个小朋友吃的一样多？""怎么才能让我搭的这个摩天大楼特别高又不会倒下？""为什么水上的木头不会沉下去，它不是很重吗？"问题导向的主题探究能发挥幼儿的主动性，让学习源自好奇心。这样的学习方式，能让学习内容更加贴近幼儿的需求，也能让学习过程更富有生成性，而不是一成不变地落实教师预设的计划。在基于问题的学习中，幼儿可以主动寻求教师帮助和同伴合作，从而解决学习过程中出现的问题。从中，幼儿也能发挥独立性，学会学习，树立终身学习的信念。在学习过程中，教师要善于观察幼儿在活动中的表现，适时适当地回应幼儿提出或遇到的问题，并用恰当的方式引导幼儿开展进一步的探究和学习。[1]

在教师引导下，这种学习方式能将幼儿已有的知识、技能和概念问题化，通过问题将课程目标融入幼儿所处的学习环境。为了让思维可见并且可塑，幼儿必须有机会通过独自操作、与同伴和教师交流合作，在反馈、修改和反思中推进经验的生成与积累。元认知是人们对自己思维的认识和思考，是一种技能，使人们能够区分何时理解和何时需要更多的信息。[2]以问题为导向的学习方式可以让幼儿有机会通过设定学习目标和监控学习进度来控制自己的学习。与此同时，以问题为导向的学习方式也促进了教师对教学的理解，能让其在不同情境下对不同的学习过程进行引导和延伸。

---

[1] 杨伟鹏、邓丽霞：《幼儿园主题活动质量提升研究——以L园为例》，载《幼儿教育（教育科学）》，2015（26）。
[2] Slough, S. W., Milam, J. O., "Theoretical framework for the design of STEM project-based learning," *STEM Project-Based Learning*, 2013, pp.15-27.

当然，有效的、以问题为导向的学习方式应通过建立预先存在的知识来保证内容适应幼儿的实际水平，并通过允许幼儿参与讨论问题，将与个人相关的新想法联系起来，从而促进幼儿发展。随着幼儿不断地学习，他们有机会学习科学的文化规范，包括基于证据的接受或拒绝的概念。自主性的提高和终身学习的产生是因为幼儿初步学习了设计个人目标、寻求他人反馈、解释评论、调整行为、评估自己的想法等技能。[1]

二、活动的预设与生成

探究性学习不等于放弃教学计划，预设与生成的平衡是幼儿探究性学习活动开展的关键性原则。在开展活动之前，教师也需要对活动过程进行预设，根据"最近发展区"理论预设适合幼儿的发展性目标，从而制订相应的计划。[2]在适宜的活动预设这一前提下，教师在活动过程中不至于为幼儿提供难度过大或过小的材料，设置过高或过低的目标，提出不符合幼儿身心发展特点的探究性问题等。

然而，教师如果只按照预设机械地开展学习活动，就难以适应幼儿学习的差异性和探究性。因此，教师要接纳幼儿在活动过程中生成的新内容，并引导幼儿进行探究。[3]正如"发展适宜性实践"理念倡导的，生成课程的基础和发展有赖于教师对幼儿兴趣、经验和活动的观察。通过仔细观察和倾听幼儿，教师可以得到关于幼儿的问题、知识、技能和兴趣的线索。根据观察结果制订计划，目的是找出能维持幼儿兴趣并建构新知识的活动和材料。[4]在平衡预设与生成时，基本遵循的STEM教育探究性学习循环如下：①提出问题；②讨论；③设计实验或制订计划；④实施实验或确立目标；⑤得出结论或检验目标；⑥展示分享；⑦深化和延伸。[5]在实际教学中，这个过程可能因为问题的调整需要反复进行。教师对于问题的提出、计划的制订、实验的设计等都需要提前进行准备和预设，尤其是充分了解幼儿从中可能获得的关键经验和关键思维能力，在幼儿的自主探究过程中给予适时适宜的引导、支持、反馈、强化等，从而提升幼儿个别化、探究性学习的成效。

---

1 Slough, S. W., Milam, J. O., "Theoretical framework for the design of STEM project-based learning," *STEM Project-Based Learning*, 2013, pp.15-27.
2 杨伟鹏、邓丽霞：《幼儿园主题活动质量提升研究——以L园为例》，载《幼儿教育（教育科学）》，2015（26）。
3 同上。
4 卡罗尔·格斯特维奇：《发展适宜性实践：早期教育课程与发展》，89页，霍力岩，等，译，北京，教育科学出版社，2011。
5 Van Uum, M. S., Verhoeff, R. P., Peeters, M., "Inquiry-based science education: towards a pedagogical framework for primary school teachers," *International Journal of Science Education*, 2016, 38（3）, pp.450-469.

三、独立与合作解决问题

个别化学习不是幼儿独自完成学习或教师一对一进行教学,而是课程及教学能够给予幼儿差异化的学习目标、学习内容和学习节奏,保证学习形式的灵活性和多元性,保证课程对幼儿多元智能的覆盖和发挥,允许幼儿主动学习、发挥个性,以培养独立自主、善于合作、主动创造和身心健康的幼儿。因此,幼儿的个别化、探究性学习直接要求学习方式的多元化,包括在个别、小组和集体等多种组织方式下开展活动。例如,在区域性的个别化学习中,教师要以具备丰富性、吸引性、引导性和层次性的学习材料来支持幼儿的操作和探究[1];在主题性的合作学习中,教师应该通过问题探究和解决的方式,充分发挥幼儿的创造性、合作性、问题解决能力、探索精神等,关注幼儿之间的互动,为幼儿提供分工合作、互相帮助、互相分享的机会。[2]

四、经验积累与品质养成

我国颁布的《3—6岁儿童学习与发展指南》在"说明"部分明确提出:"幼儿的学习是以直接经验为基础……最大限度地支持和满足幼儿通过直接感知、实际操作和亲身体验获取经验的需要。""重视幼儿的学习品质……要充分尊重和保护幼儿的好奇心和学习兴趣,帮助幼儿逐步养成积极主动、认真专注、不怕困难、敢于探究和尝试、乐于想象和创造等良好学习品质。"这些政策文件的权威论述与我们对幼儿学习过程和特点的理解是一致的。高质量的基于问题的幼儿STEM探究活动,既可以提高思维能力,也可以提高表达与沟通能力。这个学习过程一般需要包括:①丰富的学习内容和丰富的产出;②连贯且富有成效的探究线索;③深化和反馈。[3]在幼儿的个别化、探究性学习中,贴近幼儿生活经验的活动得到提倡;在操作的直接经验中,幼儿增长知识,提高技能;在探究和问题解决中,幼儿学习合作,发展情感,学会学习和创造,养成良好的学习品质。

---

[1] 王微丽:《幼儿园区域活动:环境创设与活动设计方法》,106页,北京,中国轻工业出版社,2014。
[2] 杨伟鹏、邓丽霞:《幼儿园主题活动质量提升研究——以L园为例》,载《幼儿教育(教育科学)》,2015(26)。
[3] Damhuis, R., Blauw, de, A., "High quality interaction in science and technology education," *Professional Development for Primary Teachers in Science and Technology*, 2011, pp.199–215.

五、在生活中应用

经验迁移是STEM教育的重要方面。在迁移性学习时，幼儿能在新的场景中经历新一轮的探究性学习。这个学习过程将应用到相关经验。幼儿在先决条件类似的情况下，重复语言输入，积极参与，提供内容和反馈，从而强化经验。在这个学习过程中，幼儿可能涉及的经验是多样的。例如，在"声音"的主题活动中，幼儿通过探索有关声音的问题，尝试制作电话，在做中学习科学制作，从中获取新知识。这种新知识不仅是琐碎的事实，而且是蕴含在主题活动中的概念，包括"声音""波浪""空气""振动"等。同时，幼儿也发展了好奇心。他们在关于"声音"的学习中提出了一些自己的想法，并使用复杂的认知思维，如推理、因果和条件判断等，自主建立探究方法，并积极地、互相合作地参与调查、表达和分享。[1]

幼儿个别化、探究性学习的过程会让其受益无穷，同时，我们也强调结果性评价的客观性和作用。通过作品制作和展示、经验分享、技能迁移、社会交往等相关活动，幼儿在生活中运用自己的经验和学习能力，迁移经验，获取新的知识，从而获得更好的发展。这也对幼儿园的家园合作、与社区的合作提出了要求。例如，在主题探究活动中，教师为了扩大幼儿的探究范围，可要求家长陪幼儿走到社区进行观察并收集相关材料，请家长和幼儿一起在家庭开展实验或分享阅读心得等，或者请有相关专长的家长走进幼儿园来当幼儿的"义教""义工"。家园合作让家庭参与到幼儿的个别化、探究性学习中来，利用家庭的资源，更好地实现差异性、探究性、操作性学习。

总之，我们在以STEM教育为基点，以幼儿个别化、探究性学习为目标的课程中，融入健康体育、语言表达、分享阅读、英语习得、区域个别化探究、主题合作式探究、亲子个别化支持、走入社区等不同课程的组成部分，从而实现幼儿的全面发展。实际上，本书所呈现的课程体系，正是在课程方法整合模型的指导下实现的。本书通过对世界学前教育课程模式的广泛借鉴、吸收和融合，积极融入我国幼儿园教育工作者的思考，发挥传统的学前教育方法的优势，从而落实中国文化背景下的幼儿园STEM教育与主动探究。

---

[1] Damhuis, R., Blauw, de, A., "High quality interaction in science and technology education," *Professional Development for Primary Teachers in Science and Technology*, 2011, pp.199–215.

活动篇

　　STEM教育如何在幼儿园落地生根？正如本书理论篇所说的，STEM教育立足于幼儿的全面发展。本篇将从幼儿园课程实践的方方面面，包括主题探究活动、科技教育活动、健康体育活动、英语主题活动、室内区域活动、户外区域活动、家园亲子活动，系统全面地阐述如何有效地支持幼儿的个别化学习和多元化发展，将STEM学习及适应21世纪发展的品质养成贯穿其中。

第一部分 集体探究活动

第四章　主题探究活动

> STEM教育的核心特征是跨学科的综合教育，融合传统学科领域知识，渗透综合应用观念，采用问题导向的探究方式，聚焦解决现实生活中的真实问题。这种问题常常是弱结构化的，解决方案不唯一，解决结果也可以是多样化的。科学、技术、工程、数学的这些核心特征与具有问题综合性、系统性、持续性的主题探究活动相契合，因而主题探究活动成为STEM教育实施的主要途径之一。

一、主题探究活动的价值

幼儿园主题探究活动是一种幼儿非常喜欢的自我学习、自我探索、自我发现和自我完善的活动，有着相对宽松的活动氛围以及灵活多样的活动形式，以独特的教育形式满足了不同幼儿的发展需求。在贴近幼儿生活的主题探究活动里，幼儿常会提出一连串的问题。教师创设支持问题解决的环境；幼儿在定义问题、解决问题的过程中，不断提出假设并想办法验证，还时常需要做出决策。这些过程正是STEM教育提倡而传统的、具有唯一正确答案的数学、科学课程不包含的，而恰恰是这些过程可以培养幼儿的复杂思维和人际交往能力。主题的综合性保证了幼儿的主动探究没有领域边界限制，可综合学习与运用科学、技术、工程、数学等领域的知识和能力，支持具有不同兴趣的幼儿找到主动探究的切入点；主题的系统性为幼儿的深度学习提供了可能，并支持幼儿在不同子主题中进行专项的深度探究；主题的持续性为幼儿持续深入地探究提供了时间保障。主题探索活动的各环节（主题网络的制定、子主题探究顺序的确定、主题环境的创设）均给幼儿提供了主动参与、自主探究、问题解决、同伴合作、表达分享的空间，使幼儿的学习兴趣、学习需求得到了满足。幼儿以此为生长点，实现全面的主动探究。

二、主题探究活动的设计步骤[1]

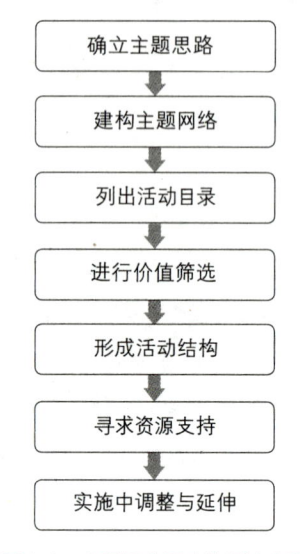

```
确立主题思路
    ↓
建构主题网络
    ↓
列出活动目录
    ↓
进行价值筛选
    ↓
形成活动结构
    ↓
寻求资源支持
    ↓
实施中调整与延伸
```

图4-1　主题探究活动的设计步骤

三、主题探究活动的实施阶段

（一）发现问题阶段

教师引导幼儿确立所要探究的问题并形成主题，通过创设环境、组织参观访问、讲故事、讨论等形式帮助幼儿确立主题。教师要努力创造宽松的氛围，让幼儿在无拘无束中提出各种问题、设想和设计。

（二）探究问题阶段

教师在确立所要探究问题的基础上，引导幼儿进入具体探究问题的过程。幼儿通过动手操作与亲身体验，形成解决问题的意识。在主题探究过程中，教师鼓励并引导幼儿以多元方式表征探究结果；幼儿利用各种方式记录实验数据，呈现探究过程中的发现。

（三）展示交流阶段

教师组织幼儿相互展示交流，让幼儿将经过实践探索取得的收获与同伴分享，也让幼儿与同伴相互学习。[2]

---

[1] 黄珊梅：《追随幼儿兴趣，促其自主成长——论探究型主题活动中幼儿自主性的发挥》，载《网络科技时代》，2006（9）。
[2] 林秀娟：《幼儿园主题探究活动课程的探索与实践——幼儿园主题探究活动课程实验研究课题总结报告》，载《厦门教育学院学报》，2007，9（2）。

四、主题探究活动的目录

表4-1 主题探究活动的目录

	小班	中班	大班
上学期	我上幼儿园	我最大我能干	我长大我快乐
	我的身体真能干	身体的奥秘	保护我的身体
	游戏的世界真有趣	身边的世界真精彩	学习的世界真奇妙
	可爱的我	我在马路边	图书
	食物乐园	房子	球
	树叶王国	球	灯
	我的家	电影	树真好
	好吃的糖果	你好，太空	地铁
下学期	方方和圆圆	美丽的伞	我是深圳人
	彩虹屋	美术长廊	音乐之声
	大自然里的动物朋友	大自然奏鸣曲	大自然的图画
	我们身边的图形	我们居住的地球	广袤无垠的太空
	快乐的水娃娃	多彩的夏日	我要上学了
	鼹鼠的故事	我在马路边	桥
	鱼	跳跳羊	汉字
	颜色	昆虫	茶
	大蒜	海陆空的动物	牙齿咔咔
	水娃娃的故事	服装	身体的奥密
	汽车总动员	扇子	名字

五、主题探究活动的实录

（一）小班主题探究活动：大蒜

1. 主题探究活动由来

在户外活动结束后回教室途中，幼儿在幼儿园种植区被中班哥哥姐姐种植的蔬菜吸引了。"这棵树上有小果子。""这是菜还是果树呀？""为什么这些绿苗苗和其他的草不一样呢？"

带着问题，教师和幼儿进行了一次谈话。教师了解到幼儿对照顾植物感兴趣，他们非常渴望体验种植的过程，但是他们的相关经验比较少。为方便幼儿观察、了解植物的生长过程，教师和幼儿经过商量讨论后，确定种植大蒜。大蒜是家庭常见食材之一，比较容易种植，通过水培、土培都可以，1~2个星期就可以长出蒜苗。幼儿参与种植，能够激发幼儿对种植活动的兴趣，提高幼儿的感知能力和观察能力，培养幼儿参与生活实践的兴趣和热爱生活的情感。

活动初期：体验种植

教师了解幼儿的经验，激发幼儿对种植大蒜的兴趣和探索欲望。幼儿在家长的帮助下了解种植的基本步骤，体验种植过程。

活动中期：观察生长

幼儿尝试给大蒜浇水、锄草、施肥，感受照顾大蒜的乐趣；观察大蒜的生长过程，发现新问题，形成新经验。

活动后期：分享收获

幼儿收割蒜苗，运用看、闻、尝等多种感官探究大蒜的形态、气味、颜色等特性，获得直接经验，品尝自己劳动的成果，体验成就感，了解大蒜和人们生活的关系。

2. 主题探究活动目标

①体验种植大蒜的步骤，感受亲子种植的乐趣。
②了解大蒜的生长过程和基本结构，知道植物是由不同部分构成的。
③了解大蒜的作用以及大蒜和人们生活的关系。
④学习手口一致点数，理解"1"和"许多"之间的关系。
⑤体验收获的喜悦和成就感。

3. 教师思考网络图

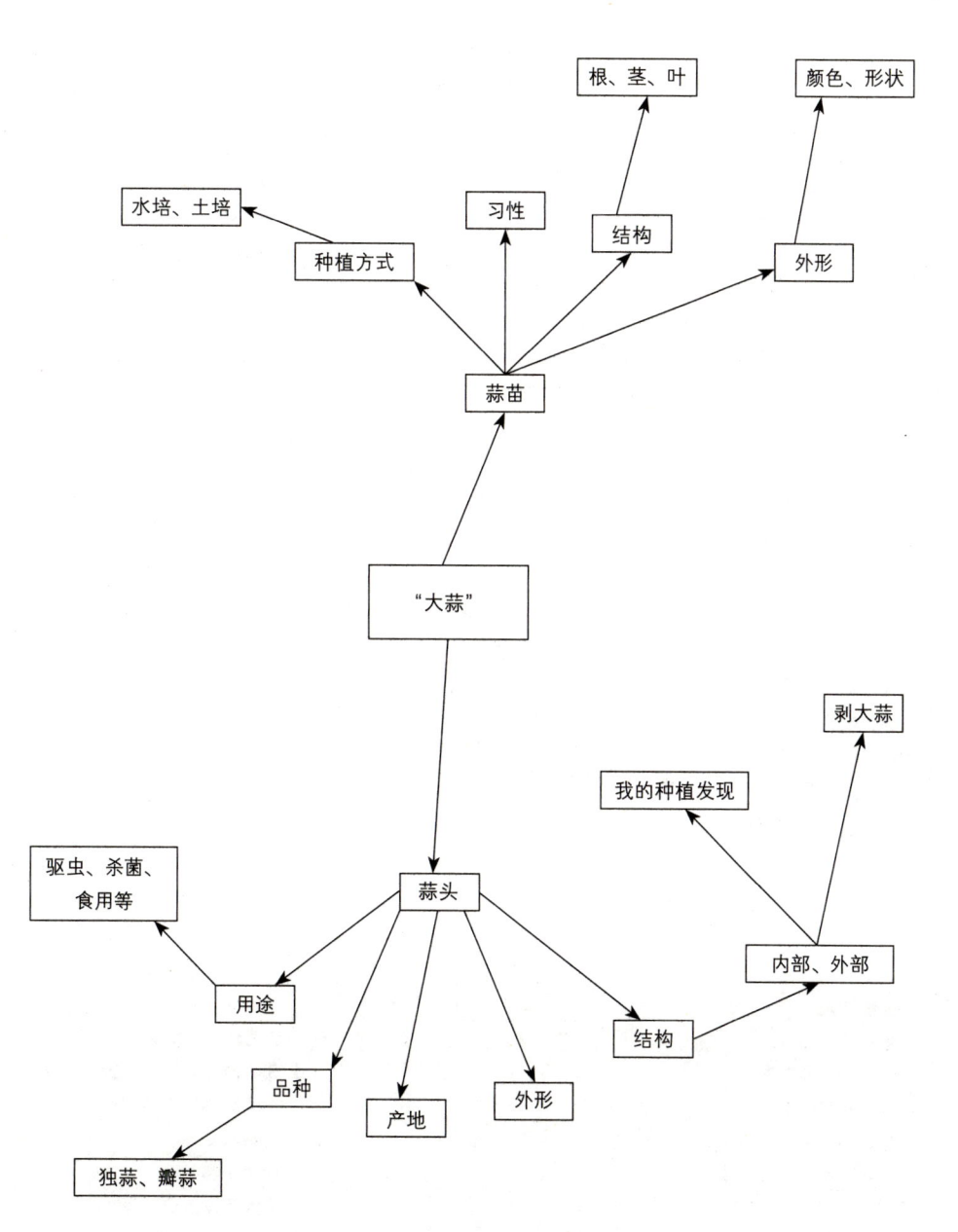

图4-2 教师思考网络图

4. 幼儿活动网络图

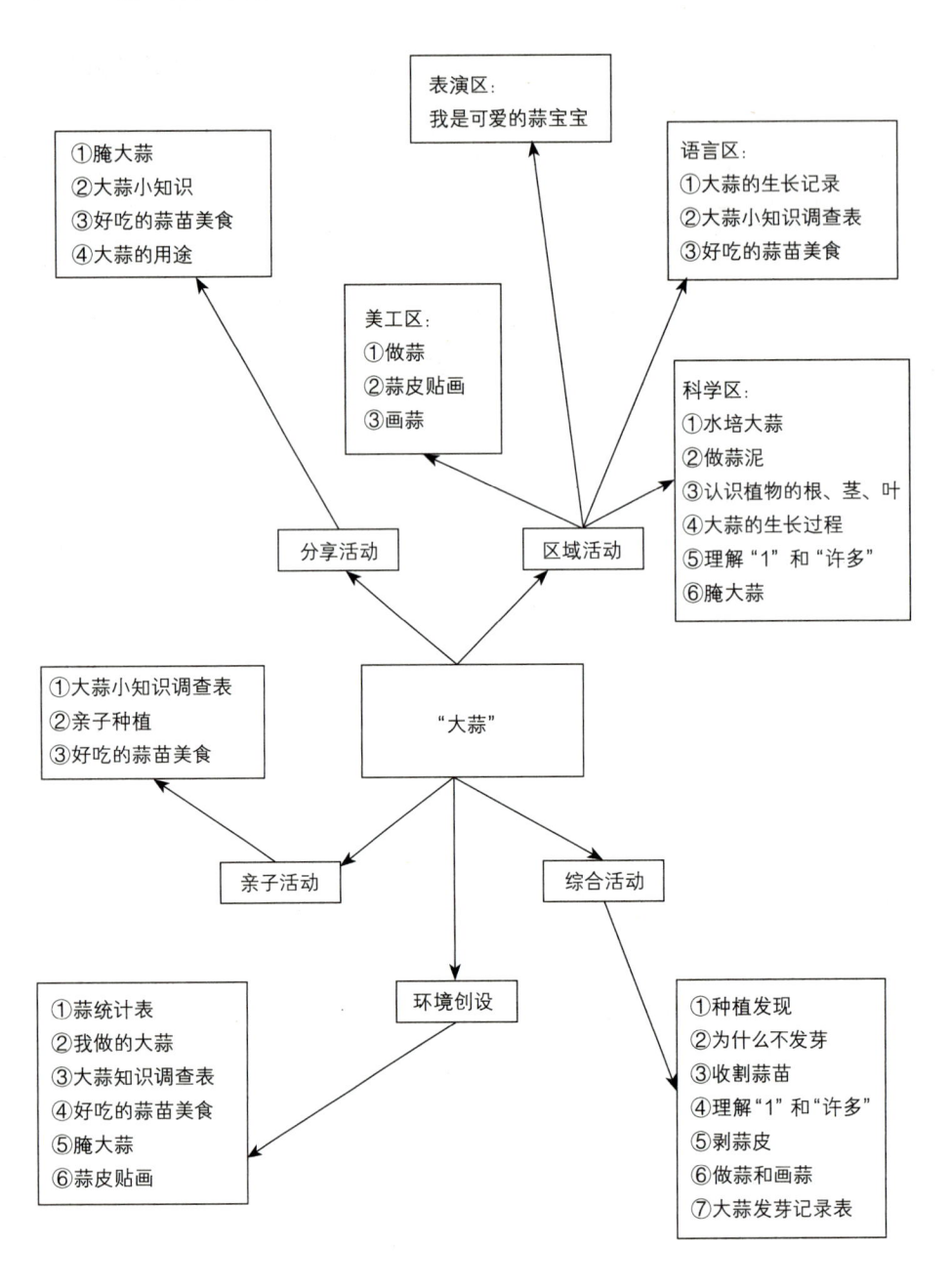

表演区：
我是可爱的蒜宝宝

语言区：
①大蒜的生长记录
②大蒜小知识调查表
③好吃的蒜苗美食

①腌大蒜
②大蒜小知识
③好吃的蒜苗美食
④大蒜的用途

美工区：
①做蒜
②蒜皮贴画
③画蒜

科学区：
①水培大蒜
②做蒜泥
③认识植物的根、茎、叶
④大蒜的生长过程
⑤理解"1"和"许多"
⑥腌大蒜

分享活动　　区域活动

①大蒜小知识调查表
②亲子种植
③好吃的蒜苗美食

"大蒜"

亲子活动　　综合活动

环境创设

①蒜统计表
②我做的大蒜
③大蒜知识调查表
④好吃的蒜苗美食
⑤腌大蒜
⑥蒜皮贴画

①种植发现
②为什么不发芽
③收割蒜苗
④理解"1"和"许多"
⑤剥蒜皮
⑥做蒜和画蒜
⑦大蒜发芽记录表

图4-3　幼儿活动网络图

5. 主题探究活动进程

表4-2 主题探究活动进程

项目	活动名称	备注
活动一	亲子种植发现	丰富经验，为主题探究做铺垫；体验亲子种植的乐趣；通过种植观察，了解蒜苗的生长规律
活动二	为什么没有发芽	发现问题，在教师的帮助下尝试解决问题，探索欲望继续增强
活动三	剪蒜苗	初步掌握剪蒜苗的方法，体验成功的喜悦
活动四	"1"和"许多"	在动作的基础上，理解"1"和"许多"之间的关系，即1个、1个……合起来是"许多"，"许多"可以分成1个、1个……
活动五	剥蒜皮	知道生物是由不同部分组成的
活动六	画蒜和做蒜	知道生物是由不同部分组成的（如植物有根、茎、叶）

6. 主题探究活动实录

活动一

亲子种植与发现

活动目标

①乐于参加种植活动，喜欢照料大蒜并关注大蒜的生长。

②能用简单的语言表达对种植的认识和发现。

活动准备

关于本次种植活动的通知、观察记录本。

活动记录

春天万物复苏，动植物发生着变化，幼儿对大自然中的点点滴滴都充满着无限的遐想。为了满足幼儿的好奇心，为幼儿打造一场春天的奇遇，小四班开展了主题探究活动——大蒜。在亲子活动种大蒜中，家长和幼儿共同参与，在细心观察和探究中感受种植的乐趣和获取新知的喜悦。接下来让我们一起来学习大蒜的种植方法吧。

土培大蒜的步骤：

图4-4　认识种植工具

图4-5　花盆中放入泥土

图4-6　放入大蒜，培土

图4-7　浇水

观察日记

　　幼儿种好大蒜后，天天期待着自己的"蒜宝宝"能带来惊喜，无论是入园、喝水，还是上洗手间、放学，只要有空就要凑上去看看，每天精心呵护着"蒜宝宝"，为"蒜宝宝"浇水，把"蒜宝宝"搬到户外晒太阳，亲力亲为，乐此不疲。

　　一天早餐后，然然兴奋地跑过来跟我说："老师，我的大蒜长了一点点了。"只见他手舞足蹈，用小手比画着大蒜长出来的高度。"我带你去看。"说完就拉着我去看他的"蒜宝宝"。"蒜宝宝"在黑黑的土壤里，冒出了一点嫩黄色的小芽。然然欣喜若狂的样子吸引了一大波同伴的注意，大家纷纷围过来观察第一个长出来的"蒜宝宝"。幼儿们七嘴八舌："原来大蒜发芽是这样的啊。""像米饭一样的。"在大家的议论声中，多多像发现新大陆一样高声呼喊："我的大蒜也发芽了！你看，你看，就在这儿！"在多多手指的地方，真有一颗大蒜也发芽了，如果我们不细心观察，还真看不出来那是大蒜芽。

图4-8　相互分享自己的发现　　　　　　图4-9　带大蒜晒太阳

以后的几天里，我每天都能听到幼儿向我报告大蒜发芽的喜讯。幼儿的大蒜都陆陆续续发芽了。为了让幼儿总结种植大蒜的经验，我们开展了一场激烈的讨论，题目为"大蒜怎样才能发芽"。幼儿通过亲身体验种植和照顾大蒜，纷纷发表自己的独特见解。

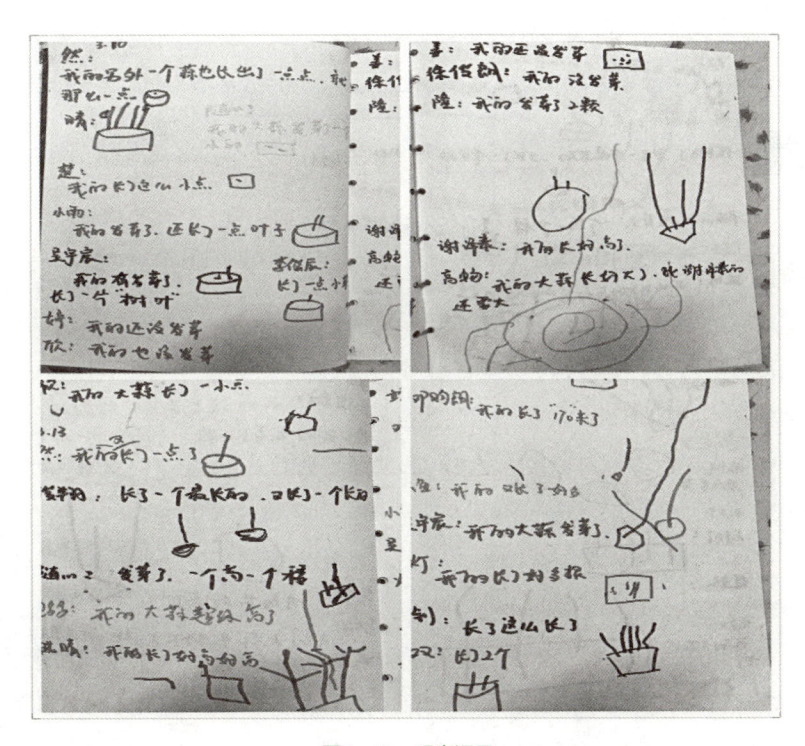

图4-10　观察记录

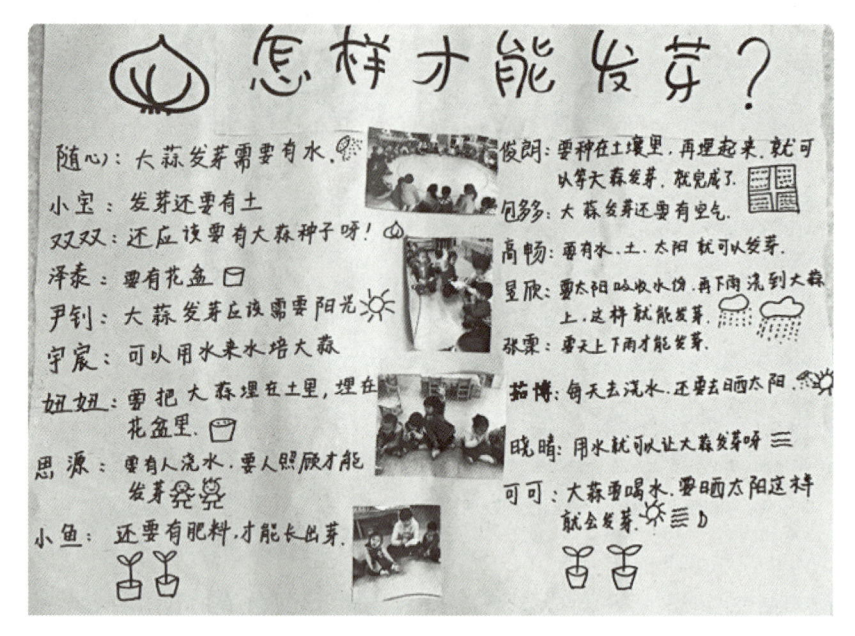

图4-11 教师记录下幼儿的发现

活动反思

在亲子种植大蒜活动中,幼儿体验了种植过程,了解了种植大蒜的步骤。在讨论过程中,教师的提问是为了引导幼儿分享自己的种植经验,激发幼儿对种植的兴趣,为后续的观察做铺垫。活动中教师为幼儿提供表达机会,让幼儿积极与同伴、教师交流。

活动二

为什么没有发芽

活动目标

①在观察中发现问题,具有初步的探究能力。

②关心自己种的大蒜,喜欢动手操作。

活动准备

种有未发芽的大蒜的花盆、肥料、快要枯萎的蒜苗。

活动记录

幼儿的大蒜相继发芽,他们沉浸在大蒜发芽的喜悦当中。可是有四名幼儿的大蒜到现在还是"无动于衷"。他们很是失落,跑来向我求助。于是,我把四盆不发芽的大蒜搬了过来,和幼儿一起寻找不发芽的原因,以解开他们心中的疑惑。

大家一起寻找着答案。茹博说:"肯定是浇水浇多了。"宇宸说:"那大蒜种子是被淹死的。"朗朗说:"那是它没有晒到太阳才死的。"顺顺说:"花盆的泥土

第四章 主题探究活动 39

图4-12 大蒜为什么没有发芽

图4-13 有什么发现

图4-14 把大蒜挖出来看看

图4-15 大蒜种子已经开始腐烂、发霉

图4-16 重新种植大蒜

图4-17 照顾大蒜

太臭了，大蒜不喜欢。"原来大蒜种子不发芽的原因有这么多，小小的观察活动激发了幼儿关爱小生命的情感。为了平复四名幼儿失落的心情，泽泰说："要不让他们重新种上一些'健康'的种子吧。"四名幼儿在我的帮助下重新种下大蒜种子。他们小心翼翼地把花盆放回花架上,每天悉心照顾大蒜,期待着新生命的降临。

新的发现

日子一天天过去了,大蒜欢快地生长着,越长越高。有的蒜苗长得翠绿翠绿的,笔直地站立在那里,像一个个精神抖擞的士兵;有的蒜苗越来越黄,耷拉下来,垂头丧气。新的问题来了,双双问:"老师,蒜苗为什么都黄了呀!看着好可怜哦……""对呀,这是为什么呢?"

图4-18 蒜苗低下了头

图4-19 给大蒜施肥

泽泰说:"肥料是给大蒜准备的,它们吸收了养料就可以长得很快了。"楚楚说:"我们要给每一盆都施一点肥,它们就能吸收了。"

活动延伸

幼儿对大蒜的生长过程有了一定的了解,于是我们把知识迁移到了植物的生长过程中。幼儿以小组形式去观察、分享,在互动中又有了新体验。教师也帮助幼儿查找一些植物生长的资料,完成知识的拓展。

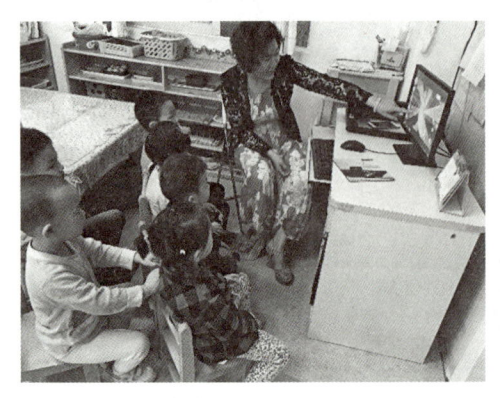

图4-20 教师帮忙查找资料

图4-21 植物生长过程

活动反思

活动中，幼儿主动发现问题，提出问题，再一起解决问题，这是一个探究学习的过程。幼儿最终找到了大蒜没有发芽的原因。教师需给幼儿提供充足的环境支持与经验支持，帮助幼儿记录他们的互动过程，支撑他们在原有经验的基础上完善认知。

活动三

剪蒜苗

活动目标

①学习剪蒜苗的方法。

②体验收获的喜悦。

活动准备

成熟的蒜苗、剪刀。

活动记录

蒜苗在幼儿细心的照顾下长得越来越高，是时候收获了。和幼儿商量后我们决定剪蒜苗。我告诉幼儿，只要不把大蒜根拔出来，剪了以后，蒜苗还是会继续长出新的叶子的。

图4-22 剪蒜苗1 　　　图4-23 剪蒜苗2 　　　图4-24 教师把幼儿剪下来的蒜苗分名字包装好

大蒜美食

剪好的蒜苗可以干什么呢？很多幼儿都知道蒜苗可以做菜。于是下午放学后幼儿把剪好的蒜苗带回家，请家长用蒜苗做一道美食。晚上班级群里家长和幼儿兴奋地分享着用蒜苗做的美食。

活动反思

幼儿亲手剪下自己种植好的蒜苗，体会到了收获劳动成果的喜悦；家长把蒜苗做成美食，使幼儿对大蒜的用途加深了了解。家长们积极配合，踊跃在班级群里分享交流蒜苗美食，相互交流幼儿的种植体验。家长参与主题探究活动的积极性也得到了体现。

图4-25 蒜苗美食分享图 　　　　　　图4-26 自己种的蒜苗就是香

活动四

"1"和"许多"

活动目标

①感知"1"和"许多",初步理解两者之间的关系。

②学习手口一致地点数。

活动准备

独蒜、蒜瓣、记录表。

活动记录

①观察独蒜和蒜瓣的区别。

②猜一猜,数一数,记一记。

③手口一致地点数。

图4-27 观察独蒜与蒜瓣 　　　　　　图4-28 手口一致地点数

活动反思

活动中,教师引导幼儿通过摸一摸、看一看,感知独蒜与蒜瓣的外观区别。在猜一猜环节中,幼儿能用"蒜瓣是独蒜的宝宝"这一描述性语句来表述对独蒜和蒜瓣的理解。活动以小组形式进行,用多种感官的体验来激发幼儿的学习兴趣。幼儿间的相互学习得到了很好的体现。

活动五

剥蒜皮

活动目标

①初步学习剥蒜皮的方法。

②初步认识蒜瓣的结构,体验活动的乐趣。

活动准备

大蒜、盘子。

活动记录

小组活动时,我提了怎样才能把大蒜分成一个一个的蒜瓣的问题。幼儿拿起大蒜观察,相互讨论。

乐:大蒜有好多层皮。

欣:剥开皮应该就是蒜瓣了。

晓:我们来剥皮吧。

欣:老师,皮有好多层啊,什么时候剥完啊?

我提醒幼儿要有耐心,把蒜皮一层层剥下来放进小碗中,还可以利用蒜皮做手工。过了一会儿,个别幼儿完成了。

图4-29 给大蒜剥皮   图4-30 观察中发现

欣：老师，我剥完了，你看，蒜瓣都露出来了。
乐：我剥皮的时候把蒜瓣剥裂了，变成了好多瓣。
晓：我的手上有大蒜的味道。

幼儿在操作中感知到了大蒜的结构、外形、味道，还知道了蒜皮可以用来做手工。

活动反思

幼儿在操作过程中，观察大蒜的外形，认识蒜瓣的结构。在整个活动过程中，幼儿十分专注。幼儿发现了各种问题——剥不掉蒜皮怎么办？为什么有的蒜瓣大有的蒜瓣小？手上为什么有蒜味？带着这些问题，教师引导幼儿一步步在操作过程中寻求答案。

活动六

画蒜和做蒜

活动目标

①了解大蒜的基本结构，知道植物是由不同部分构成的。
②喜欢参与美术活动，激发创造性思维。

活动准备

画纸、画笔、黏土、蒜皮。

活动记录

认识蒜苗的结构后，幼儿来到美工区，尝试用各种材料表现大蒜的各部分。

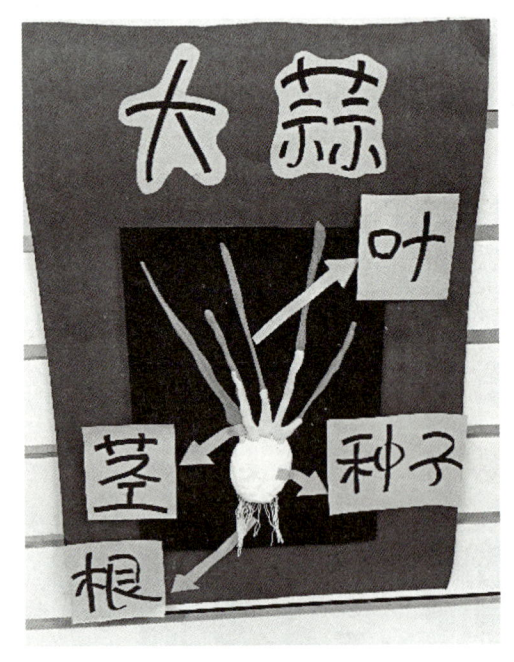

图4-31　用黏土表征蒜苗形象　　　　图4-32　幼儿尝试创作

图4-33 幼儿表征　　　　　图4-34 幼儿运用其他材料表征

活动延伸

捣蒜：

生活区投放了捣蒜、切大蒜、压大蒜的材料，幼儿通过操作可感知大蒜的形态、气味、颜色等特性。

腌糖醋蒜：

幼儿尝试腌大蒜，享受自己劳动的成果，获得成就感。

图4-35 切蒜和捣蒜

图4-36 腌糖醋蒜

活动反思

幼儿在活动中了解了大蒜的基本结构，尝试用各种材料、各种方式表征，通过表征记录巩固探究过程中获得的知识与经验。教师要鼓励幼儿大胆表征，积极把自己的理解、记忆、想法和感受用生动的作品呈现出来。

7. 主题小结

幼儿在经历了种大蒜、照顾大蒜、剪蒜苗、烹饪食物、剥蒜、捣蒜、腌蒜等一系列连续的活动后，对蒜苗的方方面面有了一个完整的认知，获取了宝贵的经验。主题探究活动有效提升了幼儿的生活经验，逐步使幼儿养成喜欢观察周围事物的习惯，提高了幼儿乐于探索和善于发现的能力。

《3—6岁儿童学习与发展指南》明确指出教师要充分利用学习和生活中的机会，引导幼儿通过观察、比较、操作、实验等方法，学习发现问题、分析问题和解决问题；帮助幼儿不断积累经验，并运用于新的学习活动，形成受益终身的学习态度和能力。在"大蒜"主题探究活动中，剥大蒜、腌大蒜、尝大蒜、玩大蒜、画大蒜等都是在主题进展过程中根据幼儿的兴趣和经验生成的活动，以动手操作为主，帮助幼儿全面感知、认识大蒜。在整个主题探究过程中，教师把握预设与生成的能力也有所提高。及时记录幼儿的发现、表征也是教师有效观察幼儿的方式。

（二）中班主题探究活动：你好，太空

1. 主题介绍

地球自转，星河灿烂，浩瀚太空引发了我们儿时无数的遐想，对宇宙的渴望和幻想伴随着我们渐渐成长。行星、恒星、黑洞、星系、外星人、宇航员、卫星，它们总能吸引我们的目光。太空给人探索的欲望。当这些元素被加入主题活动之后，主题活动会增添更多的神秘感和不一样的生机。"你好，太空"主题探究活动的设计能唤起幼儿的好奇心，提高幼儿的认知水平，培养幼儿的求知欲。

2. 设计思路

在活动前期，我们利用主题调查表，收集了一些幼儿感兴趣的问题。

太空中有什么？

火箭是怎样升空的？

星星、月亮、太阳的秘密是什么？

宇航员如何在太空生活？

真的有黑洞吗？

我们可以去太空吗？

有外星人吗？他们长什么样？他们都做些什么？

一连串的问号激发着幼儿不断地去发现，去探索。在活动预设中，为了让幼儿更直观、更形象地探究，我想尝试借助影视作品和绘本作品，如纪录片、科学绘本、文学绘本等，来丰富"你好，太空"主题探究活动。这些素材更真实地让幼儿了解宇宙的奥秘，激发幼儿了解宇宙的欲望。在一系列有趣的活动中，当幼儿的好奇心、探究欲望得到满足后，他们会更积极主动地参与主题探究活动。

在主题探究活动过程中，我们也希望家长配合我们：

①带幼儿参观科技馆，让幼儿了解宇宙中的相关知识；

②给幼儿买一些关于宇宙的书；

③跟幼儿一起欣赏系列动画片《航天小飞机》。

3. 教育目标

①对宇宙充满好奇，初步认识宇宙中各个星球以及它们之间的关系。

②产生关注宇航员太空生活和探索宇宙奥秘的兴趣和愿望。

③尝试大胆表述自己的想法，在好奇、好问中增强探索欲望。

④运用多种形式自主表现对宇宙的初步认识，大胆想象。

4. 教师思考网络图

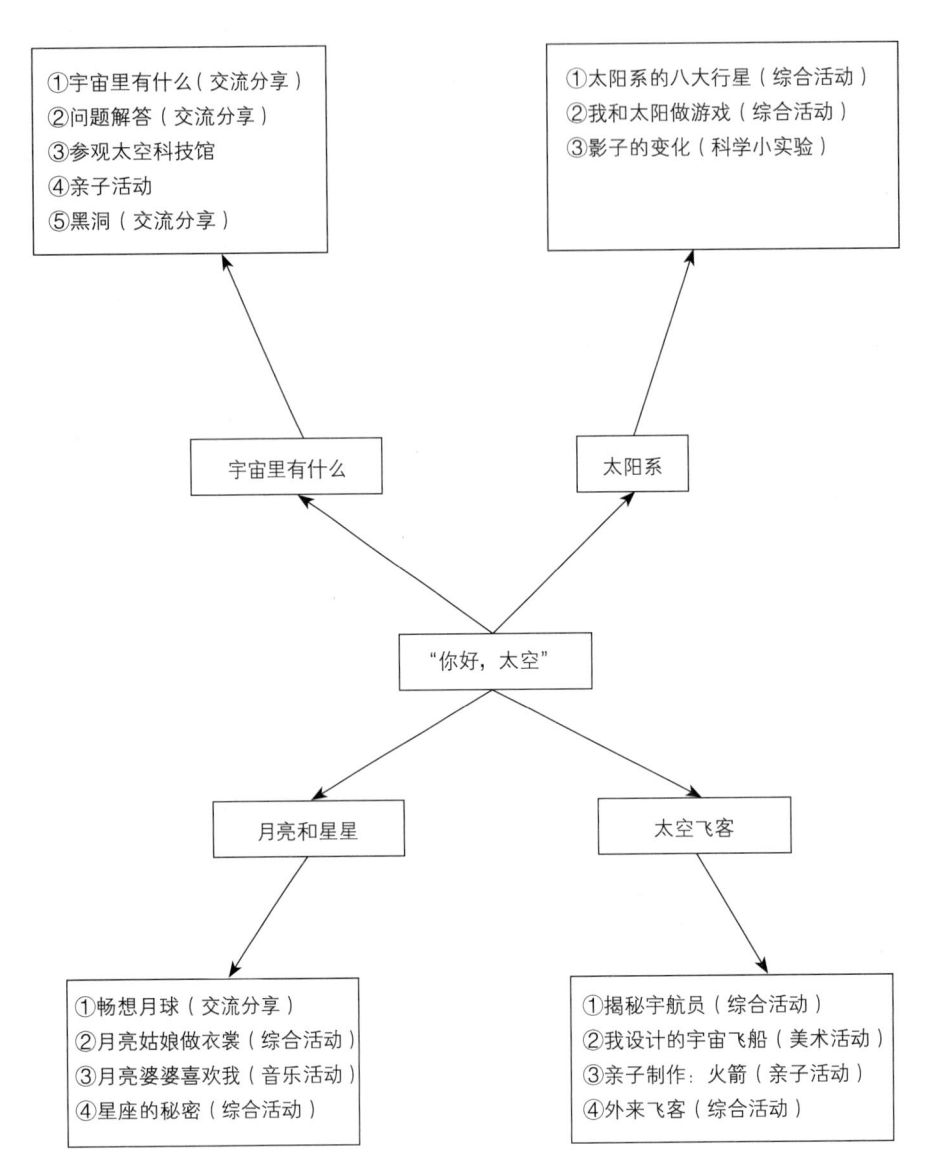

```
①宇宙里有什么（交流分享）                    ①太阳系的八大行星（综合活动）
②问题解答（交流分享）                        ②我和太阳做游戏（综合活动）
③参观太空科技馆                              ③影子的变化（科学小实验）
④亲子活动
⑤黑洞（交流分享）

        ↑                                          ↑
        │                                          │
   [宇宙里有什么]                              [太阳系]
            ↖                              ↗
             ↖                          ↗
              [ "你好，太空" ]
             ↙                          ↘
            ↙                            ↘
      [月亮和星星]                       [太空飞客]
           │                                  │
           ↓                                  ↓
①畅想月球（交流分享）                    ①揭秘宇航员（综合活动）
②月亮姑娘做衣裳（综合活动）              ②我设计的宇宙飞船（美术活动）
③月亮婆婆喜欢我（音乐活动）              ③亲子制作：火箭（亲子活动）
④星座的秘密（综合活动）                  ④外来飞客（综合活动）
```

图4-37　教师思考网络图

5. 幼儿活动网络图

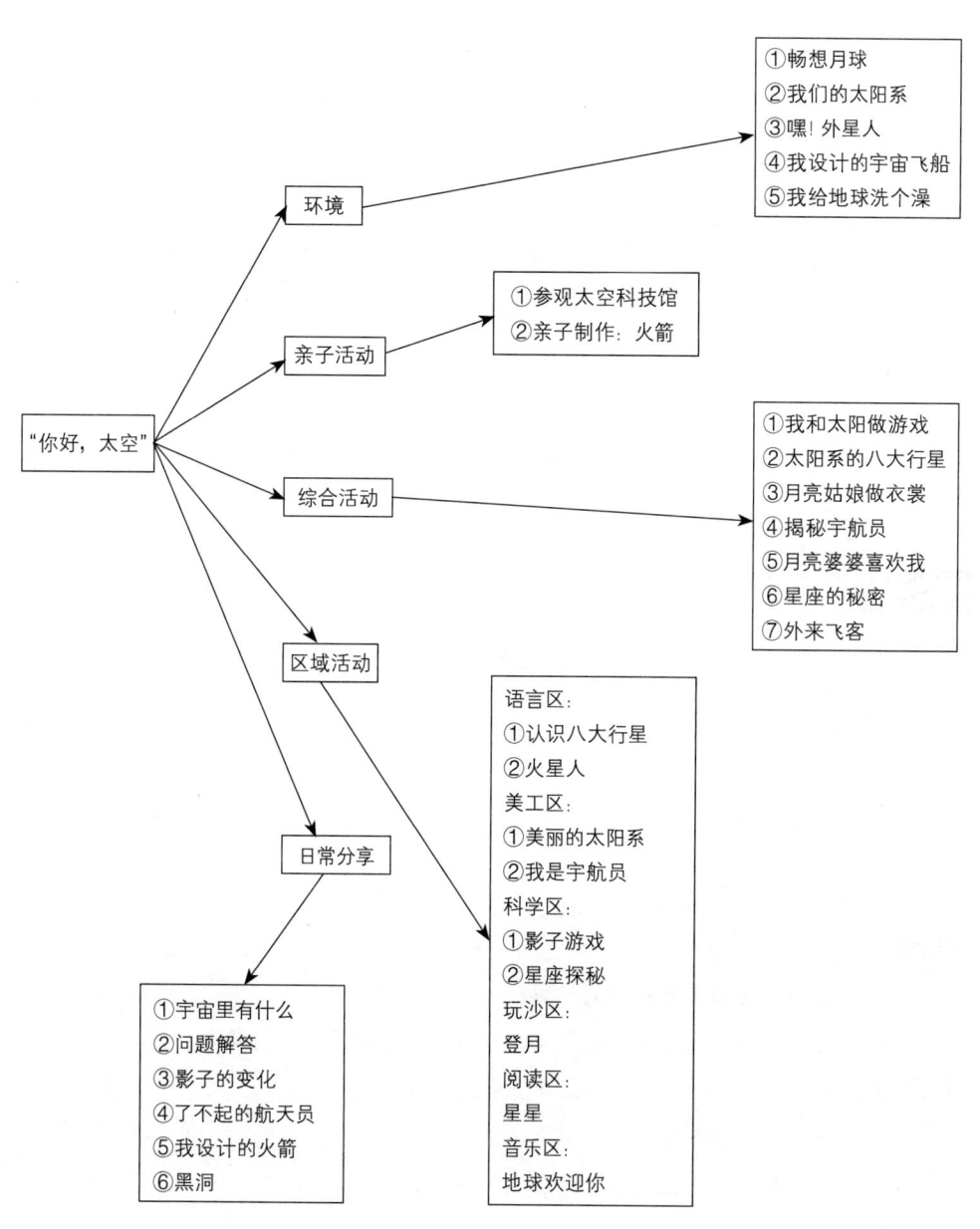

```
                              ┌─ 环境 ──→ ①畅想月球
                              │           ②我们的太阳系
                              │           ③嘿！外星人
                              │           ④我设计的宇宙飞船
                              │           ⑤我给地球洗个澡
                              │
                              ├─ 亲子活动 ──→ ①参观太空科技馆
                              │               ②亲子制作：火箭
                              │
"你好，太空" ─────┤─ 综合活动 ──→ ①我和太阳做游戏
                              │               ②太阳系的八大行星
                              │               ③月亮姑娘做衣裳
                              │               ④揭秘宇航员
                              │               ⑤月亮婆婆喜欢我
                              │               ⑥星座的秘密
                              │               ⑦外来飞客
                              │
                              ├─ 区域活动 ──→ 语言区：
                              │               ①认识八大行星
                              │               ②火星人
                              │               美工区：
                              │               ①美丽的太阳系
                              │               ②我是宇航员
                              │               科学区：
                              │               ①影子游戏
                              │               ②星座探秘
                              │               玩沙区：
                              │               登月
                              │               阅读区：
                              │               星星
                              │               音乐区：
                              │               地球欢迎你
                              │
                              └─ 日常分享 ──→ ①宇宙里有什么
                                              ②问题解答
                                              ③影子的变化
                                              ④了不起的航天员
                                              ⑤我设计的火箭
                                              ⑥黑洞
```

图4-38　幼儿活动网络图

6. 主题探究活动进程

表4-3　主题探究活动进程

项目	活动名称	备注
活动一	我和太阳做游戏	幼儿分享经验，通过游戏认识太阳
活动二	太阳系的八大行星	通过直观的纪录片，认识太阳系的八大行星
活动三	月亮姑娘做衣裳	借助绘本故事了解月亮的变化
活动四	揭秘宇航员	探究宇航员在太空的生活起居
活动五	月亮婆婆喜欢我	欣赏歌曲柔美的曲风，尝试分声部合唱
活动六	星座的秘密	尝试创想艺术
活动七	外来飞客	在想象中表达自己的看法

7. 主题探究活动实录

活动一

我和太阳做游戏

活动形式

小组。

活动目标

①初步认识太阳，知道阳光下会有影子。

②大胆表达自己的探究与发现，体验探究影子的乐趣。

活动准备

①经验准备：对影子有初步的了解。

②物质准备：手电筒、玩偶操作台、玩偶、动物小图片、窗花等。

活动过程

（1）教师通过谜语激发幼儿探索影子的兴趣

师：我有个好朋友，我走它也走，我停它也停，我到哪儿它到哪儿，紧紧跟在我身边。它是谁？

（2）教师了解幼儿关于影子的经验

师：你见过影子吗？在什么地方见过影子？影子是什么样的？它是什么颜色的？

图图：我在镜子里见过我的影子，它跟我一样。

悠悠：我在淘气堡的小屋里见过，黑色的一大团。

多多：我在灯下面见过影子，好像是黑色的。

子墨：我在太阳下见过影子，黑色的。我走它也走，我停下来它也停下来了。

师：你们刚才说的我也体验过，在太阳光、灯光照我们的时候就会有影子了。

（3）幼儿自主选择材料，探究影子的形成

师：我这里有一些动物玩偶、积木、纸和笔，一会儿我们去操场，你们来试试怎样可以变出影子。

幼儿到户外自选材料进行探索，教师鼓励幼儿将发现记录在纸上。

（4）幼儿通过交流分享探究的发现，从而获得影子形成的经验

师：你们都找到影子了吗？你们是怎么做的？

图图：我把积木放在地板上，太阳照过来就有影子落在纸上，我把它画下来了。

子墨：我的镂空玩具就有那些洞洞影子。

多多：我看到我自己的影子了，我移动它也动。

师：它们的影子一样吗？你们还有哪些发现？

悠悠：我的积木是透明的，所以你看，它的影子是彩色的。

图图：我挡住光就没有影子了。

阳阳：我为什么总是踩不到我的影子的脑袋？

师：你们说的光是从哪里来的？

阳阳：就是太阳的光。

师小结：原来有光的地方才有影子，光被挡住了，影子就没了。

活动延伸

①科学区——影子游戏。

②语言区——白天黑夜。

图4-39 发现影子并尝试记录　　　　　　图4-40 不同材料有不同的影子

图4-41 透明积木的影子　　　　　图4-42 影子也会跳舞

活动反思

科学实验是幼儿最喜欢的活动之一。它能够让幼儿完全投入实验中，仔细观察后提出自己不明白的问题。不仅幼儿能够发现问题，教师也会在观察幼儿的过程中发现其他值得探索和幼儿感兴趣的问题。

活动二

太阳系的八大行星

活动形式

集体。

活动目标

①初步认识太阳系的八大行星，通过游戏了解它们的排列位置。

②大胆想象、表征各个行星的特征。

活动准备

①经验准备：对太阳系中的行星有初步的了解。

②物质准备：太阳系轨道图、课件、系列动画片《航天小飞机》。

活动过程

（1）分组讨论：太空中有什么

幼儿看动画片，讨论、表征并分享。

（2）幼儿认识八大行星

幼儿看课件，认识八大行星的外形特征。

太阳是这个家的妈妈，是太阳系的中心天体，是地球的生命之源，太阳系家中的所有天体宝宝都围绕着它运动。

水星住在第一条轨道上，动作最慢，是距离太阳妈妈最近的行星。

金星住在第二条轨道上，是最爱干净的一个。

地球住在第三条轨道上，是宇宙中精彩绝伦的一个天体。

火星住在第四条轨道上，和地球姐姐的感情最好。

木星住在第五条轨道上，是太阳系八兄弟中最胖的一个。

土星住在第六条轨道上，最喜欢漂亮了，总戴着一个美丽的光环。

天王星住在第七条轨道上，是最乖的一个。

海王星住在第八条轨道上，最不怕冷了，因为它住的地方在零下200摄氏度以下呢。

（3）幼儿通过玩游戏、找位置，进一步巩固对行星位置的认识

活动延伸

①美工区——美丽的太阳系。

②语言区——认识八大行星。

图4-43　太空中有什么

图4-44　表征分享

图4-45　认识八大行星

图4-46　游戏：找位置

活动反思

因为这个活动对中班幼儿来说有一定的难度，所以教师前期借助动画片通过直观和有趣的故事情节让幼儿对太阳系的八大行星有了初步的了解。活动中，幼儿跟随着教师的线索又一次加深了对八大行星特点的认识。在延伸活动中，幼儿通过制作、绘画、表征等形式巩固了对八大行星的认识。活动后，家长和幼儿一起收集相关资料。幼儿找到了相关的内容，加深了了解，体会到了成功的喜悦。这对于培养幼儿进行科学探究的兴趣是有极大帮助的。

活动三

月亮姑娘做衣裳

活动形式

集体。

活动目标

①理解故事内容，感受月亮姑娘做衣裳的趣事，知道月亮是不断变化的。

②观看月相变化图，初步了解月亮的变化规律。

③对生活中的自然现象感兴趣，能关注月亮的变化。

活动准备

①经验准备：对月亮变化有初步的了解。

②物质准备：故事《月亮姑娘做衣裳》、月相图。

活动过程

（1）幼儿分组讨论自己见过的月亮

幼儿分组讨论自己见过的月亮是什么样子的。

（2）幼儿听故事《月亮姑娘做衣裳》，了解月亮的变化

故事的名字叫什么？故事里发生了一件什么事情？

月亮姑娘最后穿上合适的衣裳了吗？

为什么月亮姑娘穿不上合适的衣裳？

小结：因为月亮姑娘的身体会不断变化。

学习描述月亮形状的词句，如细细的、弯弯的、像小姑娘的眉毛、像弯弯的镰刀等。

（3）幼儿观察月亮变化的过程，了解月亮变化的规律

当月亮变成圆盘的时候，它有一个好听的名字，叫满月。

裁缝师傅叹了一口气，对月亮姑娘说："唉！我量不准你的身材，也没法给你做衣裳了。"谁知道，接着往下月亮会再变成什么样呢？

教师播放动画片，引导幼儿感受月亮的变化规律。

师：月亮由瘦慢慢变胖，当满月过后，变成什么样子了？然后变成什么样子了？最后变成什么样子了？

月亮是有规律地变化的。

幼儿认识新月，知道月相图。

师：月亮就是这样有规律地变化着的。有一张图片记录了月亮变化的过程，我们给它起名叫月相图。

（4）幼儿进行操作实验

师：你们也试着做一个月相图吧。

活动延伸

亲子活动——制作奥利奥月相图。

活动反思

活动的第一环节是唤醒幼儿的经验，让幼儿说说自己见过的月亮。通过描述，幼儿了解到月亮是在不断变化的。第二环节通过故事引入，增添趣味性。幼儿在故事中证实了自己的推断，即月亮每个月都在变化。月相图是个新知识点，让幼儿对月亮变化的规律有详细正确的定义。延伸活动时，幼儿通过亲子活动，在动手操作过程中加深了对月相图和月亮变化时各阶段不同名称的认识。

图4-47 制作奥利奥月相图

活动四

揭秘宇航员

活动形式

小组。

活动目标

①了解宇宙飞船的基本构造及升空过程，激发对科学进行探索的欲望。

②认识第一个登月的宇航员，萌发对航天英雄的敬佩和憧憬之情。

③了解航天服，乐于用绘画的形式表现。

活动准备

①经验准备：对宇航员的太空生活有初步了解。

②物质准备：宇宙飞船升空视频、航天员照片、太空站生活课件。

活动过程

（1）教师播放宇宙飞船升空的视频

师：宇宙飞船是怎么升空的呢？

泓宇：火箭升起来时，有热气，那些热气就把宇宙飞船推到天上去了。

涵涵：是火箭带上天去的。

师：整个升空的过程发生了什么？

观看动画片段，教师和幼儿一起了解宇宙飞船升空的步骤。

（2）幼儿了解宇航员

师：谁在宇宙飞船里？他在太空怎样生活？你们和爸爸妈妈了解了一些相关内容，谁来跟大家分享一下？

果果：他们站着睡觉。

阳阳：他们在睡袋里睡觉。

兔兔：宇航员要戴着氧气面罩，不然没法呼吸。

涵涵：他们吃的食物都是装在袋子里的，像牙膏一样。

师：你们还想了解宇航员的哪些事情呢？

图图：我想知道他们怎样洗澡。

子涵：我想知道他们的衣服是怎么穿上的。

小宝：为什么宇航员没有小朋友？

幼儿看课件，了解宇航员在太空的生活。

师：通过刚才的图片和介绍，我们了解了宇航员在太空的生活。现在，我们来了解一下他们的衣服有哪些秘密。

教师出示电子书，引导幼儿观察宇航员穿的衣服。

（3）幼儿认识阿姆斯特朗

这个人就是第一个登上月球的宇航员，他叫阿姆斯特朗。他登上月球后说："我现在踏出的一小步，是人类科技发展的一大步。"

航天事业是一项伟大的事业，每个宇航员都付出了无比艰辛的努力，他们都是最棒的！

活动延伸

①美工区——我是宇航员。

②玩沙区——登月。

图4-48 模拟登月车 　　　　图4-49 模拟登月

图4-50 我是宇航员 　　　　图4-51 模拟太空

活动反思

　　本次活动主要是让幼儿了解有关宇航员的太空生活，并感受太空生活的神奇有趣。在活动中，教师提出问题，让幼儿在学习过程中寻找答案。幼儿在活动中非常活跃，能用自己的语言讲述太空生活与地球生活的不同，感受太空生活的神奇有趣。唯一不足的就是一些专业词语有些难理解，幼儿随着年龄的增长会慢慢懂得。

活动五

月亮婆婆喜欢我

活动形式

　　集体。

活动目标

　　①学习用连贯、优美的声音唱歌。
　　②在教师的提问和动作的帮助下记忆歌词。
　　③初步感受合作演唱的效果及优美歌曲带来的听觉享受，体验成功的喜悦。

活动准备

①经验准备：观察过月亮，体会过在月光下走的感觉。

②物质准备：月亮婆婆头饰、音频。

活动过程

（1）教师通过故事引入

师：小猫乐乐晚上出去玩，一抬头发现月亮婆婆一直跟着她。乐乐爬山，月亮婆婆也爬山；乐乐走走停停，月亮婆婆也走走停停。乐乐问："月亮婆婆，你为什么总跟着我啊？"月亮婆婆回答："因为我喜欢你。"

故事结束，教师有感情地清唱歌曲。

（2）幼儿熟悉歌词

师：刚才你在歌曲里听到了什么？

教师范唱歌曲。

幼儿朗诵歌词，加深对歌词的记忆。

（3）幼儿学歌曲

师：我唱，你们为我伴唱，每句结尾都用好听的声音唱"啦啦"。

教师请幼儿一起唱，激发幼儿兴趣。

幼儿演唱，教师伴唱。

幼儿分小组演唱伴唱。

幼儿欣赏合作演唱的效果，感受成功的喜悦。

（4）师幼进行游戏

教师扮演月亮婆婆，幼儿边唱歌边玩"月亮走我也走"的游戏。

活动反思

幼儿参与艺术活动的能力是在大胆表现的过程中逐渐发展起来的，教师的作用主要是激发幼儿感受美、表现美的情趣，丰富他们的审美经验，使之体验自由表达和创造的快乐。纵观整个过程，活动减少了教的痕迹，促使幼儿主动学习，主要运用了故事、情感引入，使用了伴唱和分组游戏巩固的教学方法。对歌曲中音乐元素的提炼，如情感的重点感知，更有助于幼儿理解歌曲优美、生动的意境。

活动六

星座的秘密

活动形式

小组。

活动目标

①认识大熊座、天鹅座、南十字座。

②通过持续观察，了解星座的命名方式，大胆联想，并敢于表达自己独特的想法。

③激发对天文知识的热爱和持续探究宇宙的兴趣。

活动准备

①物质准备：相关课件、星座仪、笔。

②知识准备：相关的、简单的天文星座知识。

活动过程

（1）幼儿分享交流

师：你们周末和爸爸妈妈一起收集了一些关于星座的知识，我们贴出来，大家一起来分享一下。

幼儿在展板下相互交流讨论。

（2）幼儿看课件，认识星座

师：很久很久以前，有一位叔叔发现住得近的星星会"手拉手做游戏"。在一起手拉手做游戏的星星，排列成的形状很像一只大熊，所以那个叔叔就给这一群星星取了名字——大熊座。

教师引导幼儿观察星座的排列特点，认识天鹅座、射手座和天鹰座。

小结：原来这些星座都是根据它们连起来之后的形状命名的。

教师借助星座仪引导幼儿大胆想象。

师：今天给你们介绍一位朋友——星座仪。它能储存很多星座。我们一起看看，你们觉得这些星座像什么？

师：宇宙中还有很多星座。小朋友回家后可以继续观察，寻找出更多的星座朋友。

活动延伸

①科学区——星座探秘。

②阅读区——星星。

图4-52 我带来的星座　　　　　　　　图4-53 交流分享

图4-54 幼儿分享　　　　　　　　　　图4-55 观看星座仪

活动反思

前期的经验准备在本活动中起到了重要的作用，让教师更加了解了幼儿的经验水平、学习特点和个性特征。先从自己的星座开始，再到宇宙中的各种星座，层层递进的过程使幼儿的探索欲望和兴趣有了很大的提高，也丰富了幼儿对星座的了解与认知。

活动七

外来飞客

活动形式

小组。

活动目标

①尝试用各种材料创造性地表现想象中的飞碟与外星人。

②对外星人充满好奇，在分享活动中体验成功的快乐。

活动准备

①物质准备：飞碟与外星人的相关资料、各种手工材料。

②知识准备：对宇宙、外星球有一定了解。

活动过程

（1）幼儿观看动画片《航天小飞机》

师：谁来到了地球？它们长什么样？它们坐什么来的？你觉得飞碟和外星人还有可能是什么样子的？

（2）幼儿展开讨论，进行创意制作

教师鼓励幼儿充分展开讨论，鼓励幼儿尝试用不同材料进行设计。

（3）幼儿分享作品

教师把幼儿的想法和作品记录下来。

活动延伸

①语言区——火星人。

②音乐区——地球欢迎你。

图4-56 涂色火箭

图4-57 纸盘飞碟

图4-58 外星小萌宠

图4-59 手拿雪糕的"外星女孩"

图4-60 火箭飞上天

图4-61 作品分享

活动反思

在整个活动过程中，幼儿有较高的主动性和积极性，充分发挥想象力和思维能力，提出了千奇百怪的问题。例如，外星人会哭吗？飞碟是外星人的专机吗？外星人有爸爸妈妈吗？外星人也住楼房吗？外星人有名字吗？他们能讲话吗？为什么飞碟与外星人是宇宙未解之谜？未解之谜是什么东西？为什么没有人知道他们从哪里来？你们大人也不知道他们从哪里来吗？为什么科学家还有不知道的呢？也许这些问题并不专业，也不科学，但直接反映了幼儿关于外星人的经验。最后轻松愉悦的分享环节，让幼儿之间、幼儿和教师之间的互问互答更流畅，增加了幼儿间相互学习的机会。

8. 主题小结

（1）幼儿的积极参与和家长的密切配合

在主题活动进行过程中，环境创设、材料收集等方面都离不开幼儿的积极参与和家长的支持与配合。填写调查表、和幼儿一起收集相关资料等，都为主题活动的开展奠定了坚实的基础。有了这些基础，幼儿对主题探究的兴趣和愿望也增强了许多。

（2）幼儿表现方式多样化

在整个活动的开展过程中，我们无不为幼儿多元的表现方式所惊讶。

在讨论、表征、探究、分享的过程中，我们感受到了幼儿独特的表现方式，也发现幼儿的想象力、创造力和动手能力都得到了提高，最重要的是幼儿的参与、合作、表达的能力都得到了不同程度的提高。

（3）教师的观察能力、分析能力有所提高

在整个活动中，教师预设的内容和幼儿生成的内容大致一样。教师分工，一人组织活动，一人负责观察记录幼儿的情况，最真实地反映幼儿在活动中的表现。事实证明这些非常有价值的资料最大化地帮助了教师了解幼儿，从而使教师对幼儿的反应做出分析，也为以后活动的开展保留了资料。在这个过程中，教师的收获也非常大。

（三）大班主题探究活动：身体的奥秘

1. 主题介绍

幼儿上了大班以后对事物的探索兴趣更加浓厚。他们不光对太空、宇宙、动物、植物充满了疑问，也发现自己的身体有所变化，并对自己的身体提出了一些问题：人能长多高？女生和男生有什么不一样？为什么我想挑战别人？为什么他跑得比我快？幼儿的这些疑问促使教师进行思考。随着幼儿年龄的增长，他们的思维、身体和心理不断变化。人的身体就是一个小宇宙，充满了各种各样的秘密。为此，我们设计了"身体的奥秘"这一主题探究活动。这是一个非常贴近幼儿经验的活动。教师引导幼儿从自身出发，去探索与身体各方面有关的知识。

2. 设计思路

为了能让幼儿比较全面地了解人的身体，我们设计了两大系列探究活动以及在活动中生成的幼儿感兴趣的内容。

（1）身体外部器官的奥秘

身体的外部特征是幼儿看得见摸得着的，大班幼儿对此有一定的经验基础，因此我们把它放在身体探究的第一系列。从活动中幼儿不仅可以更加详细地认识身体各部位的名称及功能，也能够学会如何保护自己。

（2）身体内部器官的奥秘

身体的骨骼、血液、内部器官和循环系统等虽然是我们看不见的，但它们是支撑身体活动的重要因素。所以我们从身体内部器官入手，鼓励幼儿通过探究来掌握这方面的知识。

（3）自然生成的活动

活动中，幼儿的兴趣生成了新的探究内容。教师需要做到注意观察幼儿，了解他们的想法与兴趣点，如情绪情感的奥秘、动物身体的奥秘、植物身体的奥秘。

3. 教育目标

①认识身体各部位，学会保护自己的身体。

②通过各种方式探索自己和同伴的身体差异。

③会欣赏和保护自己的身体，懂得运动能使我们的身体更灵活。

④肯定自己并发现自己的闪光点，知道每个人都有自己的长处。

⑤尝试用不同的方式表达自己的情绪，学会根据他人的情绪、表情调节自己的行为。

⑥通过实验，了解保护牙齿的重要性。

⑦了解身体内外器官的名称及作用，初步了解人体的八大系统。

⑧知道"我"是人群中的一个，体验和大家做朋友的快乐。

⑨对"性"有初步理解，知道保护好自己的身体。

4. 教师思考网络图

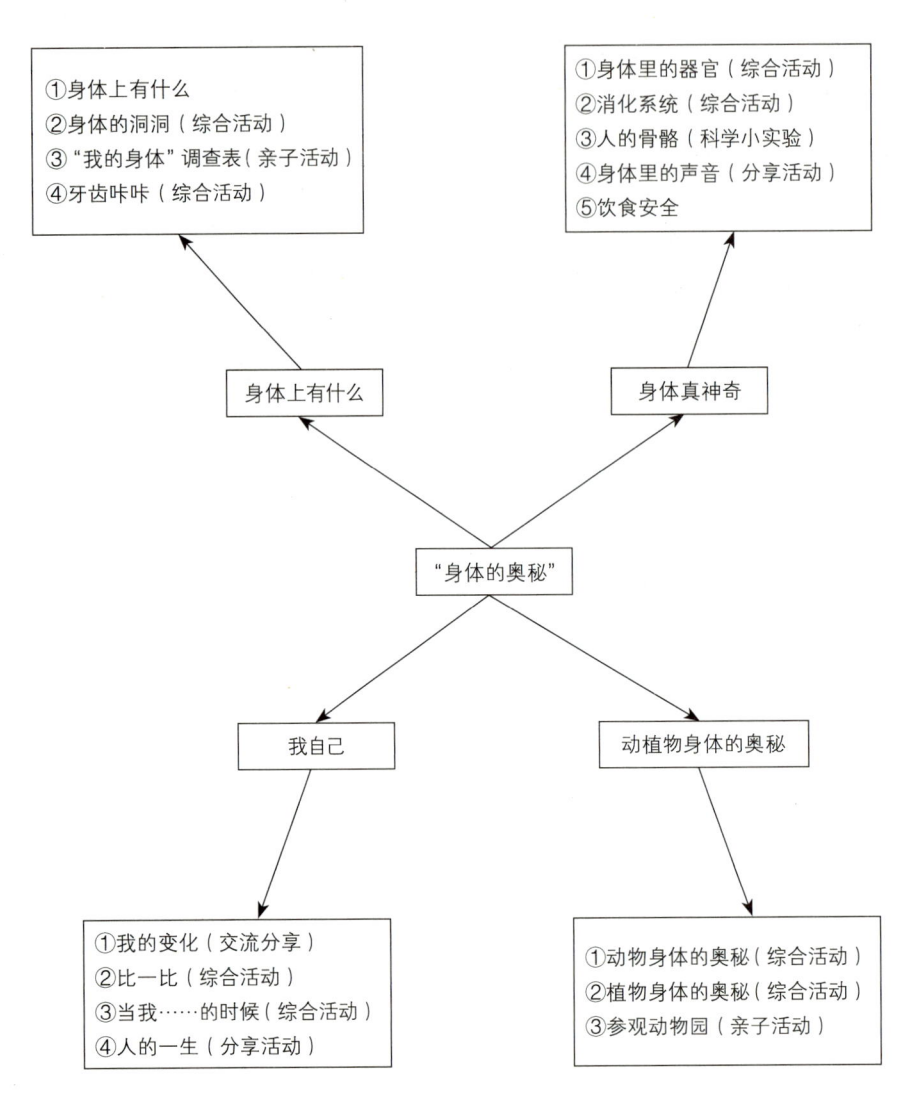

```
┌─────────────────────────┐                    ┌─────────────────────────────┐
│ ①身体上有什么           │                    │ ①身体里的器官（综合活动）   │
│ ②身体的洞洞（综合活动） │                    │ ②消化系统（综合活动）       │
│ ③"我的身体"调查表       │                    │ ③人的骨骼（科学小实验）     │
│   （亲子活动）          │                    │ ④身体里的声音（分享活动）   │
│ ④牙齿咔咔（综合活动）   │                    │ ⑤饮食安全                   │
└─────────────────────────┘                    └─────────────────────────────┘
            ↑                                              ↑
            │                                              │
      ┌───────────┐                                 ┌───────────┐
      │身体上有什么│                                 │ 身体真神奇 │
      └───────────┘                                 └───────────┘
              ↖                                    ↗
                    ┌────────────────┐
                    │ "身体的奥秘"   │
                    └────────────────┘
              ↙                                    ↘
       ┌───────┐                              ┌──────────────────┐
       │ 我自己 │                              │ 动植物身体的奥秘 │
       └───────┘                              └──────────────────┘
            ↓                                              ↓
┌──────────────────────────┐                ┌──────────────────────────────┐
│ ①我的变化（交流分享）   │                │ ①动物身体的奥秘（综合活动） │
│ ②比一比（综合活动）     │                │ ②植物身体的奥秘（综合活动） │
│ ③当我……的时候（综合活动）│                │ ③参观动物园（亲子活动）     │
│ ④人的一生（分享活动）   │                └──────────────────────────────┘
└──────────────────────────┘
```

图4-62　教师思考网络图

5. 幼儿活动网络图

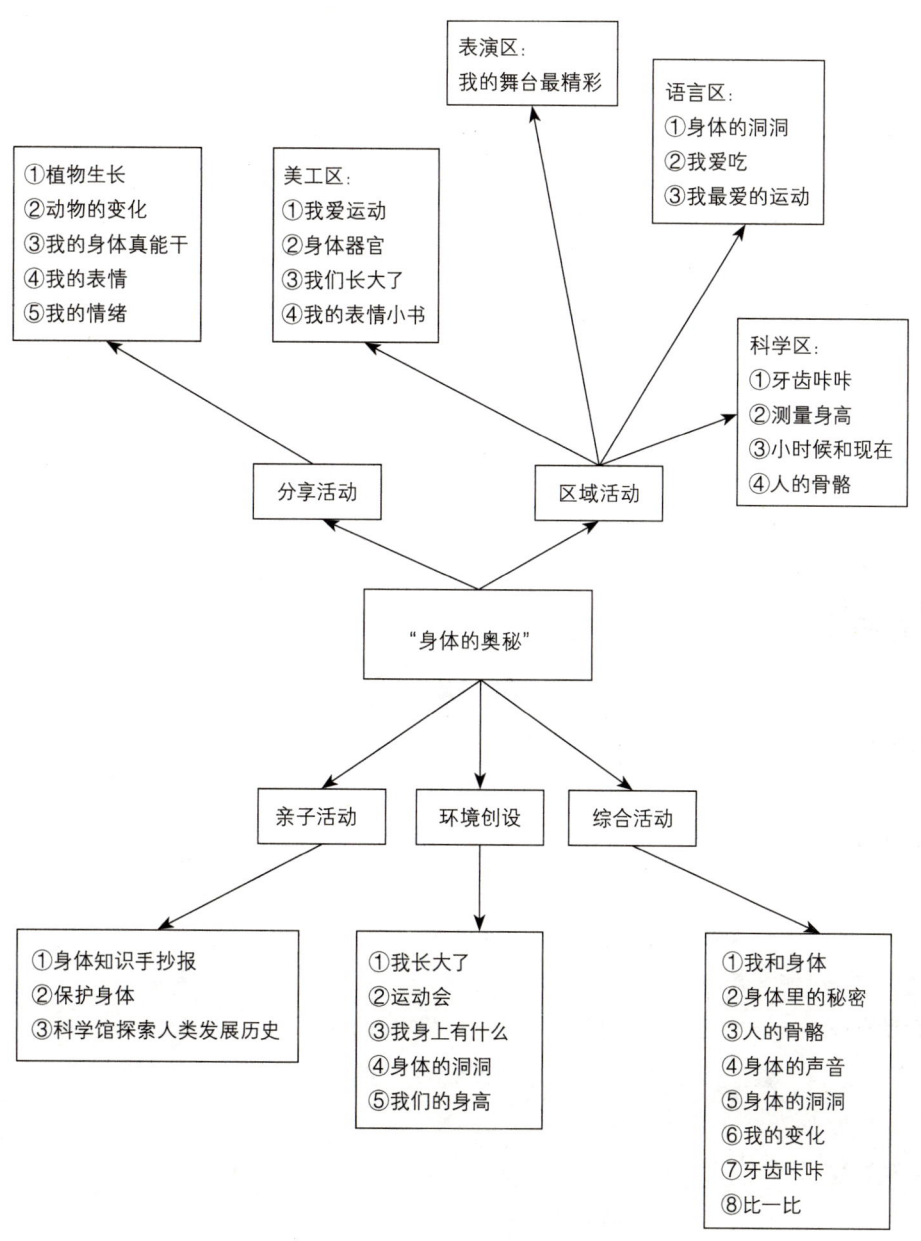

```
                          表演区：
                          我的舞台最精彩
                                              语言区：
                                              ①身体的洞洞
                                              ②我爱吃
  ①植物生长        美工区：                   ③我最爱的运动
  ②动物的变化      ①我爱运动
  ③我的身体真能干  ②身体器官
  ④我的表情        ③我们长大了
  ⑤我的情绪        ④我的表情小书
                                              科学区：
                                              ①牙齿咔咔
                                              ②测量身高
                                              ③小时候和现在
                                              ④人的骨骼
              分享活动              区域活动

                        "身体的奥秘"

              亲子活动    环境创设    综合活动

                                                ①我和身体
  ①身体知识手抄报      ①我长大了                ②身体里的秘密
  ②保护身体            ②运动会                  ③人的骨骼
  ③科学馆探索人类      ③我身上有什么            ④身体的声音
    发展历史            ④身体的洞洞              ⑤身体的洞洞
                        ⑤我们的身高              ⑥我的变化
                                                ⑦牙齿咔咔
                                                ⑧比一比
```

图4-63 幼儿活动网络图

6. 主题探究活动进程

表4-4　主题探究活动进程

项目	活动名称	备注
活动一	我的身体	分享经验，激发探索人体奥妙的兴趣
活动二	身体里的秘密	激发探索人体奥妙的兴趣，初步了解人体内部各器官的名称及其主要的功能
活动三	人的骨骼	懂得用多种方法保护骨骼，养成良好的行为习惯，促进骨骼的生长发育
活动四	身体的声音	认识保护牙齿的重要性，并学会保护牙齿
活动五	身体的洞洞	通过观察与发现，探索身体的声音
活动六	我的变化	知道自己的变化，欣赏自己的优点
活动七	牙齿咔咔	掌握正确的刷牙方法，认识早晚刷牙的重要性
活动八	比一比	通过各种方式探索自己和同伴的身体差异

7. 主题探究活动实录

活动一

我的身体

活动形式

小组。

活动目标

①了解身体外部器官的名称及作用，激发探索人体奥妙的兴趣。

②知道各器官的作用，有保护自己身体的意识。

③与同伴友好合作完成计划。

活动准备

①经验准备：幼儿对自己的身体有初步的了解。

②物质准备：记录纸、笔。

活动过程

（1）教师请幼儿说说人的身体上有什么

师：孩子们，你们知道人的身体上有什么吗？

杰：有鼻子、耳朵、头发。

淇：有手，有脚，有肉。

洋：有牙齿、嘴巴、舌头、眉毛。

倩：还有指甲、膝盖。

（2）教师引导幼儿相互看看身体上还有什么

师：你们说得非常好，还有小朋友发现其他的东西吗？你们可以互相看看再来说。

杰：哦，我看见了人的身上还有皮肤，皮肤上有汗毛，还有脖子。

淇：我看见了洋洋的手指上还有一圈一圈的指纹。

倩：身上还有尿尿和拉粑粑的地方。

（3）幼儿认识身体外部特征及作用

师：刚刚你们说得非常详细，我们先从上往下看，为什么人要长头发呢？

倩：因为长了头发很漂亮，头发还可以使我们不怕冷。

师：眼睛、鼻子、耳朵、嘴巴、眉毛，脸上的这些五官又有什么用呢？

洋：没有眼睛我们就看不见任何东西；没有嘴巴我们就没办法吃饭，就会饿死，也不能说话。

淇：鼻子可以闻味道。

倩：眉毛可以让我们更好看。

师：刚刚小朋友说我们还有脖子、胳膊、腿、手和脚，它们又能帮助我们做什么呢？

杰：脖子可以帮我们的头转动，脚可以用来走路，腿可以用来跑步、爬山、游泳。

淇：手可以让我们拿东西、写字、画画、玩游戏。

师：刚刚小朋友们还发现了我们肚子上面有肚脐眼，手指上有指纹。我们为什么要长这些呢？

倩：指纹、肚脐眼是我们生下来就有的，但是好像没有什么用。

师：小宝宝在妈妈肚子里的时候，妈妈的身体和宝宝的肚脐连接着一条脐带。脐带能把妈妈身体的营养传送给宝宝，让宝宝健康长大。当宝宝长到一定的时间时，妈妈的肚子就装不下他了，于是就把小宝宝生出来了。这时医生就会把连接肚脐的脐带剪开，就形成了肚脐眼，于是小宝宝的身体就和妈妈的身体分开了。

（4）幼儿谈谈保护自己的方法

师：身体上的任何一个器官对我们来说都是非常重要的，保护好它们就是保护好自己，你觉得要怎样保护它们呢？

杰：平时少看电视就能保护眼睛，不去挖鼻孔就能保护鼻子。

淇：多喝水可以保护嘴巴；不吃脏东西，多运动身体就会好；不和别人打架就不会受伤。

图4-64　身体外部有什么　　　　　　　　　图4-65　器官有哪些作用

（5）家园共育

师：今天我们了解到身体的外部器官和它们的作用以及如何保护它们。其实它们对我们的帮助远远不止这些。请你们回家以后和爸爸妈妈继续了解更多的身体外部器官对我们的帮助以及怎样保护它们。

活动延伸

美工区——幼儿尝试用多种方式设计"我自己"。

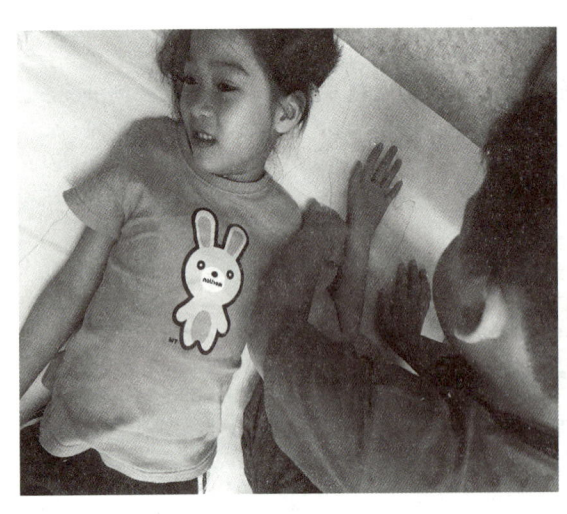

图4-66　合作表征：我的身体　　　　　　　图4-67　人体表征

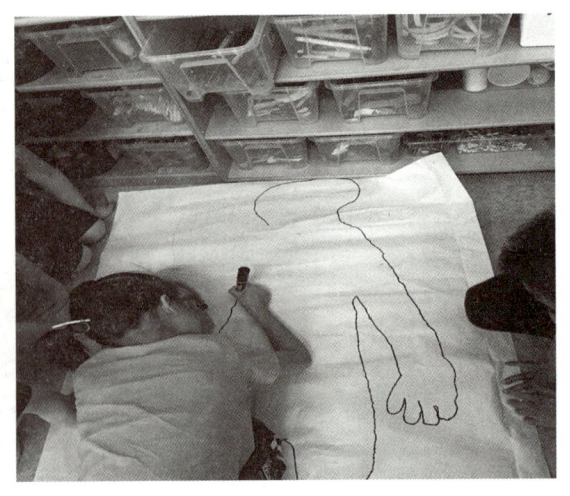

图4-68 身体上有什么

图4-69 我的身体

活动反思

在这次"我的身体"活动中，幼儿初步认识了自己的身体器官，并了解了身体各部位的名称、作用。从简单地描述身体器官，到细致深入地了解它们的用处和保护方法，幼儿保护身体的意识大大提高。在如何保护这些器官的问题上，虽然幼儿的思维活跃，但掌握的知识有限，所以并没有很全面地回答。教师应在今后的日常教学活动中以及区角材料投放的过程中丰富这方面的知识，使幼儿对身体每个器官的保护都很到位，如怎样保护眼睛、耳朵、牙齿，怎样防止感冒、防止摔伤等，切实加强幼儿的自我保护能力。

活动二

身体里的秘密

活动形式

小组。

活动目标

①了解人体内部各器官的名称及主要功能。

②知道养成良好的生活习惯有利于身体健康。

活动准备

①经验准备：幼儿知道人身体里有许多器官。

②物质准备：人体器官图、大卡纸、粘贴器官材料。

活动过程

（1）教师请幼儿说说身体里有哪些器官

师：之前我们了解到人的外部器官以及它们的作用，小朋友知道我们身体里有什么吗？它们又有什么用呢？

淇：我知道身体里有胃和心脏，胃可以帮助我们把吃下去的食物消化了，心脏是血液的家。

瑜：妈妈给我看过《肚子里有个火车站》这本书。肠子可以帮我们把食物排出体外。

曦：还有肛门，大便是从那里排出来的。

（2）教师出示人体器官图1，引导幼儿认识人体器官的功能

师：小朋友知道很多，但是说得还不全。我们身体里装满了各种各样的器官，你们看看还有哪些？

淇：我还看见了肺，它是帮助我们呼吸的。

君：我还看见了大脑，我们用大脑来思考，想问题。

希：我知道这个器官是用来装我们的尿的，好像叫肾。

师：我们的身体里还有肺、心脏、胃、肝、小肠、大肠、肾等。小朋友你们看，这个就是人体的肺。肺是人们气体的交换站，位于人体胸腔，左右各一片，如果没有它人就无法呼吸了。

师：你们知道这是什么吗？它的形状是什么样的？

君：心脏就像桃子，我们的心脏就只有我们自己的拳头那么大。

图4-70　认识身体内部的器官　　　　图4-71　配对游戏

师：心脏能维持血液循环，把人体需要的营养通过血液输送到全身，让身体的每个细胞都吃饱喝足。

师：你们知道我们每天吃进去的东西都跑哪里去了吗？

淇：跑到胃里了，我们吃的食物都是在胃里被磨碎的。

师：为什么胃要把食物磨碎呢？

淇：磨碎的食物就更容易被吸收。

师：小朋友你们看，这个就是人体的肝。肝对人体可重要了，可以分泌胆汁，把一些对人体有毒的物质变成无毒的，防止它们危害身体健康；肝还可以吞噬细菌、病毒，保护其他器官免受伤害。

师：这个就是肾。肾是人体的清洁机，担负着清除废物、毒物等重要的工作。

（3）教师出示人体器官图2，幼儿找一找器官在身体内的位置

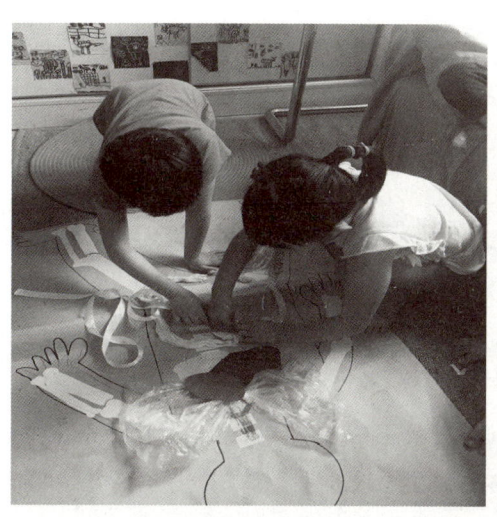

图4-72　找一找人体器官　　　　　　图4-73　器官与身体位置对应

（4）幼儿说说怎么样保护自己的内脏器官

师：刚才我们介绍了人体器官的功能和作用。人体器官这么重要，平时我们要怎样保护它们呢？

君：平时我们要好好睡觉，让器官多休息。

瑜：我们要吃干净的东西，不然器官就会生病。

希：我们不要总是吃冰的东西，它们会"感冒"的。

师：人体就像一台机器不停地运转，各个器官就像机器的零件。当有零件出现问题的时候，机器就不能正常运转了，这时候身体就会感觉不舒服。我们要爱护我

们的内脏，它们才能正常工作。任何一个器官出现问题我们都容易生病。所以平时我们要讲卫生，不挑食，常锻炼身体，这样我们身体内的器官就不容易生病了。

（5）幼儿尝试用各种材料表现各种身体器官

幼儿小组合作，寻找最合适的材料做身体内部各器官。

活动反思

大班幼儿对自己的身体有一定程度的了解，能说出身体中有心、肺、胃、肠等器官，也知道有些器官的功能，但他们说得不够清楚，甚至出现混淆。因此教师采用直观教学法，引导幼儿认识自己的身体内脏器官，结合图片，以小组形式合作探索，使他们在游戏中学到了知识，取得了不错的效果。

活动三

人的骨骼

活动形式

集体。

活动目标

①知道骨骼是人体的支架，初步了解骨骼的名称和作用。

②懂得用多种方法保护骨骼，养成良好的行为习惯。

活动准备

①经验准备：幼儿知道身体是由骨骼支撑才能站立的。

②物质准备：课件、大图纸、白色即时贴。

活动过程

（1）教师通过课件，引导幼儿初步认识人体的支架——骨骼，以及骨骼的名称

师：谁来说说我们人体是由哪些骨骼组成的？

烨：我们人体是由颅骨、躯干骨、四肢骨等组成的。

（2）游戏：骨骼动一动

师：现在大家想不想玩一个骨骼动一动的游戏？我说到哪个部位，你就动动那里的骨骼，听清楚了吗？请大家起立！（教师反复说刚才的几个骨骼部位）

（3）幼儿了解骨骼的作用

师：既然人体是由许多骨骼组成的，那你知道它有什么作用吗？（幼儿讨论后回答）

杰：没有骨骼我们就没办法行动了，骨骼可以让我们站起来、跑起来。

霏：手上的骨骼可以让我们抓起东西来。

墨：骨骼让我们想干什么就可以干什么。

图4-74　骨骼游戏 　　　　　　　　　　　图4-75　我说你动

师：人的骨骼是起承担支撑作用的。它分布在全身各部位，支撑着身体，保护着内部器官，同时由肌肉、关节等组织"帮忙"，进行着各种活动。假如没有骨骼，人体就成了一堆肉，什么也做不了，生命也就停止了。

（4）幼儿了解保护骨骼的方法

师：骨骼有这么大的作用，那你知道我们应该怎样来保护它吗？

淇：我们要多运动，让骨骼强壮。

霆：平时还要多晒太阳。

教师请幼儿看一些图片，辨别这样做是否对骨骼有益。

师：要让我们的骨骼更加健康，我们要注意不要从高处往下跳，要注意安全，不挑食，多吃含钙的食品（如小虾米、紫菜、豆制品等），适当锻炼身体等，这样才能保护我们的骨骼，使我们更健康地成长。

（5）游戏巩固——"骨骼拼一拼"

师：现在我们一起来玩一个小游戏，小朋友可以结合刚刚所学的知识给小人拼骨骼。

图4-76　小组协商 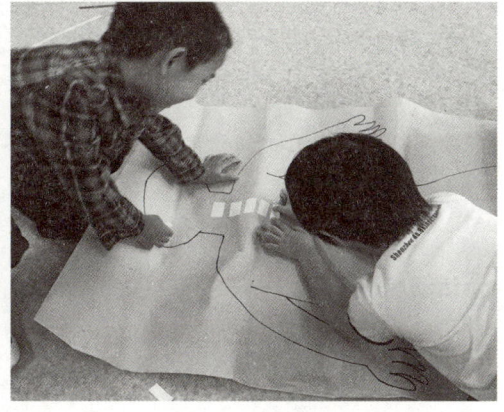　　　　　　　　　　　图4-77　分工合作

图4-78　寻求帮助　　　　　　　　　图4-79　一起分享交流

师：人体的骨骼真神奇。今天我们认识了骨骼，了解了骨骼的构成、作用以及保护它的方法。其实人体还有许多有趣的秘密呢，下次我们再一起来探索吧。

活动反思

活动来源于幼儿的生活经验又回归幼儿的生活经验，所以在活动过程中教师要适当地引导幼儿联系自己的生活经验。在第四个环节讨论我们如何保护自己的骨骼时，教师联系幼儿的在园生活经验或者平时生活经验，让他们从生活的实例中说说如何保护骨骼，以及在面对某些情况时可以采取什么样的措施，通过讨论使幼儿获得了新经验。

活动四

身体的声音

活动形式

小组。

活动目标

①积极探索自己的身体。

②感知自己身体的许多地方会发出不同的声音，了解这些声音会传递一些生命的信息。

③体验集体竞赛游戏的快乐。

活动准备

①经验准备：幼儿在课前已对身体的各部位有所了解，知道它们的名称。

②物质准备：人体图、磁性教具、特殊音效课件、多媒体设备。

活动过程

有一天，邹嘉瑜带来一本关于身体主题的绘本——《肚子里有个火车站》，幼儿对这本书的内容很好奇。他们很快发现，其实我们身体的其他部位也会发出各种各样的声音。这是为什么呢？接下来的探究活动就此展开，让幼儿更加了解我们的身体。

（1）幼儿说说身体里的声音

师：我们身体里会发出什么声音呢？这些声音一样吗？它是从身体的哪些地方发出来的呢？

杰：我们的心脏会发出声音，运动后发出"砰砰"声。

杭：我听到过自己打嗝的声音，是从喉咙发出来的。

蓉：走路的时候有脚步声。

墨：肚子饿的时候会发出"咕噜咕噜"的声音。

师：我们身体的许多地方都能发出不一样的声音，这些声音有的是身体里面发出的，有的是外部发出的，有的是我们可以控制的，有的是我们不太好控制的。

（2）游戏：猜声音比赛

师：下面我们来分组进行猜声音比赛，猜猜你听到的是什么声音。

宇：我听见了拍手的声音。

霏：我听见了打嗝的声音。

涵：我听见了打喷嚏的声音。

杰：我听见了打鼾的声音。

图4-80　身体里有声音　　　　　图4-81　积极互动

（3）幼儿了解身体里的声音的作用

师：身体里的声音是在向我们传递一种信号，告诉我们一些有关身体的信息。

师：身体里的声音能告诉我们什么事情呢？咳嗽了，告诉我们……

择：我们的喉咙生病了。

师：打喷嚏了，告诉我们……

淇：打喷嚏说明我们感冒了。

师：肚子"咕噜咕噜"叫了，告诉我们……

怡：说明我们饿了，要吃饭了。

（4）师幼开展身体发声游戏

师：不光我们身体里面可以发出声音，身体外面也可以发出声音。不同的是一个是我们可以控制的，一个是我们控制不了的。现在我们玩个游戏，让你的身体发出不同的声音。

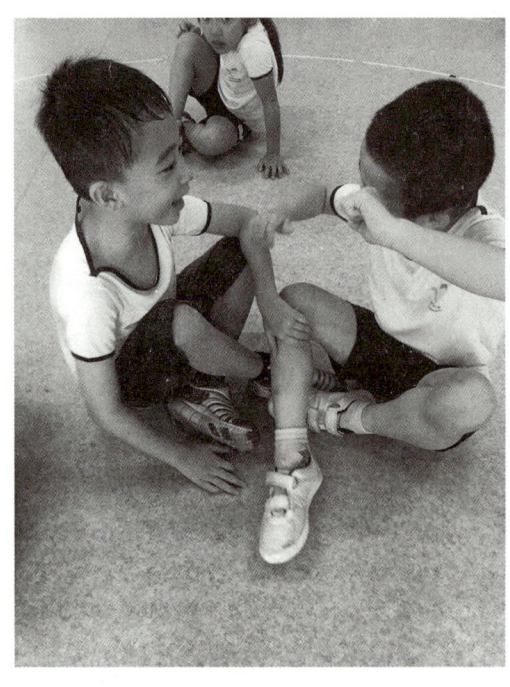

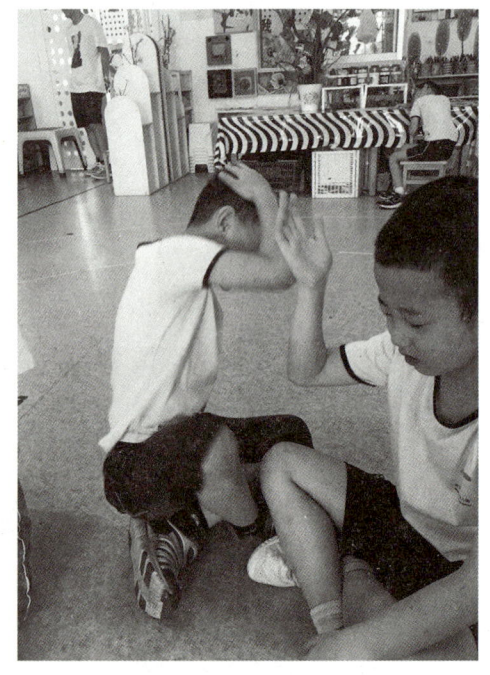

图4-82 合作游戏

图4-83 探索发现

活动反思

活动时教师把主动权交给幼儿，让他们从最熟悉的身体出发，探索会发出声音的部位，并体验声音的异同。在这个环节，教师没有任何操作材料，幼儿自己的身体就是今天探索的内容。他们都很兴奋地寻找着发音部位，找到一个便马上举手表达或告诉同伴。例如，有的说腿能发出声音，原来是用手拍大腿发出的；有的说头发能发出声音，结果很多幼儿都不信，原来他是用手摩擦头发发出的……

活动五

身体的洞洞

活动形式

小组。

活动目标

①对身体的"洞"感到好奇，初步了解一些"洞"的用处。

②萌发保护身体的"洞"的意识，了解一些自我保护的方法。

活动准备

①经验准备：幼儿对身体的各部位有所了解。

②物质准备：课件绘本、简笔画"小人"图、笔。

活动过程

洞是幼儿在日常生活中经常见到、接触到的事物。绘本《我们身体里的"洞"》关注的是平常不被称为"洞"而又最为我们所熟悉的"洞"，不仅呈现了身体里的"洞"，还呈现了各种"洞"的作用。

（1）幼儿谈谈见过的洞洞

师：你们在生活中见过洞洞吗？你们在哪里见过啊？

蓉：我在山上看见过山洞。

霆：我在地上看到过老鼠洞。

智：我在卷笔刀上看见过洞。

图4-84 寻找身体的洞 图4-85 交流分享

图4-86 填写表征操作单　　　　　　　　图4-87 表征：洞洞的作用

（2）幼儿欣赏绘本

师：今天，老师带来了一本关于洞洞的书，我们一起来看看都有哪些神奇的洞洞。

师：原来我们的生活中有这么多不同的洞洞，有的大，有的小，有的多，有的少，但是每个洞洞都有它的本领，真了不起。

（3）幼儿通过寻找身体的"洞"，了解"洞"的本领

师：现在我们来做个小游戏，请你们来找一找身体的洞洞。

智：我们的耳朵有两个洞，眼睛有两个洞。

辰：我的嘴巴有个洞。

霏：我们的肚脐上有洞，还有肛门也有洞。

师：原来我们身体里也有这么多洞洞呀，每个洞洞都有一定的作用，现在请你们把洞洞找出来，画出它们的作用吧！

（4）幼儿帮"小人"藏洞洞，学习自我保护的方法

师：在我们的身上有些洞不用藏，但是有些洞洞要藏起来，我们要特别地保护好它们，不能让别人看见，也不能让别人摸。

活动反思

《3—6岁儿童学习与发展指南》的健康领域有"告诉儿童不允许别人触摸自己的隐私部位"的教育建议。教师针对本班幼儿的年龄特点和接受能力，抓住幼儿兴趣点，把找找身体上的"洞"以及保护身体上的"洞"作为重点内容设计了四个环节。第一

环节为谈谈见过的洞洞;第二环节为欣赏绘本;第三环节为通过寻找身体的"洞",了解"洞"的本领;第四环节为帮"小人"藏洞洞,学习自我保护的方法。

活动六

我的变化

活动形式

小组。

活动目标

①结合自己的经历,说说自己的变化。

②既能找出自己的优点,也能认识到自己不足的地方。

③初步了解人一生的变化以及各年龄阶段的特点。

活动准备

①经验准备:幼儿已了解自己小时候和现在的身体生长发育有哪些主要的变化。

②物质准备:照片、人不同阶段的图片、数字卡。

活动过程

(1)教师通过照片对比讲述,使幼儿了解自己小时候和现在的变化

师:电脑上有你们小班、中班、大班不同时期的照片,你们看看自己或者其他小朋友都有哪些变化呢?

图4-88 以前的我　　　　图4-89 现在的我

幼儿欣赏小班时候的照片。

诚：小班的时候我个子矮，老是爱哭。

可：小班的时候我不戴眼镜，现在要戴眼镜。

天：小班的时候我总是缠着老师，还要老师喂我吃饭，现在我可以自己吃饭了。

萱：小班的时候我什么都不会，现在会做很多事情；小班穿的衣服也小了，现在都穿不了小班的时候穿的衣服了。

幼儿欣赏中班时候的照片。

可：这是我们第一次去莲花山春游，我可以自己爬山了。

萱：我长高了，头发长长了。

诚：我变胖了，变高了。

幼儿欣赏大班时候的照片。

天：我现在是大姐姐了，比以前高了，会帮妈妈做家务了。

师：你们现在长高了、变重了，更重要的是你们学会了各种各样的本领，学会了唱歌、跳舞、画画、编应用题、写名字，也会动脑筋思考各种问题。

（2）教师鼓励幼儿找找自己的优点

师：你有哪些本领或者有哪些优点呢？

可：我会朗诵儿歌，会跳舞。

诚：我爱画画，画得很好。

天：我很会关心别人，不会和别人打架。

师：每个小朋友都说了自己的优点，并且愿意将自己的优点在集体面前展示出来。

（3）教师引导幼儿找找自己的不足，鼓励幼儿今后努力

师：你们都很优秀，有很多优点，特别是很多时候会为他人着想，那你们有哪些不足的地方还需要改正呢？

可：我吃饭有些挑食，所以身体不好，我要做到不挑食。

天：我妈妈喊我，我总是等很长时间才过去，妈妈就会批评我，我要改正。

诚：我老是撞到小朋友，我以后走路要慢点。

萱：我上课不太认真，我以后要认真听老师讲课。

师：看，我们离园还有53天呢，要改正缺点，养成好的习惯还来得及。只要每天坚持，你就一定有收获。

（4）教师请幼儿为人的一生排序

师：人不断成长，身体会发生不同的变化。这里有几张图片，上面就是人的一生。请你按照他们的年纪从小到大给他们排排序，并和旁边的小朋友说说你对他们的了解。

图4-90　小组讨论　　　　　　　　　　图4-91　合作完成人的一生

活动延伸

自理能力比赛。

图4-92　自理能力比赛

活动反思

这个活动是很贴近幼儿日常生活的,对于培养幼儿的独立性有很大的作用。他们身体有所变化,心智、能力等方面有所提高,所以教师用回忆和欣赏小时候照片、排序等形式吸引幼儿的注意力。这个活动的展开对幼儿的成长有很大的益处。幼儿在观察、发现、讲述、总结等一系列活动中意识到自己已经长大了，并通过自理能力比赛证明自己可以做许多事情了。

活动七

牙齿咔咔

活动形式

小组。

活动目标

①了解龋齿形成的原因和预防龋齿的知识。

②掌握正确的刷牙方法，认识早晚刷牙的重要性。

活动准备

①经验准备：幼儿对牙齿的知识有一定的了解。

②物质准备：牙模具、镜子、鸡蛋、醋。

活动过程

由于在对我班的幼儿进行身体健康检查时，医生发现一部分幼儿的牙齿出现了龋齿。为了让幼儿知道怎样爱护自己的牙齿，我们设计了此活动，让故事内容和幼儿自身体验相融合，以达到活动目标。

（1）教师通过谜语导入活动

师：今天老师带来了一个谜语，"小小石头硬又白，整整齐齐排两排。天天早起刷干净，结结实实不爱坏"。你们知道是什么吗？

嫣：是牙齿。

（2）幼儿说说牙齿的作用

师：牙齿的本领可大啦，你们知道牙齿可以做什么吗？

嫣：牙齿可以吃饭、嚼东西。

俊：说话也离不开牙齿。

怡：没有牙齿我们就不好看了。

予：牙齿还可以咬东西，遇到坏人时可以咬坏人。

师：牙齿有这么多用处啊，那我们可要好好爱护我们的牙齿了。

（3）幼儿欣赏绘本故事，了解龋齿的形成

师：如果我们的牙齿坏了，变成龋齿了，会怎么样呢？《没有牙齿的大老虎》这本书可以告诉我们答案。请你们仔细思考大老虎的龋齿是怎样形成的，大老虎为什么没有牙齿了。

俊：大老虎吃了太多糖果。

妈：大老虎不注意口腔卫生，吃完糖不刷牙。

（4）教师请幼儿观察课前准备好的醋泡鸡蛋实验

教师引导幼儿了解龋齿是由于口腔卫生不好、细菌繁殖所致。

图4-93 醋泡鸡蛋实验 　　　　　　　　图4-94 猜测结果

（5）幼儿检查自己的牙齿

师：你们有龋齿吗？请你们拿出镜子，看看自己有没有龋齿。（教师提醒有龋齿的幼儿去看牙医，表扬没有龋齿的幼儿，并鼓励他们继续爱护牙齿）

图4-95 我的龋齿1 　　　　　　　　图4-96 我的龋齿2

（6）小组讨论：如何预防龋齿

妈：我们要少吃糖，吃完要去刷牙漱口。

俊：我们要少吃硬的东西。

予：平时要去检查牙齿。

师：牙齿是保护我们的健康卫士，所以我们从小就要学会爱护牙齿。牙齿的成长需要营养。我们平时要不挑食，多吃鱼、蛋、蔬菜、水果、豆类，养成早晚刷牙的好习惯，少吃甜食，少喝含糖的饮料等。

活动延伸

①幼儿学习刷牙，掌握方法。
②刷牙很重要，但不正确的刷牙方法会损害健康的牙齿（教师出示牙模具）。
③幼儿演示自己平时刷牙的方法。
④幼儿评判这样刷牙是否会损害牙齿。

附故事材料：没有牙齿的大老虎（故事）

在大森林里，谁都知道老虎的牙齿厉害。小猴吐着舌头说："嚄，比柱子还粗的树，大老虎只要用尖牙一啃就断，真吓人！"

"大老虎嚼起铁杆来，跟吃面条一样……"小兔说着，害怕得缩起了脑袋。

小狐狸却说："你们怕大老虎的牙齿，我就不怕！我还要把它的牙齿全部拔掉呢！"

哈哈哈，哈哈哈，谁相信小狐狸的话呢？

"吹牛！吹牛！""没羞！没羞！"小猴和小兔一个劲儿地笑小狐狸。

"不信，你们就瞧吧！"小狐狸拍拍胸脯走了。

狐狸真的去找大老虎了。它带了一大包礼物："啊，尊敬的大王，我给你带来了世界上最好吃的东西——糖。"

糖是什么？大老虎从来没有尝过。它吃了一粒奶油糖："啊哈，好吃极了。"

狐狸就常常送糖来。大老虎吃了一颗又一颗。连睡觉的时候，糖也含在嘴里呢。

大老虎的好朋友狮子劝它说："糖吃得太多，又不刷牙，牙齿会被蛀掉的。"

大老虎正要刷牙，狐狸来了："啊，你把牙齿上的糖全刷掉了，多可惜呀。"

馋嘴的大老虎听了狐狸的话，不刷牙了。

过了些时候，半夜里，大老虎牙痛了，痛得它捂住脸哇哇地叫……

大老虎忙去找牙科医生马大夫："快，快把我的牙拔了吧！"马大夫一听要给大老虎拔牙，吓得门也不敢开了。

大老虎又去找牛大夫，牛大夫也忙说："我，我不拔你的牙……"

驴大夫更不敢拔大老虎牙了。

大老虎的脸肿起来了，痛得他直叫喊："谁把我的牙拔掉，我让他做大王！"

这时候，狐狸穿了白大衣来了："我来拔吧。"大老虎谢了又谢。

"哎哟哟，你的牙全被蛀掉了，得全拔掉！"狐狸说。

"唉，只要不痛，就拔吧！"大老虎哭着说。

嚯，狐狸把大老虎的牙全拔掉了。

瞧，这只没有牙齿的大老虎成了瘪嘴老虎啦。

大老虎还挺感激狐狸呢，它说："还是狐狸好，又送我糖吃，又替我拔牙。"

活动反思

通过活动，幼儿了解了龋齿形成的原因以及对人身体的危害，还掌握了正确的刷牙方法，有利于幼儿养成早晚刷牙的卫生习惯。整个教学活动层层递进，从材料到组织的各个环节，教师都在不断激发幼儿欲望。幼儿主动探索、主动学习，并在讨论中得出了结论。

活动八

比一比

活动形式

小组。

活动目标

①了解身高、体重的含义，尝试用多种方法比较身高、体重。

②大胆与同伴分享交流自己的比较方法。

活动准备

①经验准备：幼儿已对自己的身高、体重有一定的了解。

②物质准备：测量用的尺子、多米诺骨牌。

图4-97 比身高

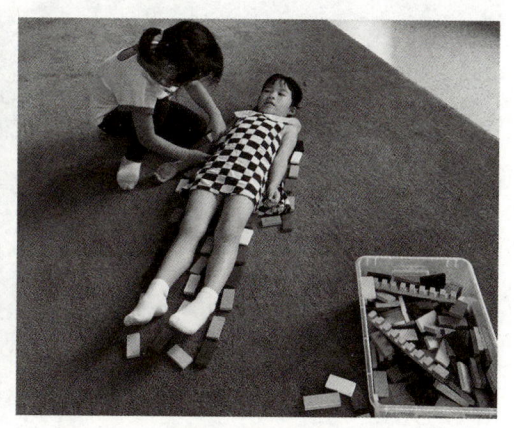

图4-98 积木探索

图4-99 数量推测 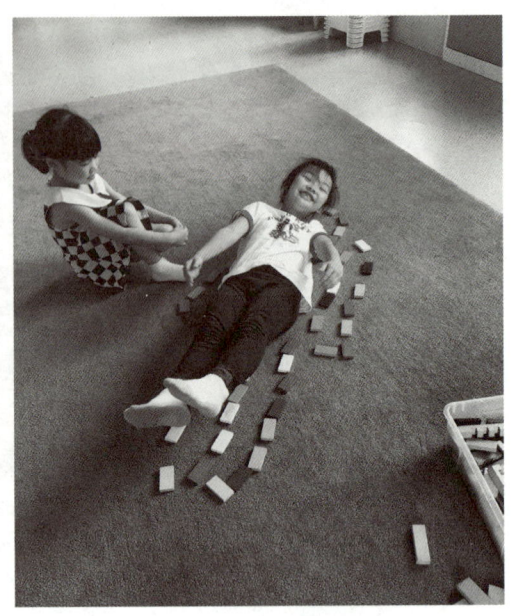   图4-100 轮廓推测

图4-101 身高对比    图4-102 体重对比

活动过程

（1）幼儿探索尝试多种相互比较身高与体重的方式

师：你们想想有哪些方法可以比较身高和体重，想好了可以去试试。

师：刚才你们用了哪些办法测量身高和体重呢？得出了什么结果？

桐：我和涵站起来比了身高，还用多米诺骨牌比比谁更高。

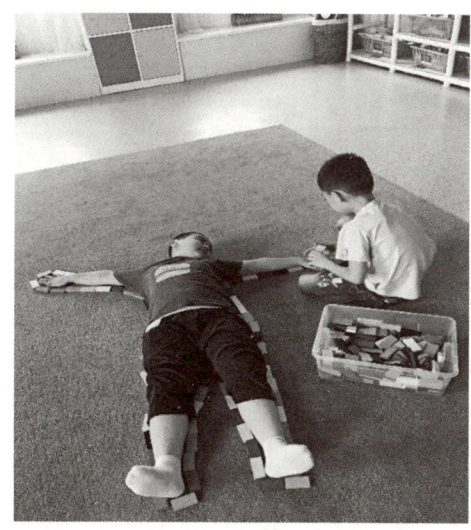

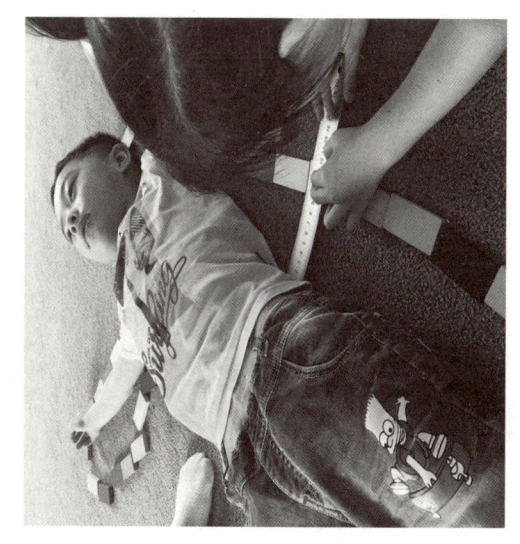

图4-103 数量对比　　　　　　　　　　图4-104 测量结果

涵：我用多米诺骨牌把桐围了起来，我自己再进去，发现躺不下。我还帮桐数了一下多米诺骨牌的数量，是48块，我进去的话要59块。

勇：我们用了抱起来的方法。我发现我根本抱不动霆，可是他可以把我抱起来。

（2）幼儿去医务室测量身高和体重

师：现在带着你们刚刚测量的结果，我们去医务室找医生帮我们测试一下身高和体重，我们再来比一比看看谁最重谁最轻，谁最高谁最矮。

（3）幼儿用数据比较身高和体重

活动反思

在这次活动中，幼儿对同伴的身高、体重的差异产生了浓厚的兴趣。活动开始部分，教师开门见山，鼓励幼儿用各种材料、办法探索发现自己和同伴的身高、体重差别。幼儿通过在和同伴量一量、比一比的操作过程中，以长短、多少、轻重、大小等来比较身体差异，他们非常快乐地探索测量的方式，持续深入地学习，交换意见，进一步体验长大的快乐。

8. 主题小结

教师在"身体的奥秘"这个主题探究活动中就像是一根导火线，通过各种教学方式使幼儿了解到人体的伟大，并激发幼儿对身体进行探索的兴趣。通过探索，幼儿逐渐发现人体有许多器官，每个器官都有不同的工作任务和独特的本领。在探索中，幼儿提出了许多问题，这些都是由幼儿对身体的兴趣引发出来的。这些问题促使教师和幼儿一起去探索，去寻找答案。例如，在综合活动"我的变化"中，幼儿了解到自己和以前不一样了，自己在不断长大，变得懂事了，能够做更多的事情，也可以帮助更多的小伙伴。

在活动过程中，教师发现幼儿有太多的思考和疑问让主题生成很多新的活动，如"牙齿咔咔""比一比""我的变化"等。教师引导幼儿通过观察、比较、操作、实验等方法，学会发现问题、分析问题和解决问题。教师还有意识地帮助幼儿积累经验。

开展"身体的奥秘"主题活动的方式有很多，如谈话、故事表演、视频欣赏、图片欣赏、音乐欣赏、记录、美术表征、游戏、小组讨论、自由表达、知识竞赛、区域活动、安全教育、亲社会活动等。此外教师还充分利用家长资源，如通过亲子运动会、家长义工等形式带动家长参与主题活动。

第五章 科技教育活动

　　STEM教育是以科技教育为核心，跨领域、跨年级的整合学习过程。如果说幼儿园课程中诸如区域活动、主题探究活动在精神上契合STEM教育的理念，那么科技教育活动则是对STEM教育的直接实现。科技教育活动的本质内涵是科技探究，是一种探索自然或物质世界的学习方式，在寻求新理解的过程中会提出问题、探索发现并对发现做出严格检验。[1]综合性的主题探究活动是幼儿园开展科技教育活动的重要途径之一。在探究过程中，教师将科学、技术、工程和数学紧密联系起来，如科技探究中经常会运用数学里的统计和测量，也会运用到工程设计和建造，还会借助各种技术工具。

　　幼儿园科技教育活动强调生活化，主题内容来源均与实际生活中的问题紧密相关。这就为幼儿提供了整合学习的真实问题情境，消除了领域之间的壁垒，让幼儿亲身经历像科学家那样进行的探究过程——"这是什么""为什么会这样""为什么跟我想的不一样"，体验学习科学的乐趣，发展问题解决能力、创新思维能力，形成正确的探究态度，为科技素养的形成和可持续发展奠定坚实基础。

　　幼儿园集体活动中科技探究活动大致分为四个研究范畴：阅读与积累、观察与感知、尝试与探索、设计与制作。它们之间既各有侧重又相互渗透。

　　阅读与积累：以阅读绘本、图片为主，注重用阅读唤醒幼儿的经验，通过有效地选择读本、绘本、图片，帮助幼儿梳理、整合经验，从而达到丰富经验的目的。

　　观察与感知：以观察实物、实体为主，从开发幼儿的感官潜能出发，对某一事物或现象从上到下、从里到外、层层深入地去看，培养幼儿对周围事物的敏感性以及观察的细致性、有序性和全面性。

　　尝试与探索：其价值在于让幼儿经历了一个科学家的发现过程——呈现材料、建立假设、尝试探索、证实真伪，从小培养幼儿发现问题、动手操作和解决问题的能力。

　　设计与制作：让幼儿利用废旧材料、半成品进行设计、拼装、制作，其价值在于让幼儿经历一个工程师的工作过程及发明过程。

---

1 Meyer, M., "The greening of learning: using the eighth intelligence," *Educational Leadership*, 1997, 55 (1), pp.32-34.

一、阅读与积累

绘本凭借绚丽的色彩、优美的画面、神奇的想象、简洁的文字，给幼儿带来了巨大的精神享受。绘本出色的创意、幽默的表现手法深受幼儿的喜爱。

绘本在幼儿园科学教学活动中的运用越来越广泛，是幼儿园科学教育的重要资源，在科学教学活动中能引起幼儿极大的兴趣。高品质的绘本可以带领幼儿穿越太空，横跨七大洲四大洋，透过文字与画面进入不同的世界，领略世界各地的自然风貌、社会科技生活，展开丰富的联想，对幼儿今后的科学学习和思维发展起着十分重要的作用。例如，《去太阳系兜风吧》《探秘地球历史》《正在消失的图瓦卢》《小椰子成长记》中的地域、文化、地理等知识引发了幼儿强烈的好奇心和求知欲。有声科学绘本中蕴含大量科学知识、元素，能更直观地满足幼儿的好奇心。幼儿在看绘本、听绘本的同时，还会产生新的"为什么"，这些"为什么"将会引发幼儿进一步的科学探究。

科学教育活动中绘本教学并不限于绘本阅读，还可以通过绘本创作、绘本实验帮助幼儿在亲身操作中透彻地了解自然、感受科学。

> **活动一**

月亮是什么形状的（中班）

设计意图

教师结合幼儿的生活经验和对月亮形状变化的好奇心，设计科学活动"月亮是什么形状的"。这一活动为幼儿提供了感受月亮变化的方式，让幼儿初步了解月亮盈亏变化的规律。

活动目标

①了解故事内容，感知月亮形状的变化。

②能用恰当的语言描述月亮的变化。

活动准备

1. 经验准备

教师：了解月亮是有规律变化的。

幼儿：在日常生活中见过月亮的变化。

2. 物质准备

教师演示材料："月亮是什么形状的"PPT、乒乓球、手电筒。

幼儿科技材料：幼儿用纸、笔、乒乓球、手电筒。

自行准备：白色KT板、背景音乐。

活动过程

1. 教师导入活动

①教师：欣赏绘本《月亮是什么形状的》。

②教师分别出示漏了气儿的球、半个西瓜、弯弯长长的树叶、圆圆的月亮，请幼儿讨论为什么它们会不一样。

2. 教师小结

（1）简要解释月亮变化的原因，使幼儿产生科技探索的兴趣

月亮自己本身并不会发光，它的光是太阳照到它身上它反射出来的。有时候我们看到月亮全部被太阳照射到了，有时候太阳只照射到月亮的一小部分，所以我们看到的月亮的形状一直变来变去。

图5-1 欣赏绘本

图5-2 全圆的月亮

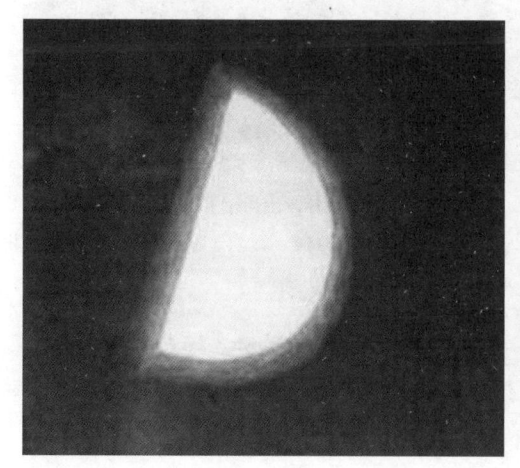

图5-3 半月

图5-4 新月

(2)提出要求

①光（太阳）固定，月亮围绕地球旋转，观察乒乓球（月亮）不停变化的形状。

②幼儿自由结对，三人一组，一人当地球，一人拿乒乓球，一人观察月亮的变化。

3. 幼儿操作

①幼儿第一次操作，教师观察。

②幼儿集体分享讨论自己的尝试和发现。

③预设问题：为什么白天看不到月亮？

④幼儿第二次操作，教师观察、引导。（幼儿需要时，教师适当帮助）

⑤幼儿根据操作过程，画出月亮形状不停变化的过程。（分工、合作）

⑥教师小结。月亮的形状总是遵循一定规律变化的，从圆慢慢变成半圆，再变成月牙，直到完全消失，然后又慢慢地变成月牙、半圆，最后变回圆形，循环反复，永不停歇。

活动延伸

区域延伸：用橡皮泥制作月相图。

家庭亲子活动延伸：幼儿可以在家和爸爸妈妈一起做"奥利奥月相小实验"。

图5-5 教师演示　　图5-6 两人合作画出月相变化过程

活动反思

本活动贴近幼儿生活，又富有趣味性。绘本故事内容能激发幼儿的好奇心，启发幼儿去听，去观察，并能让幼儿主动去发现月亮的变化，进行科技探究活动。在活动中，幼儿积极参与，通过自己的观察进行讨论，尝试用自己的方式记录操作中的发

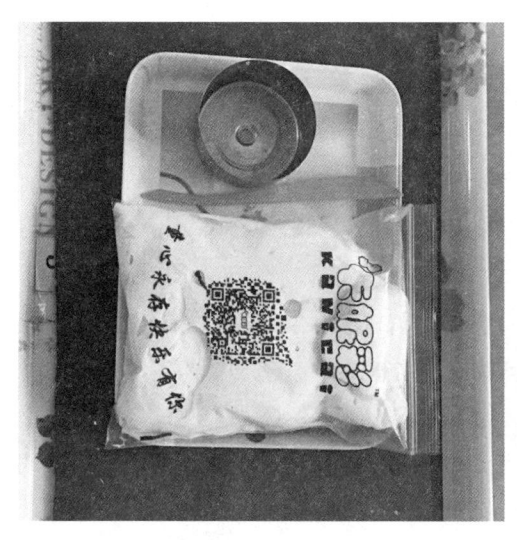

图5-7 材料准备

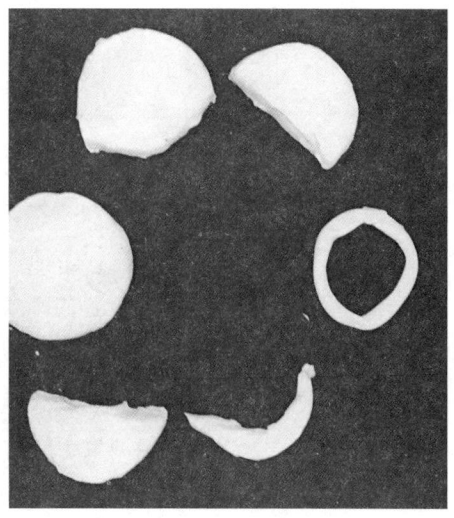

图5-8 幼儿作品

图5-9 奥利奥月相小实验1

图5-10 奥利奥月相小实验2

现,能大胆与同伴分享经验,能清楚地表达自己的想法和感受,有效地提高了语言表达能力和动手操作能力。

不足之处:在操作过程中,个别幼儿分工合作意识不够,教师应当在操作之前提出分工的建议或要求。

二、观察与感知

观察是科学活动的"眼睛"和"窗口"。对幼儿来说,观察是认识世界的基础,是有目的、有计划、比较持久的知觉过程。幼儿通过自己的感官,如眼睛、鼻子、耳朵、手等来感知周围世界,探索和发现有趣的现象,获取更多的信息。幼儿参与的任何活动,都是以一种感官为主,多种感官共同参与完成的。[1]例如,用眼睛看、用鼻子闻、用耳朵听、用手触摸等方式,可以培养幼儿敏锐的观察力和感知能力,促进幼儿智力发展。这类活动材料的选择以能引起幼儿观察兴趣为前提。例如,动植物的生长过程,月亮变化等自然现象,让幼儿观察感知对象的特点、发展变化,将观察、感知到的现象用语言、图画、符号等方式表征记录下来,进而从记录中发现变化规律,与同伴交流、分享。

活动二

插花(大班)

设计意图

插花艺术在我国有着悠久的历史。它是人们热爱生活的一种表现,也是人们对精神文明的需求。爱美之心,人皆有之。我们的审美能力不是与生俱来的,而是后天在一定的文化传统中耳濡目染培养起来的。因此如何在幼儿园阶段培养幼儿欣赏美、表现美及创造美的能力,就成了教师时刻要思考的问题。

大多数幼儿都喜欢花,尤其是最近班上新添置的几盆绢花引起了幼儿浓厚的兴趣,因此教师设计了插花活动。

活动目标

①了解插花的基本方法,能通过自己的设计插出一盆美丽的盆花。(活动难点)

②两人合作尝试插花,感受插花艺术的魅力,体验成功的快乐。(活动重点)

③感受插花艺术的美。

活动准备

1. 经验准备

幼儿欣赏不同造型的插花作品(实物),参观花卉世界,认识几种常见的花的名称。

---

[1] 徐子煜:《幼儿科技教育概论》,60页,上海,上海科技教育出版社,2003。

2. 物质准备

①各种花、花枝、花叶等（幼儿自带）。

②各种可供插花的器具（篮子、花瓶、盒子等）。

③各种插花辅助材料（花泥、剪刀、抹布等）。

④PPT插花作品欣赏及音乐。

活动过程

1. 幼儿观察、欣赏，激发插花兴趣

幼儿欣赏"艺术插花"录像或实物插花作品。

你喜欢哪种插花造型？（扇面形、球形、三角形、S形、半球形、倒梯形）

插花作品为什么这么漂亮？

教师小结：原来插花要插得有高有低，有前有后，有直有弯。

图5-11 欣赏、讨论插花作品

2. 幼儿两两合作，探索插花

①幼儿商量，分工操作。

②教师巡回指导，及时表扬幼儿插花过程中的创造性造型，引导个别幼儿注意插花的高、低、前、后等不同形式的布局。

③教师提醒幼儿合作完成作品。

④教师引导幼儿为自己的作品取名字。

图5-12 选配草

图5-13 剪掉多余的叶子

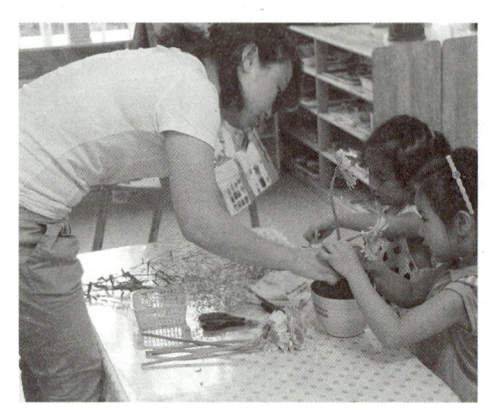

图5-14 合作插花

图5-15 幼儿插花作品

3. 幼儿分享、展示、评价插花作品

①各组介绍本组的插花作品，全班进行评价。教师引导幼儿从造型、色彩搭配等方面展开讨论，最后引导幼儿得出结论：插花时要注意花朵颜色的深和浅、花朵的大和小、花茎的高和低的搭配，插花才漂亮。

②幼儿和自己的作品合影。

活动延伸

教师可以进一步引领幼儿欣赏园艺艺术，参观周边各大公园，了解公园花圃是如何设计的。

活动反思

5~6岁的幼儿已经具备一定的欣赏美的能力，乐意感受生活中美的事物，也具备了一定识别艺术特点的能力，可以描述和模仿喜爱的艺术家的风格。教师应该关注幼儿初步形成的审美意识，注意幼儿对艺术作品的特定方面表现出的欣赏与喜爱。无论是颜色、形式，还是表现的内容、方式，都能够发展幼儿的艺术观赏能力。在活动中，幼儿通过欣赏作品、观察比较、尝试设计、分享讨论，对插花的造型、颜色的搭配、高低层次感等插花艺术活动中的艺术特点有了一定认识，提高了审美能力及对插花艺术的欣赏能力，不仅陶冶了情操，而且增强了感受美、欣赏美、表现美、创造美的能力。

三、尝试与探索

尝试与探索活动的选材要生活化，贴近幼儿生活实际，利用身边的事物和现象作为科学探索的对象。例如，水是幼儿生活中熟悉的物质，幼儿在日常生活中积累了许多关于水的经验，感知过水的特征和用途。幼儿对水有丰富的生活经验，因此幼儿对水的乐趣永不消减，对它有亲切感，从而能促使幼儿更大胆地探索。

尝试和探索的活动内容要能引发幼儿兴趣。兴趣是幼儿学习和发展的动机、力量，兴趣使幼儿敢于冒险，并使活动得以维持，因此科学活动应选择幼儿感兴趣的内容。例如，在一次户外活动中，幼儿发现了蚯蚓，好奇地围着它相互讨论："它的头在哪里？""它是怎么动的呢？""它喜欢吃什么呢？"……教师发现幼儿有浓厚的兴趣，就可以组织一个有关蚯蚓的教育活动来继续激发幼儿的好奇心和求知欲。

尝试与探索活动的题材要体现时代性和典型性，不能仅仅局限于选取纯自然界的科学素材，还应该把当代社会现实和幼儿的周围世界联系起来，选取一些具有典型代表性的科技产品，帮助幼儿积累科学经验。《幼儿园教育指导纲要（试行）》也明确指出：从生活或媒体中幼儿熟悉的科技成果入手，引导幼儿感受科学技术对生活的影响，培养他们对科学的兴趣和对科学家的崇敬之情。这类题材还可以纳入社会生活中其他的现代化技术，使幼儿探索蕴含其中的科学原理，初步认识现代科技，知道科技是在不断发展的，会给人们带来更多的方便。

尝试与探索是科学教育活动中幼儿主动探究成分最多的一种形式。它强调让幼儿在活动中"发现现象—产生疑问—进行尝试—了解原因—解决疑问"。它能让幼儿运用多种感官去观察、触摸、感知周围的物质世界，能引起幼儿对身边事物和科学现象的兴趣，从而激发幼儿动手探索的欲望。尝试探索过程中的反复观察、不断改进、期盼结果等心理和行为，能提高幼儿的判断力、灵性、悟性、直觉和顿悟等科学素养，帮助幼儿建构起表象水平的概念，能形象、直观地让幼儿体验"科学家的生活"。

> 活动三

沙中寻宝（大班）

设计意图

寻宝是大班幼儿非常喜欢的游戏活动，对于幼儿来说具有很强的挑战性和趣味性。幼儿能通过动手操作满足自己的好奇心。此外，为幼儿提供一些有趣的探究工具，留给幼儿充足的时间，让幼儿发现使用工具的正确方法，可以达到事半功倍的作用，进而初步形成做事要讲究效率的观念。

活动目标

①练习捏、舀、筛、取等动作，提高手指动作的灵活性。

②通过操作、观察和比较来体验工具的作用，感知工具带来的便利，同时培养观察、比较、总结的能力。

③感受沙中寻宝的乐趣。

活动准备

①宝藏盆：蓝宝石、绿宝石、红宝石与沙粒混合在一起放入一个器皿中。

②工具：筛子、小盆、小勺子。

活动过程

1. 教师通过活动导入，激发幼儿的探索兴趣

①引导幼儿观察操作材料。

②提出操作任务：请小朋友们把沙中的宝石取出并分类。（不使用工具）

图5-16 宝藏盆、分类盘

图5-17 合作

图5-18 分类

③开始第一次操作,教师帮助计时。

2. 教师提供工具,幼儿观察并讨论工具的使用方法

①告知幼儿第一次操作的时间。

②介绍所提供的工具,让幼儿讨论工具该如何使用。

3. 幼儿再次操作,提高使用工具的效率

①教师提出操作要求:缩短时间,快速完成。

②幼儿使用工具进行尝试,教师帮助计时。

4. 幼儿交流分享

教师鼓励幼儿大胆表达操作的过程和结果。

图5-19 第一次任务完成 　　　　　　图5-20 计时秒表

图5-21 勺子 　　　　　　图5-22 筛子

图5-23 筛沙　　　　　　　　　图5-24 分类

教师小结：原来同样的材料，通过使用不同工具就能缩短时间，提高效率。

活动延伸
①教师提供记录表，让幼儿统计寻到的蓝宝石、绿宝石、红宝石各多少颗。
②幼儿迁移经验，将学到的办法运用到生活中。

活动反思
有强烈的好奇心和挑战欲是大班幼儿的年龄特点。他们能够感知事物的特点，进行初步的归纳和推理。《幼儿园教育指导纲要（试行）》指出：为幼儿提供观察、操作、试验的机会，支持、鼓励幼儿动手动脑大胆探索。教师通过提供寻宝材料，激发幼儿的兴趣，让幼儿在操作过程中提高手部动作的灵活性，学会使用工具，尤其是通过记录每次操作的时间，让幼儿进行观察和比较，感知使用工具能缩短工作时间，提高工作效率。

活动四

打包（大班）

设计意图
在日常生活中，打包是我们经常碰到的。在这个过程中，教师通过为幼儿提供不同的打包材料，使幼儿体验不同物品的打包方式，在不断尝试、探索中让幼儿了解适合不同形状、材质的物品的打包方法，从而获得常见物品的打包知识和实践技能。

活动目标
①掌握用绳子捆绑不同形状、材质物品的方法，并运用到实际生活中。
②乐意与同伴分工合作，交流探索过程和结果，体验成功的乐趣。

活动准备

1. 经验准备

幼儿有使用绳子的基础，具有初步的打包经验和绳子打结的技巧，如十字打包法。

2. 物质准备

打包工具：包装绳（长短不同）、透明胶、剪刀、纸箱。

记录工具：笔、统计表。

打包物品：金箍棒、图书、衣服若干。

背景音乐：《蚂蚁搬豆》。

表5-1　打包统计表

物品＼数量	第一组	第二组	第三组	总计
书	（本）	（本）	（本）	（本）
衣服	（件）	（件）	（件）	（件）
金箍棒	（根）	（根）	（根）	（根）

活动过程

1. 教师提出任务，明确要求

（1）教师出示材料

①今天老师有很多物品，想请小朋友用绳子来整理打包。

②我们一起来看看有哪些物品？（书、衣服、金箍棒）

③教师还为你们准备了绳子，有长有短，你们可以根据自己的需要来选择。

（2）教师在打包前提出要求

①先把物品分类整理再进行打包。

②打包前请你和小伙伴们商量一下，看看怎样打包才最结实。（请幼儿自由结对，四人一组合作来完成）

2. 幼儿操作

①幼儿第一次操作，教师观察。

②幼儿集体分享、讨论找出问题。

预设提问：

让我们来看看哪个包打得更结实些？

为什么会散落呢？（教师引导幼儿在整理打包过程中发现物品的特点）

图5-25　提出任务和要求

除了没勒紧之外，还有什么问题呢？

看看这些书有什么不同呢？怎样叠放起来打包才会更结实呢？（按大小上下叠放整齐后再用绳子扎紧）

怎样才能使金箍棒不散开呢？问题出现在哪里？（聚集在一起，对齐后用绳子把两头扎紧）

怎样才能使衣服不滑落呢？问题出现在哪里？（先要叠放整齐，然后打包，最重要的是拉紧绳）

师：让我们再来试一试吧！不过这次你们在合作的同时还要有分工哦！等你们打包完后请把物品数量记录在统计表上。

③幼儿再次操作，教师观察、指导。

教师发现问题给予引导，如既要合作又要分工。

教师请幼儿打包好后，把物品的数量在统计表上记录。

3. 打包质量分析

全体：

①大小不同的书，你们是怎样把它打得这么结实的呢？

②软软的衣服，你们又是怎样把它打得这么结实的呢？

③又长又滑的金箍棒，你们是想了什么办法把它打得这么结实的呢？

图5-26 捆衣服

图5-27 两头扎紧金箍棒

图5-28 记录数据1

图5-29 记录数据2

个别：

①哪些包是小朋友合作完成的？

②你们分别做了哪些事情？

③只有分工合作，才能把事情做得又快又好。

4. 幼儿统计打包物品

①让我们一起来看看共有多少件物品。

②把物品都放到大箱子里。

③密封好，贴上标签，一起搬到仓库。

活动反思

  由于"打包"这一科技活动选材贴近幼儿生活，因此幼儿的兴趣浓厚，参与积极性高。

  在材料的提供上教师选择了软、硬、光滑三种不同性质的材料，以及长短不一的包装绳，引导幼儿根据材料的不同，探索不同的打包方法，注重材料的可操作性、典型性和层次性，以满足幼儿的不同需要。

  在操作活动指导方面，教师引导幼儿积极尝试和主动探索用绳子捆绑不同物品的方法，使幼儿不仅获得了打包不同物品适宜的方法和相关知识、技能，而且通过师幼、幼幼间的分享、交流，找出操作过程中存在的问题并能积极想出办法解决；

同时教师通过鼓励幼儿分工合作，使幼儿体验到与同伴合作、分工、交流、分享的快乐。

不足之处：

①教师需更周密地考虑材料摆放的位置，使师幼、幼幼互动时不受干扰。

②教师可以给幼儿更多分工合作的机会，如最后封箱环节可由幼儿分工、合作完成。

四、设计与制作

设计与制作是STEM教育中工程教育的核心，是幼儿科技教育中一项富有时代气息和生活气息的多元领域结合的活动。幼儿通过动手设计，可以学到有关科技的经济效益和社会效益的知识，懂得设计思想和产品会受到一定约束。[1]设计可以培养幼儿的比较、研究、申诉和判断能力，提高幼儿的心理承受能力。制作是继幼儿科学教育中的尝试、探索、实验之后，与设计配套的又一个教学模块。它通过模仿、简化或微缩幼儿身边的科技产品，模拟生活中的真实情境，以制作再现生活中的真实。制作要以幼儿为主体。教师要引导幼儿明确目的，解决问题。

设计与制作类的教学活动以能力本位学习和做中学的理念为指导，强调幼儿的经验增长和问题解决。在活动内容上，教师应以幼儿生活经验以及求知欲为依据，选择生活中各个领域的制作题材，设计以创造性思维和问题解决为中心的教学活动，引导幼儿解决与日常生活或学习有关的问题，同时兼顾幼儿的认知、技能、情感三个领域的整体、综合发展，以促进幼儿主动学习为原则。在教学方法上，教师应综合运用各种教学手段和方法，激发幼儿对动手学习的兴趣。在制作活动的过程中，教师应充分了解幼儿制作同类作品或者制作不同作品的设计思想，抓住幼儿共同感兴趣的问题，引发和支持幼儿的深度思考，然后再投入制作。在幼儿作品的评价方面，教师应模拟运用观察、申诉、倾听、交流、成品展示等方法，开阔幼儿的思路，激发幼儿讨论作品、发表意见的积极性。活动的评价不因只限于讨论作品质量的好坏，而应该引导幼儿通过互相启发，努力、广泛地挖掘为什么好或为什么不好的理由，分析作品是否有创意，能否解决问题并给出可行性改进建议。[2]

---

[1] 徐子煜：《幼儿科技教育概论》，61页，上海，上海科技教育出版社，2003。
[2] 同上。

活动五

制作弹簧小人（中班）

设计意图

弹簧是一种利用弹性来工作的机械零件，幼儿对其很感兴趣。幼儿亲自用毛根制作弹簧，可以了解弹簧的形状和特点。制作出来的弹簧小人在弹跳时，可以让幼儿初步建立作用力与反作用力的概念。

活动目标

①认识圆柱螺旋弹簧，了解圆柱螺旋弹簧的特点。
②尝试使用各种工具制作有趣的弹簧小人。

活动准备

1. 经验准备

教师：在活动前了解有关弹簧的知识，熟悉圆柱螺旋弹簧制作步骤。

幼儿：在生活中见过装有弹簧的物品，玩过弹簧玩具。

2. 物质准备

自制弹簧小人玩具、制作图例、铅笔、毛根细铁丝、橡皮泥、瓶盖、小人图画、废旧图书、彩虹纸、剪刀、双面胶卷。

3. 环境准备

教师收集有关物体弹性的图画和卡片，在科学区投放弹簧及带弹簧的物品（如弹簧秤、拉力器等）供幼儿自由活动时操作。

活动过程

1. 教师导入活动

教师玩弹簧小人，引起幼儿兴趣。

2. 教师引导任务

（1）教师启发幼儿

为什么小人可以反弹起来？教师让幼儿自由观察做好的玩具，发现弹簧的秘密。

（2）教师交代任务

制作弹簧小人。

（3）教师引导幼儿看流程图

把毛根细铁丝的一头紧贴着铅笔一头，再把毛根按顺序一圈一圈环绕着铅笔往前，直到毛根绕完为止；把橡皮泥摁在瓶盖里做成底座，把弹簧固定在底座上，制作小人图案，用双面胶固定在弹簧上。

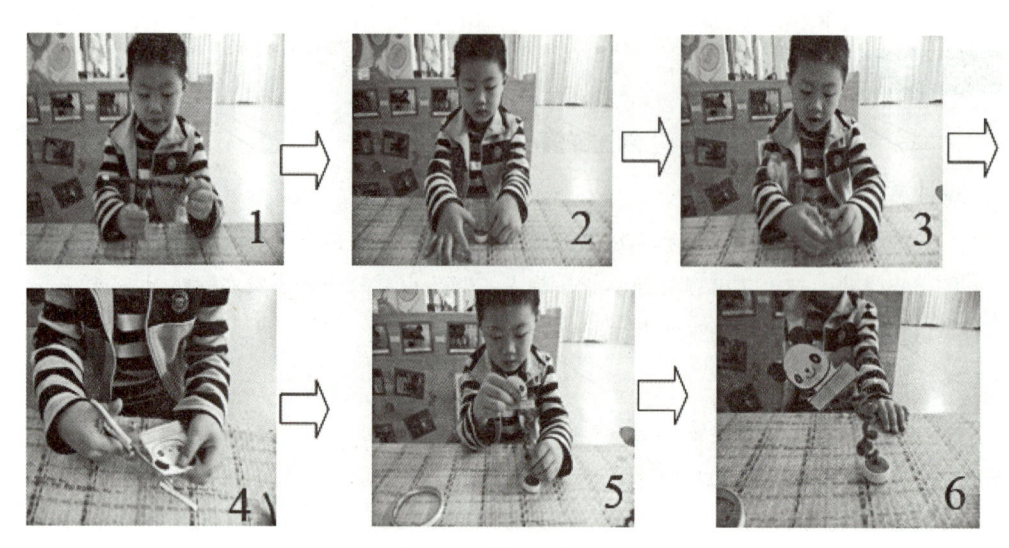

图5-30 弹簧小人制作过程

3. 幼儿操作

教师请幼儿了解制作材料、制作图例及制作步骤，提出安全操作的原则和方法，请幼儿制作弹簧小人。幼儿分享自己制作的弹簧小人。

4. 教师关注过程

在示范过程中，教师要重点让幼儿了解圆柱螺旋弹簧的制作方法，要把材料的正确名称、概念告诉幼儿。在幼儿制作过程中，教师观察并给予适当指导，同时提醒幼儿安全使用剪刀。活动结束后，教师提醒幼儿收拾好物品。

5. 教师小结

通过本次活动，我们认识了圆柱螺旋弹簧，学习了制作圆柱螺旋弹簧的方法，学会了制作有趣的弹簧小人。

活动延伸

1. 区域延伸

教师在操作材料中增加彩虹纸、水彩笔，让幼儿设计自己喜欢的小人形象，制作不同形象的弹簧小人。

2. 家庭亲子活动延伸

幼儿和爸爸妈妈一同设计不同的弹簧玩偶，分配角色，进行玩偶表演；找找生活中有哪些东西是使用弹簧的；利用不同的材料制作其他弹簧玩具。

图5-31 幼儿弹簧小人作品

第六章　健康体育活动

　　《3—6岁儿童学习与发展指南》的健康领域明确指出：健康是指人在身体、心理和社会适应方面的良好状态。这一解释体现出健康的基本内涵。幼儿在健康领域的学习与发展就是围绕幼儿身体健康和心理健康（包括社会适应能力）展开的。实际上，健康锻炼是丰富个性、培养情操、完善人格的有效途径，体育应该成为现代公民的重要生活内容。对幼儿园教育而言，体育习惯的培养应该是个别化学习课程的基本目标之一。

　　我们为幼儿的健康发展提供更多的可能：合理地创设户外环境，在各个户外区域合理地投放器械材料，开展户外自主活动和有组织的户外活动。内容有：基本运动技能练习、游戏、体操、小球活动、律动、大型器械活动、攀岩活动、玩沙玩水活动等。

　　户外体育活动和非体育活动的锻炼实践，加上教师的科学指导和与同伴的交往，可以实现：①促进幼儿身体形态结构和机能的良好发育，如器官、系统的生长发育，特别是运动系统、血液循环系统、呼吸系统和神经系统的生长发育，增强幼儿体质，提高幼儿适应环境的能力；②全面发展幼儿体能，使幼儿的力量、速度、平衡、协调等运动素质全面发展，走、跑、跳、投等基本运动能力均衡发展；③培养幼儿对自然环境的适应能力，使幼儿对寒热环境的变化有一定的适应能力；④促进幼儿心理健康，情绪愉快，使幼儿对不良的情绪刺激有一定的耐受力，能适应幼儿园的生活，与同伴和睦相处；⑤促进幼儿的智力发展，有机结合数学、科学、音乐、艺术等不同领域，培养幼儿快乐、自信、勇敢、坚持的个性，为幼儿全面和谐发展打下良好的基础。[1]

1　刘馨：《学前儿童体育》，85页，北京，北京师范大学出版社，1997。

一、运动场地安排和布置

《幼儿园教育指导纲要（试行）》指出：幼儿园在体育活动中应提高幼儿的自我保护意识和能力，开展丰富多彩的户外游戏和体育活动，培养幼儿参加体育活动的兴趣和习惯，增强幼儿体质，提高幼儿对环境的适应能力，此外，用幼儿感兴趣的方式发展基本动作，提高动作的协调性、灵活性。在体育活动中，教师应培养幼儿坚强、勇敢、不怕困难的意志品质和主动、乐观、合作的态度，同时利用多种活动发展幼儿身体平衡和协调能力，发展幼儿动作的协调性和灵活性，锻炼幼儿的力量和耐力。

为此我们充分利用幼儿园场地创造条件和机会，促进幼儿身体各方面的发展。

（一）场地安排所要满足的条件

1. 提供充足的活动空间

教师要合理布局场地，按不同内容划分各个区域，以安全、互不干扰为宜。场地要能让幼儿得到充分的体能训练。教师还要为幼儿创设良好的户外活动环境，利用平整清洁的场地、醒目整齐的标志激发幼儿的活动兴趣。

2. 提供分割不同的活动区域

教师要根据特点将大型玩具所占空间以外的场地划分成不同功能的区域，并根据区域的特点提供器械，然后合理布局。

3. 提供充足且利于取放的储物区域

体育器械多数是放在户外的。教师可针对材料的特征选择货架式收整方式，也可以采用吊挂式收整方式。不同的收整方式要遵循几个原则：①利于幼儿取放；②固定和活动的储物柜相结合；③标签要清晰准确，图文并茂。

4. 提供多样化的器械

在区域划分好后，每个区域都要有数量足够、形式多样的器械供幼儿选择。教师要有意识地考虑体育活动的需要和特点，投放可供多人使用的多样化器械。

（二）场地安排和器械的分配

1. 花园游戏区

场地：荔枝树、龙眼树、杨桃树、棕榈树、草地。

辅助材料：传声管、鸟屋。

2. 钻爬区

材料：空中爬网、攀爬架。

辅助材料：竹梯、木梯、攀爬绳。

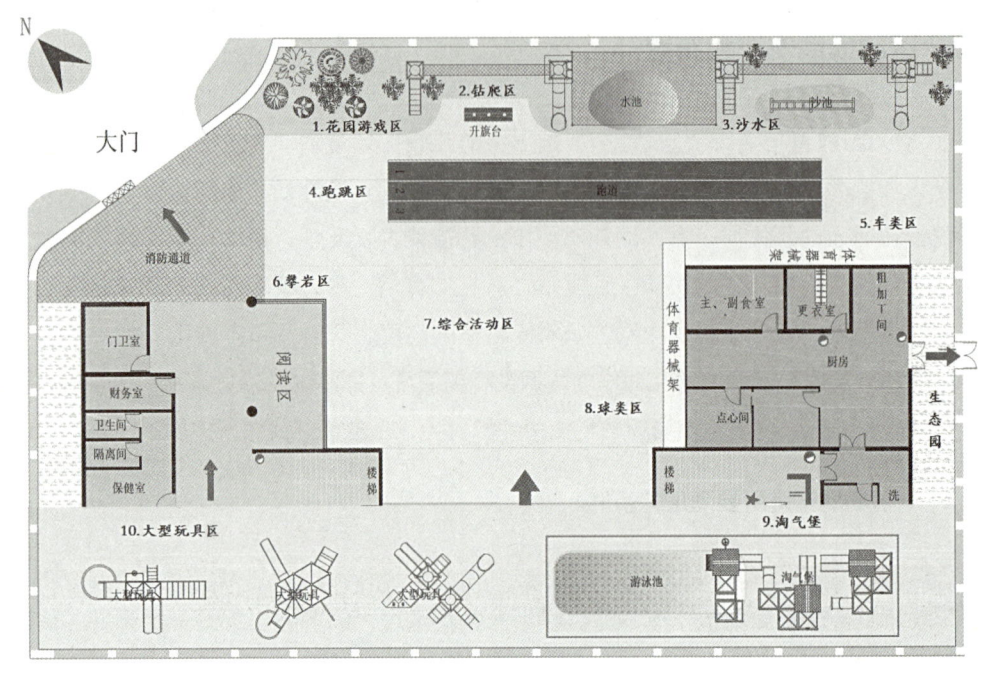

图6-1　一楼场地安排简图

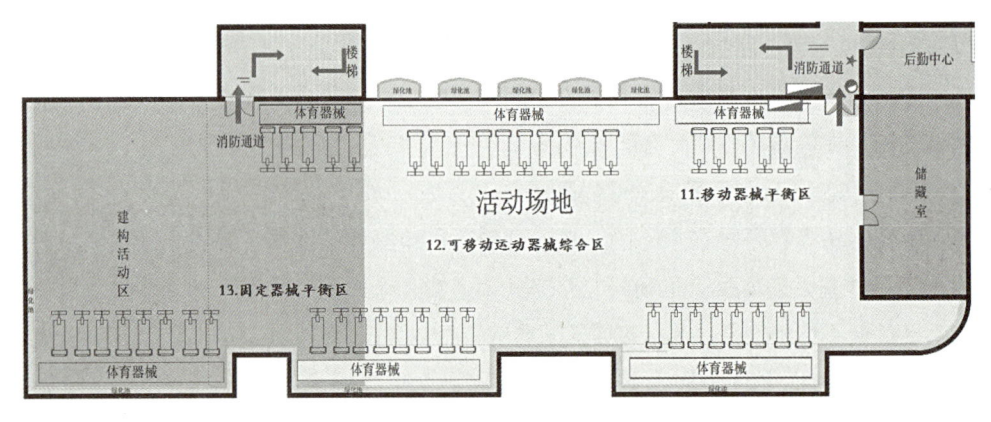

图6-2　楼顶场地安排简图

3. 沙水区

材料：沙池、水池。

辅助材料：竹管道、水漏、水桶、沙筢、沙漏、小铲子、玩具运沙车等。

4. 跑跳区

材料：跑道。

辅助材料：跨栏、锥形塑料桶、跳梯、跳圈、羊角球等。

5. 车类区

材料：塑料小汽车、儿童自行车、扭扭车、滑板车。

第六章 健康体育活动 111

图6-3 寻找宝藏

图6-4 寻找树上的秘密

图6-5 爬梯子

图6-6 爬攀爬网

图6-7 玩沙区

图6-8 水池戏水

图6-9 跳箱 　　　　　　　　　　图6-10 玩车区

辅助材料：交通标志、红绿灯、加油站标志等。

6. 攀岩区

材料：攀岩墙、攀岩绳。

辅助材料：安全帽、安全护具、升降涡轮、安全垫。

7. 综合活动区

材料：跳绳、呼啦圈、平衡木、轮胎等。

辅助材料：安全垫、定点圆垫。

图6-11 攀爬墙

图6-12 跳绳 　　　　　　　　　　图6-13 双手爬

图6-14 攀爬架

图6-15 万能工匠搭建

图6-16 单手拍球

图6-17 淘气堡外景

图6-18 平衡桥墩

图6-19 平衡爬网

8. 球类区

材料：篮球、足球、羊角球。

辅助材料：篮球架、足球球门。

9. 淘气堡

材料：三层淘气堡滑梯、蹦床、波波池。

辅助材料：布娃娃（放一楼小帐篷）、波波球、沙袋。

10. 大型玩具区

区域：平衡爬网、平衡桥墩、秋千。

辅助材料：大型正方形立体、塑料座椅、塑料梯形。

图6-20 钻山洞　　　　图6-21 双脚连续跨跳　　　　图6-22 手足转盘

11. 移动器械平衡区

材料：平衡脚踏车、单人跷跷板、平衡凳、手足脚踏车。

辅助材料：软垫、起始点。

12. 可移动运动器械综合区

材料：体操垫、手足转盘、大陀螺、羊角球、三轮车、独轮车、攀爬架、软梯、太阳伞等。

辅助材料：交通标志、沙包、投掷布。

13. 固定器械平衡区

材料：平衡木、拼搭路径、跷跷板。

辅助材料：塑料桶、大积木、呼啦圈。

（三）各区域器械分配的合理性

1. 按器械的功能分配

各区域分配器械时要考虑所在区域的重点是什么，还要考虑器械适合什么年龄段的幼儿，让器械能最大化地突出区域的特点。例如，在平衡区，我们可提供踩马蹄，虽然材料适合小班幼儿，但是我们在中、大班使用时可加入辅助材料、器械，可组织中、大班幼儿做小马过河的游戏，通过走独木桥、跨过小山（跨栏）这样的游戏实现锻炼的目的，体现器械的功能。

2. 按配备的数量标准分配

投放的材料要保证够全班或一半以上幼儿使用。幼儿可以轮换使用，避免因器械数量的不足引起争执。

3. 有计划、有目的地分配

投放器械要有目的性，不是把所有的材料都投放进去，要体现出材料的最高价值和器械的最大功能性，通过形式多样的活动提高器械的使用率，达到发展体能的目的。

4. 具备系统性、层次性和递进性

器械在投放的过程中要满足不同年龄段幼儿的需要，体现多元的教育价值；同时器械要有较大的可变性，充分调动幼儿的参与和探究兴趣。

二、幼儿园早操的编排与应用

幼儿园早操是幼儿园体育的主要内容，也是幼儿园活动的一个重要组成部分。幼儿园早操的内容丰富，种类繁多，风格多样。教育性、审美性、模仿性强的体育活动已成为发展幼儿身体素质、身体技能、心理素质以及社会性的综合性教育活动。通过近些年来一线教师对幼儿园早操的传承、探索、创新，早操的结构发生了变化，进一步增加了运动量，提高了早操的教育质量，使幼儿在活动中获得更多的发展。

（一）早操编排

在早操活动中，幼儿伴随着明快且熟悉的音乐，轻松、愉快地做着各种身体动作，使神经系统彻底消除睡眠产生的抑制状态，恢复机体主要器官系统的机能，提高整个机体的活动能力，逐步进入良好的活动状态，在精神饱满、体力充沛的状态中开始一日活动。

我们以一套幼儿喜爱的以军队文化为主题的中班早操——《双色棍操》为例进行介绍。

1. 明确对象

《双色棍操》的对象为中班的幼儿。中班幼儿需要在方位、体位、节奏、速度、力度、幅度等知觉水平方面加强练习。教师只有了解了他们的认知水平与能力特点，才能提高创编操的目的性与针对性。

2. 注意事项

早操可以根据季节选用，如气候比较炎热时，运动强度要稍微减少，动作难度要稍微降低，但动作规范性要加强。

3. 音乐和动作

为了凸显主题，教师由始至终选择同一类型、同一风格的军歌，让幼儿感受高昂、嘹亮、振奋人心的音乐，培养幼儿积极向上的品格。《双色棍操》从整个编排结构上都围绕这个主题，从开始的队形队列，到操节体能，到最后放松动作，都是模仿军事技能基本动作的，刚劲有力。

图6-23　早操——《双色棍操》

（二）早操学练

教师结合早操的结构队列队形、操节、体能、放松动作等，通过示范、讲解、指导帮助幼儿掌握早操的动作与过程。

学早操要先分解练习，从早操的结构上进行分解队列队形练习、操节练习、体能练习、放松动作练习，再结合音乐进行整套早操的练习。

以班为单位的练习要和以级为单位的练习相结合，不断检验与评价各部分的动作、音乐，从而不断完善早操。

图6-24　队列变换 　　　　　　　图6-25　体能部分——钻山洞

教师要注意练习早操的趣味性。例如，队形练习很枯燥，幼儿很容易产生消极、倦怠的状态，教师想出了一些趣味的小游戏并把这些小游戏融入队形练习，这就起到了很好的作用。幼儿由被动转化为主动，通过强化训练，能在音乐指挥下井然有序地到户外并站在自己的位置上。

组织家长和老师进行早操观摩，使幼儿在早操观摩中获得了成就感，从而对做早操产生浓厚的兴趣。

（三）早操常规化

大部分幼儿园每周二至周五早上8：00—8：15都为早操时间。为了确保早操的质量，幼儿园要求每个班级至少有两名教师协助。如果遇到下雨天，教师要组织幼儿在教室进行早操锻炼。

早操活动不仅能培养幼儿勇敢、顽强的意志品质，还能培养幼儿的参与、合作及群体意识，使之形成良好的个性。科学、合理地开展早操活动，对增强幼儿体质、促进幼儿身心健康具有十分重要的意义。

三、体育活动案例

（一）小班体育活动：小白兔买青菜

活动目标

①利用绳子探索多种跳跃的方法，增强跳跃能力。

②在游戏中勇于尝试，大胆完成挑战。

活动准备

兔子头饰、青菜玩具、长度不同的绳子。

活动重点

激发幼儿探索多种跳跃的方法，提高幼儿的跳跃能力。

活动难点

鼓励幼儿大胆挑战，尝试不同的跳跃方法。

活动过程

1. 开始部分

（1）热身运动

做各关节运动。（重点活动幼儿下肢的关节与肌肉）

（2）情境导入

师：今天，兔妈妈病了，小兔子要去买青菜给妈妈吃。路上，小白兔要跳过小河才能买到青菜。小白兔决定勇敢挑战。

2. 基本部分

（1）探索阶段

①教师讲解探索的要求，给每名幼儿发一条短绳子，让幼儿自由组合，鼓励幼儿在玩绳子时结合各种跳跃运动，并且不断地巡视、指导。

②教师请个别幼儿分享与同伴一起设计的各种跳跃方法。

③小结：提升幼儿关于跳跃运动的经验。

（2）提炼阶段

①教师根据幼儿的不同玩法，用绳子布置成循环式练习的场地，请个别幼儿示范。幼儿排成一路纵队循环练习，教师做一些适当的提示。

②小结：小白兔能以不同的跳跃方法跳过绳子摆成的障碍，落地时前脚掌先着地，以保护自己。

（3）比赛阶段

①幼儿自由练习跨跳。教师适当地调整绳子之间的距离，让幼儿根据自己的水平自由选择相应难度，满足高、中、低水平幼儿练习的需要。

②教师组织幼儿进行"小白兔买青菜"比赛，讲解游戏玩法。

玩法一：幼儿分成4组，跨跳过小河买到青菜，迅速往回跑，将菜放到篮子里，下一名幼儿继续游戏。哪一组的幼儿先拿完青菜，就算哪一组赢。

游戏二：幼儿分成4组，在教师规定的时间内完成过河买青菜的任务。哪一组在规定的时间内拿得最多，就算哪一组赢。

3. 结束部分

①小结：教师总结活动中出现的各种跳跃方法，表扬幼儿懂得合作、善于动脑筋、不怕困难、勇于挑战的精神。

②放松：教师让幼儿轻拍双腿，相互拉伸放松，教幼儿深吸气—屏气—呼气，调整呼吸。

（二）中班体育活动：小小特种兵

活动目标

①在游戏中掌握用跑、跳、爬穿过障碍的方法。

②通过游戏提高动作的协调性、灵活性。

③体验和同伴合作游戏的乐趣。

活动准备

小椅子、长椅子、软垫子。

活动重点

在穿过障碍时能运用正确的跑、跳、爬等方法。

活动难点

在障碍游戏中动作能够协调、灵活，在运动中学习胆大心细的品质和自我保护的能力。

活动过程

1. 开始部分

（1）导入

师：小朋友们知不知道解放军是做什么的？对了，解放军是保家卫国的。那小朋友知不知道特种兵呢？特种兵是厉害的解放军，大家想不想当呀？好，想当特种兵那要先练好本领，还要遵守纪律，克服困难，能不能做到？

（2）热身运动

①结合椅子做各关节运动。

②绕椅子慢跑。

2. 基本部分

（1）单脚跨跳

教师将幼儿分成6路纵队，将椅子排成6组像木栏一样的形状，每组3个木栏，结合本班幼儿的个体差异，让跨跳变得更有挑战性；将6组木栏设置为高、中、低3种难度（3组中、2组高、1组低），满足不同层次幼儿的需求。

教师讲解示范单脚跨跳的动作，让幼儿有初步的认识。幼儿在教师的口令下尝试模仿教师的动作跨过木栏。

每横排的幼儿在教师的口令下，跨过木栏之后在对面排好队。下一排做好准备，反复练习。教师对一些运动技能较差的幼儿给予帮助；对一些运动技能好的幼儿适当增加挑战难度，并要求注意安全。

小结：幼儿跨跳的时候，前腿快速提膝，后腿蹬地。为了安全，幼儿在跨跳的时候要注意起跳时与木栏的距离不能太远，也不能太近，而且动作要果断快速。

（2）匍匐爬行

教师将幼儿分成6路纵队，将椅子排成6组像木栏一样的形状，每组3个木栏，并在木栏下面铺上垫子以起保护作用。

教师讲解示范匍匐爬行的动作，让幼儿有初步的认识。幼儿在教师的口令下尝试模仿教师的动作爬行。

每排的幼儿在教师的口令下，爬过木栏之后在对面排好队。下一排做好准备，反复练习。

小结：幼儿在爬过木栏的时候，身体要紧贴地面，屁股不能翘起，爬行时要用肘、膝关节发力，注意低头以免头部受伤。

（3）综合练习：跑、跳、爬、平衡

教师将幼儿分成6路纵队，将椅子、垫子排成6组综合性的障碍物，每组都用长椅子做平衡木，用小椅子做木栏，动作顺序依次为平衡、跨跳、爬、跑。教师还可以结合本班的个体差异，让跨跳变得更有挑战性，将6组木栏设置为高、中、低3种难度（3组中、2组高、1组低），满足不同层次幼儿的需求。

教师讲解示范，并叫一两名幼儿上来尝试穿过综合性障碍物。

每排幼儿在教师的口令下，穿过障碍物之后，快速跑回到自己的队伍后面。教师对一些运动技能较差的幼儿给予帮助；对一些运动技能好的幼儿适当增加挑战难度，并要求注意安全。

小结：在穿过综合性的障碍物时要胆大心细，动作连接要协调。

3. 结束部分

（1）小结

教师表扬、鼓励幼儿不怕困难、勇敢接受挑战的精神。幼儿有自我保护的安全意识，在以后的活动中要做到胆大心细。今天大部分幼儿掌握了跨跳、匍匐爬行等本领。教师要求幼儿回去将椅子擦干净，让幼儿养成爱护公共财物的好习惯。

（2）放松运动

教师让幼儿两两手拉手互相抖动放松，并让幼儿坐下拍打身体的肌肉。

4. 安全防范

在幼儿当中有两种人是最容易受伤的：一种是胆子小、运动能力差的，另一种是天不怕地不怕的。所以教师既要鼓励胆子小的幼儿，又要照顾太过勇敢的幼儿；在游戏中，要注意器械的摆放和器械之间的距离，时刻要求幼儿保持队形整齐，不能相互推挤。

（三）大班体育活动：好玩的轮胎

活动目标

①利用轮胎了解多种跳跃及搬运的方法。

②发展上下肢的力量及手、脚、眼协调能力。

③勇于挑战，和同伴合作完成最后的小任务。

活动准备

轮胎、标志垫。

活动重点

了解多种跳跃及搬运的方法，发展幼儿上下肢力量及手、眼、脚协调能力。

活动难点

在运动中克服心理障碍，增强合作意识。

活动过程

1. 开始部分

热身运动

①做各关节运动。

②原地小步跑。

2. 基本部分

（1）下肢练习（跳跃）

①小青蛙跳井A。

教师将幼儿分成4路纵队，对应4组轮胎。每组4个轮胎并错位摆放。教师发出口令后，幼儿跳进轮胎再跳出轮胎，直到跳完4个轮胎，并排好队，依此类推。

②小青蛙跳井B。

队形不变，轮胎摆放不变。教师发出口令后，幼儿从一个轮胎跳进另一个轮胎里，直到跳完4个轮胎，依此类推。

教师观察、提醒，以免幼儿被绊倒。

小结：教师要求幼儿在跳跃的过程中，要手臂带动下肢起跳，看好落脚点，可以选择不同路径。

③小青蛙跳荷叶。

队形不变，轮胎摆放不变。教师发出口令后，幼儿从一个轮胎上跳到另一个轮胎上，直到跳完4个轮胎，依此类推。

教师观察、提醒，以免幼儿身体前倾摔倒。

小结：教师要求幼儿在跳跃的过程中，看好落脚点和落手点，手要起到保护作用，可以选择不同路径。

（2）上肢练习（力量）

①小司机。

教师将幼儿分成8小队，4小队对应4小队，对应距离为8米。每小队前面放一个轮胎，教师发出口令后，幼儿立起轮胎往前推动交给对面的幼儿，并排在队伍后面，依此类推。

②小飞碟。

队形不变。教师发出口令后，幼儿站到轮胎里面，双手抓住轮胎内沿将其持起，往前面走动交给对面的幼儿，并排在队伍后面，依此类推。

③袋鼠妈妈。

队形不变。教师发出口令后，幼儿双手抱住轮胎将其置于腹部，身体后仰，往前走动交给对面的幼儿，并排在队伍后面，依此类推。

小结：在搬运过程中幼儿要注意对面过来的幼儿，懂得礼让，以免发生碰撞。

④齐心协力。

教师将幼儿分成4路纵队。队伍前面放置4个轮胎，一组5名幼儿将轮胎同时持起，齐步走向终点，并返回到起点，排回自己的队伍，轮换下一组幼儿。

小结：幼儿要同时拿起轮胎，前进速度一致；同时放下轮胎，以免有人摔倒受伤或被夹伤。

3. 结束部分

（1）小结

教师总结幼儿在整个游戏中出现的问题，表扬幼儿懂得相互合作、果断、勇敢的品质。

（2）放松

教师让幼儿坐在轮胎上轻拍双腿，相互拉伸放松，教幼儿深吸气—屏气—呼气，调整呼吸。

4. 安全防范

游戏中器械的摆放要合理。幼儿在运动中要注意四周环境以防相撞。

第七章　英语主题活动

21世纪是经济全球化、国际化的世纪。经济全球化挑战的第一关是跨文化交流，语言工具的掌握是文化交流的前提。幼儿期是每个人语言学习的关键期。这个关键期既适用于母语学习，也适用于外语学习。对此，我们认为，幼儿有必要从小学习能够走向世界的主要语言工具，除了学习中文（汉语），还要学习英语。如何有效地开展幼儿园英语学习是值得探究的重要课题。英语主题活动侧重促进幼儿的发展，着眼于发挥幼儿的语言潜能，以顺应经济全球化时代人才培养的目标。

幼儿英语浸入式整合课程作为幼儿园的特色课程，在陕西师范大学赵琳教授的引领下，经过九年的梳理，已成为整体课程的重要组成部分。始于20世纪60年代加拿大的浸入式教学（Immersion Instruction）作为一种崭新、有效的第二语言教学模式，是指把非学习者母语的语言作为直接教学语言（School Language）的教学模式。在中国开展英语浸入式教学是指通过最大限度地将英语作为教学语言，对母语为汉语的幼儿进行各种英语教学，使他们在幼儿园期间被浸泡（immerse）在第二语言——英语的环境中，从而达到培养熟练掌握英、汉两种语言的双语人才的目的。这种将幼儿放在英语语言环境中的"浸泡"并非是盲目和随意的，而是一种既有目标也有层次的潜移默化的教学。它与传统的以英语作为第二语言教学的最大不同在于以英语作为教学用语，贯穿于各种课程、各个阶段的教学过程中，强调的是教师在自然真实的生活环境中用英语与幼儿进行实际的、有意义的知识交流。幼儿英语浸入式教学实验根据浸入式教学原理，让幼儿从小"浸泡"在英语环境中，充分利用语言关键期学习语言，从而达到事半功倍的效果。对幼儿的英语学习来说，这种教学方法具有如下优势：

①幼儿能轻松、愉快地学习英语；
②英语学习主要以口头交流为主，能充分调动幼儿的积极性和主动性；
③英语学习与日常生活密切联系；

④英语学习能带给幼儿愉快的体验。[1]

幼儿英语浸入式整合课程以中国本土文化为基础，兼容并蓄多元文化。教师以标准的英语，丰富的内容，直观化、形象化、情境化、游戏化和活动化的课程设计，根据英语课程主题，结合季节、节日以及中文主题，在幼儿经验的基础上开展不同领域互相渗透的活动，引导幼儿在综合活动中快乐学习，全面发展。

为发展幼儿的语言功能，教学内容主要以贴近生活和幼儿感兴趣的话题为主，如动物、食物、颜色等，结合表演、游戏的形式让幼儿敢说、愿意说。在户外活动中，教师常以情境为游戏背景，促进幼儿的动作发展；在生活环节和某些相关的故事表演中，教师会注意培养幼儿良好的生活与卫生习惯；在主题教学的延伸活动中，教师会设计相关的调查表、亲子小视频，让同伴合作制作手工作品等，以促进幼儿社会性的发展；在投放区域材料的过程中涉及的图文配对、词句的完整性等对幼儿科学学习能力的提高也有一定的帮助；在教学活动的设计中，教师会充分利用自然和实际生活机会，引导幼儿通过观察、比较、操作、实验等方法，如颜色的多变、水的三态、春天的变化等，发展幼儿初步的探究能力；在故事、音乐、律动的表演中，教师会尊重幼儿自发的表现和创造，并给予适当的指导；在绘画、搭建活动中，教师会提供丰富的材料，以支持幼儿的自主选择与创作。当然，教师也要注重环境对幼儿潜移默化的影响。所以在主题活动开展的过程中，教师还会和幼儿一起动手创设相应的英语主题环境。一幅画、一件小手工作品，再加上教师的妙手布置，使英语无处不在。

一、小班：特别的我

（一）主题来源

随着幼儿逐渐长大，小班幼儿的自我概念已经开始萌生。他们对"我"和"他人"有着许多疑问，已初步感受到自己的外貌、身体、喜好等与他人的不同。"我"是幼儿生活中最熟悉的人。生活中和"我"相关的内容很多，如高矮、年龄、身体部位、我的朋友、我的家庭、哪些事情我能自己做等。我们选择这些内容开展各种活动，让幼儿学习理解他人的心情，接纳跟自己不一样的同伴，并让别人发现和欣赏自己的独特

---

[1] 狄飞：《幼儿英语浸入式教学的研究与实验》，硕士学位论文，西北师范大学，2001。

之处，引导幼儿与他人更好地交往，促进幼儿自我意识的发展。我们认为这一主题是非常有价值、有意义的。

（二）主题目标

①认识自己的名字、性别、年龄和身体的各个部位。
②通过此主题活动，能够大胆表现自己并能用英语表达出自己的想法。
③在认识自我的过程中，建构积极的自我意识，充分展现自己并接纳同伴，体验共同生活的快乐，同时培养对英语的热爱。
④在教师创设的环境中，发挥想象，自我创作，用多种形式表现出来。

（三）主题网络

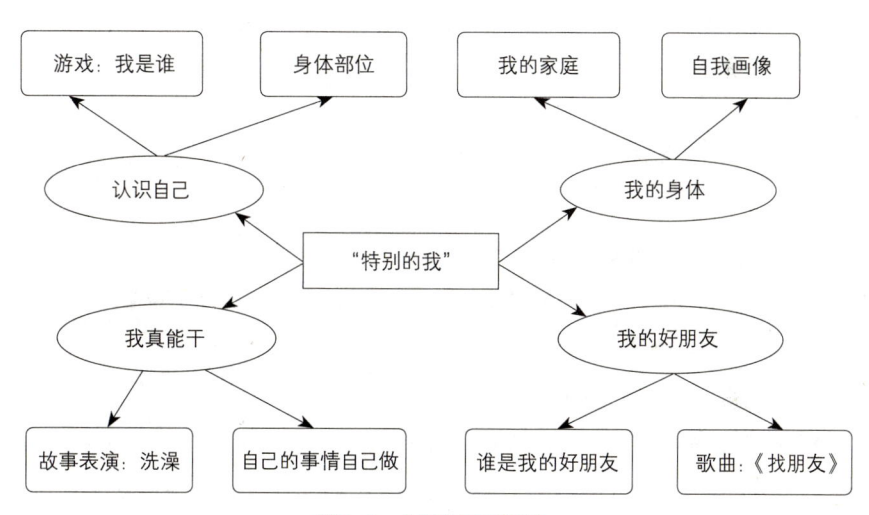

图7-1　小班主题网络图

（四）综合活动进程

表7-1　活动进程表

项目	活动名称	备注
活动一	我是谁	区别男孩和女孩，了解自己的姓名、性别和年龄
活动二	我的家庭	认识自己的家庭成员
活动三	身体部位	识别面部器官和身体部位
活动四	我爱洗澡	体验表演的快乐，养成爱洗澡、爱干净的好习惯
活动五	谁是我的好朋友	能够在教师的引导下做游戏，愿意主动交朋友

（五）活动实录

> 活动一

Who am I（我是谁）

活动目标

①能够区别男孩和女孩，了解自己的姓名、性别和年龄。

②愿意在集体面前大胆说话并参与游戏。

③在教师的带领下有表情地演唱歌曲。

单词：living room, kitchen, bathroom, bedroom。

句型：What's your name? My name is...

How old are you? I am...years old.

Are you a boy or a girl? I am a...

活动准备

PPT、男孩和女孩图片、手绢。

活动过程

①Scene: Two friends are coming.

T：Today, I invited two good friends to our class. Let's have a look who they are.（Teacher shows two pictures）

T：Hi, my friend. Can you introduce yourself?

A：Hello, my name is Jerry. I am a boy.

T：Children, is my friend a boy or a girl? What's my friend's name?

C：He is ... His name is ...

T：Let's welcome the second friend. Can you introduce yourself?

B：Hello, my name is Lily. I am a girl.

T：Hello, Lily. How old are you?

B：I am three years old.

T：Children, is the second friend a boy or a girl? What's my friend's name?

C：She is ... Her name is ...

② Introducing yourself.

T：Now can you introduce yourself？Can you tell everybody about your name, your age, your gender？For example, hello, my name is Cathy. I am a girl. I am three years old.

C1：Hello, my name is Mia. I am a girl. I am four years old.

C2：Hello, my name is Kevin. I am a boy. I am four years old.

……

③Game：Guess，Guess，Guess.

T：Now let's play a game.（The teacher's eyes are covered with a handkerchief）Oh, I cannot see you. Are you a boy/girl?（Touch a child）

C：Yes, I am a boy/girl.（No, I am not a boy/girl）

T：Are you ...

C：I am not ...

T：What's your name? My name is ...

（Children play together with teacher）

④Song：Boy And Girl.

T：Next，let's sing a song together. If you are a boy, please sing the first part. If you are a girl, please sing the second part. Are you ready?

C：Yes. I am ready.

图7-2 讨论男孩和女孩的特征

图7-3 邀请一名女孩介绍自己

图7-4 邀请一名男孩介绍自己

图7-5 师幼玩游戏"Guess, guess, guess"

图7-6　幼儿参与游戏　　　　　　　图7-7　演唱歌曲"Boy and girl"

活动反思

①在游戏环节中，教师在带领幼儿做游戏时应注意引导幼儿完整地回答问题。

②在音乐环节中，教师在引导幼儿唱歌时，应采用男孩和女孩对唱、轮唱等多种方式，并让幼儿在唱歌时自由表演，唱完歌后再找伙伴对话交流，这样能让幼儿更加明确自己的性别。

活动二

My family（我的家庭）

活动目标

①认识自己的家庭成员，如爸爸、妈妈、爷爷、奶奶。

②学会表达自己的情感，养成对家庭成员表达爱的好习惯。

③能够用英语正确称呼自己的家庭成员。

重点句型：Who is he/she?

He/She is daddy/mommy/grandpa/grandma.

I love my...

活动准备

①幼儿全家福照片，爸爸、妈妈、爷爷、奶奶的照片各一张。

②家庭成员指偶，可洗水彩笔。

活动过程

①Scene：This is my family.

（A boy opens the door and comes out）

B：Mommy! Daddy! Where are you?

（Mommy and daddy open the door and come out）

M：I am Mommy. Hello, children.

D：I am Daddy. Hello, children.

B：Look, this is my family. He is my daddy. She is my mommy. This is me. I love my mommy and daddy. Do you love your daddy and mommy?

C：Yes, I love my mommy and daddy.

②Scene：This is my family.

（A girl opens the door and comes out）

G：Grandma! Grandpa! Please sit here.

GM：I am Grandma. Nice to see you. Lovely granddaughter and grandson.

GP：I am Grandpa. Nice to see you. Lovely granddaughter and grandson.

G：I love my grandma and grandpa. Do you love your grandma and grandpa?

C：Yes, I love my grandma and grandpa.

③Music：Mommy I Love You.

T：I have a nice song. Please listen. Mommy I Love You.

T&C：Mommy /Daddy/Grandma/Grandpa I love you…

（The children sing the song together with the help of the teacher）

④Finger game：My Family.

T：Look here. They are the family members finger puppets. Who is coming?

C：Grandpa is coming.

T：Who can find grandma? Where is grandma?

GM：Here I am.

（Show the other finger puppets one by one）

T：Let us put on the puppets on our fingers. When I say "Grandpa is coming", you should move your thumbs up and down with "I am grandpa. Hello, children!" Do you understand?

C：Yes. Hello. I am Grandpa. Here I am…

（Singing the song with action）

图7-8 教师介绍各位家庭成员的特征

图7-9　幼儿介绍各自的家庭成员

图7-10　演唱歌曲"Mommy, I love you"

图7-11　玩手指游戏

图7-12　玩手指游戏"Finger family"

活动反思

①在活动中，教师可让幼儿装扮角色，帮助幼儿加深理解。

②歌曲表演时，教师可根据幼儿的水平做歌词替换；当幼儿熟悉称呼后，教师可以让幼儿分组扮演一家人，每名幼儿扮演一个角色，以增加幼儿之间的互动。

活动三

My body（身体部位）

活动目标

①正确识别面部器官，如眼、鼻、耳、口。

②自发说出面部器官的英语名称和五官的作用。

③积极参与活动，能找到同伴，开心地完成游戏。

单词：nose, mouth, eye, ear。

句子：We have a nose/a mouth/two eyes/two ears.

Touch my nose...

活动准备

面部五官图片，男孩女孩图片。

活动过程

①Talking：The face.

T：Hello, boys and girls.

C：Hello, Miss...（Show some pictures）

T：Is this child a boy or a girl?

C：He/She is a boy/girl.

T：Is ... a boy or a girl?（Point to a child）

C：He/She is a boy/girl.

T：Look at this picture. It is a face.

T&C：It is a face.

T：What is on the face?

C：This is a/an eye/mouth/ ear/ nose.

T：There is one nose, one mouth, two ears and two eyes on the face.

T/C：We have two eyes, two ears, one nose and one mouth.

②Game：What Is Missing?

T：What is the matter with the girl? What is missing?

T&C：The ... is missing.

T：What are missing?

（Invite a child to play this game）

T：I want to invite a child to come here and play this game. Please cover a part of your face.

T：Look! What is missing?

C：... is/are missing.

③Game：Touch, Touch, Touch.

T：Let us play a game named "Touch, Touch, Touch". If I say "Touch, Touch, Touch your nose", you should touch your nose and say "Touch, Touch, Touch my nose".

T：Touch, Touch, Touch your eyes/

图7-13　讨论各五官部位的特征

图7-14 玩游戏"What is missing"　　图7-15 玩游戏"Touch touch touch"

ears/nose.

C：Touch，Touch，Touch my…

活动反思

幼儿在教师的引导下能完整地说出句子，在游戏中也能大胆、愉快地和同伴交流，说出面部器官名称，这对小班幼儿来说是很大的进步。

活动四

I like taking a bath（我爱洗澡）

活动目标

①了解基本的洗澡工具，复习故事《小猪变干净》。

②体验洗澡时的快乐，养成爱洗澡的好习惯。

③能够充分发挥想象，大胆地运用肢体表现洗澡的过程，体验与同伴合作的快乐。

重点句型：What are you doing?

I am washing …

Let me wash …

活动准备

绘本故事、浴巾、浴球、沐浴露、可清洗的脏KT板。

活动过程

①Story：Little Pig Becomes Clean.

T：Do you remember the story Little Pig Becomes Clean?

C1：Yes，Little pig is so dirty.

C2：Little pig becomes clean at last.

C3：I don't like dirty pig.

T：Let us tell the story again.

Little pig likes playing in the mud...

T：How do you think of little pig in this story?

C：It is ...

T：Who helped the pig in the end?

C：The elephant helped the little pig take a bath.

T：Can you show me how does the elephant help the pig?

C：Like this.（做吸水的动作）

②Scene：Taking a bath.

T：The elephant sprays water on the little pig. So the pig becomes clean. Can you tell me who help you take a bath at home?

C1：My grandma/mommy/daddy helps me take a bath.

C2：Nobody helps me. I take a bath myself.

T：Really? Wow, you're great. Would you show us how do you take a bath?

C：OK. I wash my...（做动作）

Music：Taking a Bath.（音乐）

T：Well done. Now, please listen to the music and take a bath by yourselves.

T：What are you doing?

C1：I am...（幼儿做动作）

T：Your face is so clean now. Your teeth are so white. Your hair is short. It's easy to wash, please wash clearly.

（Second time）

T：I also want to take a bath.

③Some bath tools.

T：OK, we know how to take a bath. Do you know when we take a bath, what should we need to make our body become cleaner? Let us have a look!

T：This is a bath towel. It is so large.

C：It is a bath towel. It is so big/large.

T：What color is your bath towel?

C：My towel is ...

T：It is used for drying our body.

T：Look, this is a body wash. It is smells good.

C：It is a body wash. Let me smell.

④Helping the pig become clean.

T：We have bath towel now. If the pig becomes dirty, we also can help the pig become clean. Babies, look, the dirty pig is coming. Let's help the pig become clean.

Let me wash your body with bath towel/ bath ball.

C：Let me wash pig's face with the ... Let me wash pig's hands.

（Music：The Bath Song. Children help the pig to be clean in groups）

C：Look, we are finished. The pig becomes clean.

T：Great.

图7-16 讨论如何帮助小猪变干净

图7-17 我是这样洗澡的

图7-18 讨论有哪些洗澡工具

图7-19 让我们一起帮助小猪变干净

活动反思

幼儿对于贴近生活的活动的参与度比较高，能够积极主动地表达自己。在活动过程中，教师应该注意以下几点：

①可以在活动前给幼儿观看洗澡视频；

②在幼儿表演洗澡时可用洗澡水声的音乐，这样能让幼儿更加积极地参与，激发幼儿的创意。

活动五

Who is my good friend（谁是我的好朋友）

活动目标

①学习用英语找到自己的朋友。

②愿意主动交朋友。

③能够在教师的引导下做游戏。

句型：Who is my good friend?

I am your good friend.

Pig/Rabbit...is your friend.

活动准备

音乐、动物头饰。

活动过程

①Scene：Who is my good friend?

T：Hello, boys and girls. Today is a sunny day, but I am not happy. Because I can not find my good friend. Do you know who is my good friend?

C：I don't know!/Little dog is your good friend.

T：Anna has many good friends. One of its good friends has long ears and it likes to eat carrot, who is that?

C1：Rabbit.

C2：Rabbit is your friend.

T：Yes, my good friend is rabbit. Where is rabbit? Boys and girls, please help me. Let's ask rabbit come out together.

T&C：Rabbit, comes out please.

（Another teacher acts as a rabbit）

T2：I am coming. Hello, I am rabbit.

T：Hello, my good friend. Children, my good friend is rabbit, but who is rabbit's good friend? Let's ask rabbit.

T&C：Who is your good friend, rabbit?

T2：Who is my good friend? My good friend has a big nose and two big ears, it is also very lazy.

C：Your good friend is pig.

T1：Yes, you are so smart.

②Scene：Let's find our friends.

T：Children, the rabbit's good friend is pig. So who is your good friend?

C：... is my good friend.

T：OK, we all have good friends, now let's sing a song with our good friends.

③Song：Looking for My Good Friend.

T：We can sing the song named "Looking for My Good Friend".

（The teacher and the children sing the song together）

T&C：Looking for my friend.

Do you want to be my friend?

Nice to meet you.

Nice to meet you, too.

Now you are my good friend.

T：Let's go outside to play with our good friends.

（Looking for my friend ... ）

图7-20 情境：我找不到我的好朋友了

图7-21 情境：我的好朋友小兔子来了

活动反思

本节课的教学重点在于让幼儿认识"朋友"这个概念。教师用了动物的形象和部分特征引出概念，让幼儿来猜这个朋友是什么动物。幼儿熟悉句型之后再介绍一下自己的朋友是谁。但是幼儿可输出的不多，类似于头发的长短曲直、身高的差异等这些特征都是幼儿接下来

图7-22 和我的好朋友一起唱歌

可以学习的内容。

（六）活动小结

在活动开展的过程中，我们先引导幼儿从外形入手，知道自己是区别于其他人的独特个体，进而尝试用各种方式来表现自己在外形、名字、个性、能力等方面的独特性。因此我们通过收集每名幼儿的家庭照片并且布置在教室里，让幼儿猜猜这些照片上的人是谁，看看同伴从小到大的成长变化，认识自己的家庭，从而了解人都是在变化和慢慢长大的。渐渐地幼儿对自己的身体也产生了极大的兴趣，于是我们创设了一些学习主题，如"我们的身体""认识自己"等，帮助他们了解身体，逐步提升自我认识的水平。在各种活动中，幼儿能感受到男女在生理特征、心理角色、喜好能力上有所不同，从关注自己到关注他人，学会互相欣赏，从而促进社会性及情感的发展。通过这个主题的学习，幼儿知道了人体各器官的重要性，喜欢用自己的小手做力所能及的事情。在"特别的我"主题活动中，幼儿始终对自己充满着好奇，总是会提出很多问题。这使教师深深地体会到幼儿是天真的、聪明的、主动的。教师对幼儿的态度应当是接纳的、商讨的、鼓励的。

二、中班：我的家园

（一）主题来源

幼儿时常把"我的家""我的爸爸妈妈""幼儿园像我们的家""老师像妈妈一样爱我们"挂在嘴边，因为家、幼儿园是他们最熟悉的地方，这里有他们最熟悉的生活场景，最能引起幼儿的共鸣。首先，家是幼儿最熟悉的场所，幼儿对家中的各个房间、物品再熟悉不过了；其次，将近两年的幼儿园生活使中班的幼儿渐渐喜欢上了幼儿园、教师和小伙伴，于是幼儿园成了幼儿的第二个家；最后，社区也是幼儿每天结伴嬉戏的场所。因此，我们选择"我的家园"这个最贴近幼儿生活经验的主题活动，带领幼儿从家庭到幼儿园再到社区更进一步地认识"我的家园"。

（二）主题目标

①通过此活动巩固对自己生活环境的认识，如对家、幼儿园、社区的认识。
②能在教师提供的自主创作的空间内，用绘画、搭建、表演等多种形式表现"我的家园"。
③大胆用英语描述自己的作品，表达自己的想法。
④激发对周围熟悉的生活环境的喜爱以及对生活的热爱。

（三）主题网络

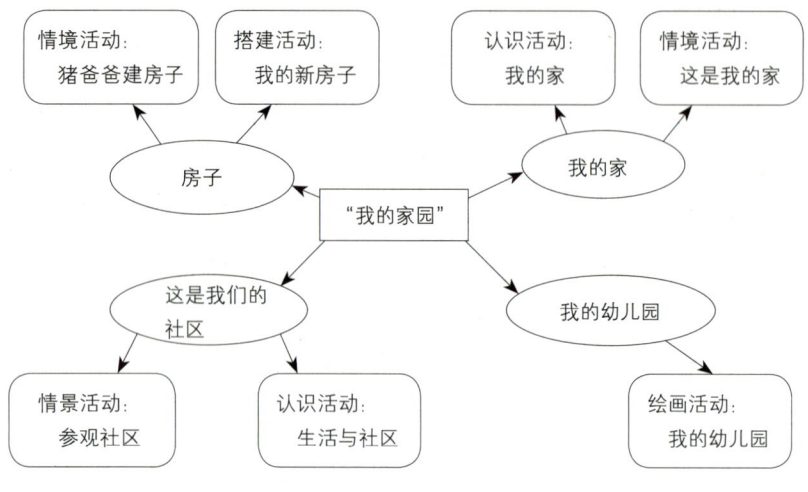

```
情境活动:          搭建活动:          认识活动:        情境活动:
猪爸爸建房子       我的新房子          我的家          这是我的家
        ↑              ↑               ↑              ↑
         ＼           ／                 ＼           ／
            房子                           我的家
              ↖                          ↗
                  "我的家园"
              ↙                          ↘
        这是我们的                        我的幼儿园
          社区
        ↙       ↘                             ↓
  情景活动:     认识活动:                   绘画活动:
  参观社区     生活与社区                   我的幼儿园
```

图7-23　中班主题网络图

（四）综合活动进程

表7-2　活动进程表

项目	活动名称	备注
活动一	故事：猪爸爸建房子	激发表演故事的兴趣
活动二	我的新房子	体会自己搭建房子的乐趣
活动三	我的家	在情境活动中掌握房间的功用
活动四	我的幼儿园	体验用图画来表现自己在幼儿园的乐趣
活动五	这是我们的社区	了解社区各功能区设施的名称及作用

（五）活动实录

> 活动一

The story of daddy pig builds a house（故事：猪爸爸建房子）

活动目标

①知道故事名称，了解故事大意。

②激发表演故事的兴趣。

③能够在教师的帮助下表演故事。

活动准备

PPT，猪爸爸、猪妈妈、猪宝宝的头饰，马、羊、牛的图片。

活动过程

①Scene：Daddy pig and mommy pig.

（Mommy pig is going to have babies）

MP：Daddy pig, we are going to have more babies but our house is so small. How are we all going to live in this house?

DP：Do not worry. I am going to build a new house for us.

MP：That is great! You are so kind, my dear, I am so happy to hear that.

DP：Thank you, my dear. But how many houses should we build?

MP：Let us think over carefully. How many houses should we build?

②Telling the story.

T：Look, mommy pig is going to bear babies, so daddy pig wants to build new houses. But how many houses should they build? Please listen to the story first, maybe you can figure out the answer.（Show the story book）The name of the story is Daddy pig builds a house…

Talking about the story.

T：Why must daddy pig build a new house when mommy pig has babies? Why can't they live in the old one?

C1：The old one is small.

C2：The old one is too old.

T：Right, the old one is too small for mommy pig, daddy pig and the babies to live in. Can you tell me how many new houses daddy pig build in the end? Three new houses? Six new houses? …

C：No, a big new house.

T：That is correct! You are so smart! In the end, daddy pig builds a big new house. Daddy pig, mommy pig and babies live in the big house. You can imagine how many will be in the new house. What do you think?

C：They live together …

T：Do you still remember the name of the story?

C：Daddy pig builds a house!

T：Good! Please tell me how many babies mommy pig has?

First, mommy monkey asks how many houses should be built.

Next, mommy sheep asks how many houses should be built.

Then, mommy cat asks how many houses should be built.

In the end, mommy pig asks how many houses should be built.

③Acting out the story.

T：Now let us act out the story. I am daddy pig. This group is mommy monkey. That group is mommy sheep...Ready？ Let us begin.

T：Mommy pig will have babies. So daddy pig asks mommy monkey, how many houses should he build?

Mommy monkey：I bear one baby at a time. You should build one house...

图7-24 讲述故事"Daddy pig builds a house"

图7-25 幼儿表演故事

活动反思

表演故事的形式可以更加多样化。幼儿可以分成几组，每组扮演一种角色，或每组幼儿各自表演，表演完一遍之后可以互相交换角色表演。

活动二

My new house（我的新房子）

活动目标

①复习房子的基本结构和功用。

②能够根据所学知识并加入自己的创意搭建房子。

③体会自己搭建的乐趣。

活动准备

PPT、贴满照片的KT板、不同材料的积木。

活动过程

①Reviewing the story.

T：This week we learnt the story of daddy pig builds a house. Let's review this story. Mommy pig is pregnant, so daddy pig wants to build a new house for their babies...

②Showing the card board to children.

T：Look! Daddy pig built a house for his babies. There are four rooms inside. Living room, bedroom, bathroom and kitchen. Do you have these in your home?

C：Yes, I have...

T：OK, here is a card board, can you see your home?

C：Yes, I can/I see my home.

T：Can you introduce your home to us?

C1：This is my home ...

T：What can you do in the bedroom?

C1：I can...

T：Look! Our home are different. We have different bathrooms, different... but look at the appearance of our home, they are all the same. So do you have good ideas to build a different house?

C1：Yes. I want to build a shoe house.

C2：I want to build a house, there is a slide inside.

③Building the house by groups.

T：OK, there are four boxes here. There are different building blocks you can choose. Now I will divide you into four groups and then go to choose the building blocks you like.

T：Now you can build your new house.

（Build the house by groups）

T：Time's up. Please go back to your seat. Who want to introduce your house to us?

C：This is our house, this is door, this is bedroom, this is bathroom, this is kitchen and this is living room. I can watch TV and play toys here/I can play with my friend here.

T：You all did a good job today. Your houses are different and creative. Let's take a photo with your house.

（Introduce the houses one group by one group）

图7-26　复习故事"Daddy pig builds a house"

图7-27　邀请幼儿介绍各自的家

图7-28　选择自己喜欢的材料搭建房子

图7-29　幼儿介绍各自搭建的房子

活动反思

不同形式的活动可以给幼儿不同的体验。在活动中，幼儿能自己结组，用英文和同伴交流。教师要注意给幼儿提供语言支架，可以适当介入，用不同的提问方式来发散幼儿的思维。

活动三

My house（我的家）

活动目标

①了解房子的基本结构。

②乐意加入参观和讨论活动。

③在情境活动中掌握房间的功用。

活动准备

KT板、图片、装饰家的道具。

活动过程

①Reviewing the different parts of house.

T：Hey, my boys and girls.This week we learned a story of daddy pig builds a house. Daddy pig built a big new house. Do you remember the different parts of the house?

C：Yes, we remember. Daddy pig built a living room.

T：Everybody has good memories.What can we do in the living room/bedroom/kitchen/bathroom?

C1：We can ...

T：I also have a big new house, let's go and visit it.

C：Let's go.

②Visiting the big new house.

T：Look, this is the key, let me open the door.

C：Wow, it's a nice house.

T：Do you know what room it is?

C：Here is living room, it's a ...

T：Let's go around. Follow me. What can we do inside?

C：Here is ...We can ...

③Talking about the house.

T：What did you see in the house?

C：The kitchen/The bedroom/The bathroom.

T：How do you think of our new house?

C：It's nice/It's so warm.

T：Now, we can do something in different rooms. Please go to play in my house.

④Performance.

Group 1：bathroom

C1：It's a toothbrush, I can brush my teeth in the bathroom.

C2：It's a shower. I can take a bath in the bathroom.

C3：My hands and face are dirty.I can wash its in the bathroom.

C4：Here is a toilet. I can go pipi here.

Group 2：bedroom

C1：Here is a bed.I can sleep in the bedroom.

C2&3：Let's play a game, you are mommy and I am baby.

Group 3：kitchen

C1：I am so thirsty. I can wash some fruits to eat. I can wash fruits in the kitchen.

C2：I am hungry. I want to cook something to eat. I can cook in the kitchen.

Group 4：living room

C1：Here is a TV. I can watch TV in the living room.

C2&3：Hey，let us dance and sing together.

Please sit in the living room and eat some fruits.

⑤Talking：What did you play?

T：Just now you played in the house，so let us talk about what did you do.

C1：I sing a song with my friend in the living room.

C2：I cut some fruits in the kitchen.

图7-30　参观房子里的各个房间

图7-31　和同伴在各个房间里玩

活动反思

本节课能通过直观的教具展现家的形式，也在游戏中满足了幼儿角色表演的需要。活动结束前，如果教师让幼儿回到各自的座位上再进行讨论，幼儿将会更专注。

活动四

My Kindergarten（我的幼儿园）

活动目标

①了解幼儿园环境及基本设施。

②体验用图画表现自己在幼儿园的乐趣。

③自信大方地介绍自己的幼儿园。

活动准备

幼儿园大门、建筑背景图及各种设施图片、绘画纸、彩笔。

活动过程

①Scene：Coming to my kindergarten.

T：Hello! Today I will show you a picture. Can you guess what is it?

C：Is this ...

T：This is my kindergarten when I was a child. Look，this is the door. This is the building... This is the picture I drew.

T：Do you want to make your own pictures of our kindergarten?

C：Of course.

T：But first of all，let's take a look at our kindergarten.

②Showing the pictures of the kindergarten.

Visiting the playground.

T：Here is the playground. What do you see in the playground?

C：I see the jumping bed.

C：There are so many toys.

……

（Visiting the buildings）

（Visiting the back yard）

③Drawing the picture of the kindergarten.

T：Now let us draw a picture of our kindergarten. You can draw different things about kindergarten. Here are some color pens and paper for you.

（Let the children draw the pictures. The teacher helps the children individually）

（Sharing and introducing the pictures）

T：OK. Time is up. Who would like to come and introduce your kindergarten?

C：Hello，everyone. My name is ...This is my kindergarten. This is... That's all. Thank you.

T：Wow, you all did a good job. Now you can share the pictures in your groups.

C：Look，this is my picture. This is ...

活动反思

在绘画活动中，幼儿可以介绍自己幼儿园各区域的功能，并自发地与同伴用英语交流。在分享环节，教师可以先引导幼儿欣赏全班作品，提供基本的语言支架，再让幼儿分享作品，这样幼儿的语言将会更丰富。

图7-32　猜一猜：这是什么建筑

图7-33　欣赏照片：我们的幼儿园

图7-34　画一画我们的幼儿园

图7-35　和同伴一起作画

图7-36　介绍自己画的幼儿园

图7-37　在小组里分享各自的作品

活动五

This is our community（这是我们的社区）

活动目标

①了解社区各功能区设施的名称及作用。

②愿意和同伴一起参观社区各功能区。

③能够爱护社区设施，保护环境。

活动准备

导游旗、遮阳帽。

活动过程

①Scene：Introducing the community.

Guide：Hello, children. I am a tour guide. Today is a nice day. We will go to visit a beautiful place.（Wave the flag）

C：Hello, tour guide.

Guide：This beautiful place has many trees and flowers, so people can play there and have a rest there. Many children like to play there. I am sure you will like this place. Now, let us go to the beautiful place.

C：Let's go.

②Scene：Going to the community.

Guide：We are here. It is the community.

C：This is our community.

Guide：Yes, it is our community. Our community is wide and clean. People live here and also play here.

C：Our community is wide and clean.

Guide：When we are visiting the different part of the community, we should be quiet and polite. Let's go to visit the community.

③Scene：Looking around the community.

Guide：Now, we are standing in the plaza. This plaza is wide. We can do a lot of things. Think about what can you do here.

C1：I can play the skipping rop here.

C2：I can play some games with my friends here.

Guide：The next place is the swimming pool. Summer is coming. A lot of people are swimming inside. Let's look at their styes.

C1：This uncle is .../That aunt is ...

Guide：Swimming is a very important skill. Do you know how to swim?

C：I can swim very well/I don't know how to swim.

Guide：Here is the Community Health Service Centre/Community Library. What can we do here?

C：We can ...

Guide：Our community looks like a beautiful garden. Now, Let's go to look around the plaza.

C：OK. Let's go.

④Discussion：What do you see around the plaza?

Guide：We have seen the whole plaza. Please tell me what did you see in the plaza.

C1：I saw ...

Guide：Our community is clean and nice. When we play here, we should keep it clean, and protect the environment. OK?

C：OK. We will do it.

Guide：It's time to go back to your kindergarten. Please follow your teachers and take care of yourselves. See you next time.

C：See you next time, tour guide.

⑤Singing the song：That Is What I See.

T：The community is nice. Let us sing a song about the park.

T&C：（Sing the song）

I see flowers in the garden, in the garden, in the garden. I see flowers in the garden. That's what I see.

I see children on the plaza, on the plaza, on the plaza. I see children on the plaza. That's what I see.

I see people swimming in the pool, in the pool, in the pool. I see people swimming in the pool. That's what I see.

活动反思

这种结合主题的参观活动很贴近幼儿的生活，所以在参观时幼儿运用的语言很丰富。在带幼儿参观各功能区时，教师可以先让幼儿自主地去发现各功能区的作用，再进行介绍。活动结束时，幼儿可将新词填入前面学的歌曲，演唱That Is What I See的社区版本，这会让幼儿印象深刻。

第七章 英语主题活动　149

图7-38　教师扮演导游带幼儿逛社区广场

图7-39　参观社区图书馆

图7-40　参观社区健康服务中心

图7-41　这是用来收集宠物粪便的盒子

图7-42　我们一起动手捡垃圾

图7-43　分享照片并讨论刚才所见

（六）主题小结

本主题活动源自幼儿熟悉的生活环境，贴近幼儿的生活，是幼儿每天都能感知得到的。教师选择"我的家园"这个主题有以下两点考虑。首先，幼儿有较丰富的生活经验，兴趣语言丰富，所以教师给幼儿提供了大量表达自我的机会。其次，本活动符合中班幼儿年龄特点。中班幼儿对家的认识与理解相比小班幼儿更深刻。从与家有关的空间、文化与亲情来开展活动，有助于丰富幼儿的日常生活经验。

从实施的情况来看，幼儿对其生活的环境有了进一步的了解，在活动中感受到了家的温暖，加深了与家人的感情，体会到了集体生活的愉快，真真切切感受到了幼儿园就像自己的家一样，教师就像妈妈一样呵护着自己、爱着自己。同时，社区也是幼儿成长的重要环境，是幼儿接触现代生活的源泉，能引发幼儿参与的积极性和学习愿望。社区内的自然环境、人文景观、公共设施、普通劳动者公益活动等，都可以成为幼儿学习的内容。幼儿在社区活动中大胆地与人交流，萌发了热爱生活及大自然的情感。

三、大班：我爱地球

（一）主题来源

大班在小班和中班的基础上选择了更高层次的主题——我爱地球。这样循序渐进的教育不仅是为了让幼儿懂得热爱自己的祖国，也要让幼儿理解国家与地球的关系，热爱我们生存的地球大家园，从而促使幼儿企盼和平，热爱和平。

大班幼儿经常在父母的带领下接触外国人，如在小长假出游时，又如在每周的教育机构外教课上。在他们的概念里，他们只知道除了中国之外，世界上有很多别的国家。他们的好奇心使得他们经常问教师"是不是外国人都说英语"。大班为了呼应"我爱地球"这样一个大主题，分别设计了四个子主题：第一个子主题是"美丽的地球"，让幼儿总体上了解地球、热爱地球，为大家共同生存的地球感到骄傲；第二个子主题是"各种肤色的人"，关注生活在地球上各地域的人，培养幼儿各个国家生存在一个大环境中的意识；第三个子主题是"你从哪里来"，从介绍地球上的七大洲、丰富的资源、与我国相邻的国家和环保；第四个子主题是"保护地球"，强调世界人民虽然有不同的文化，但我们生活在同一个地球上，每个国家都有著名的建筑物和代表性的事物，我们要一起保护它们。

（二）主题目标

①喜爱动物，初步了解保护珍稀动物的重要性。
②感受乐声和噪声的区别，了解噪声的危害。
③知道我们生存在同一个地球上，要保护好地球的生存环境，培养环保意识。
④了解七大洲四大洋及地球的地形和水形，激发科学探索的兴趣。
⑤认识太阳系中的八大行星，了解地球与各大行星的关系。
⑥了解地球上居住的三大人种，初步了解各肤色人种在地球各洲的分布情况。
⑦感受不同文化的显著特点，培养尊重不同文化的情感。

（三）主题网络

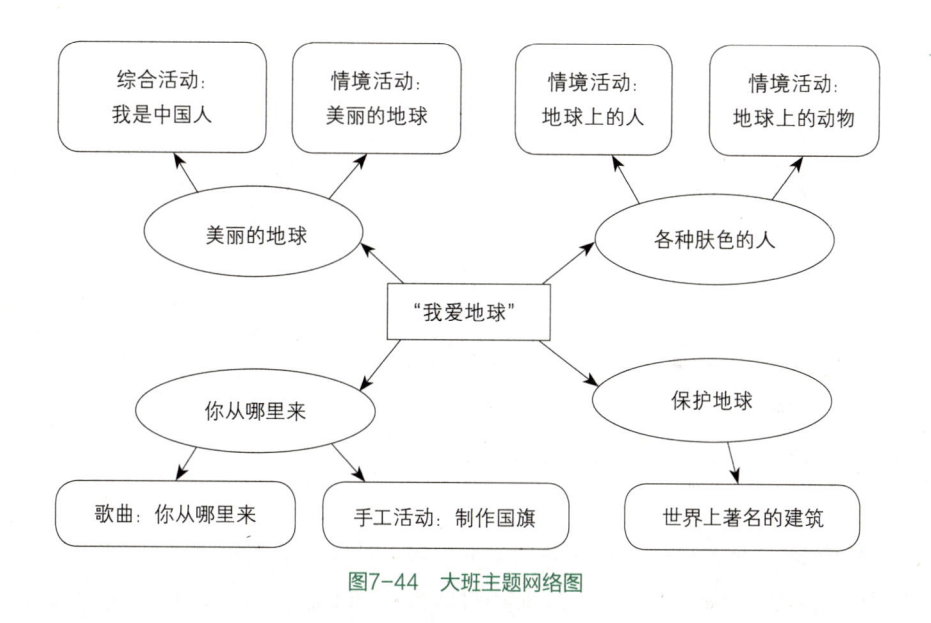

图7-44 大班主题网络图

（四）综合活动进程

表7-3 活动进程表

项目	活动名称	备注
活动一	我是中国人	激发自己作为中国人的自豪感
活动二	你从哪里来	结合生活，讨论人鱼共存问题
活动三	制作国旗	乐意制作两面不同国家的国旗
活动四	地球上的人	能够在教师的引导下大方、自信地演唱歌曲
活动五	世界上著名的建筑	对所在的城市、国家以及世界有从小到大的宏观概念

（五）活动实录

活动一

I am Chinese（我是中国人）

活动目标

①理解儿歌内容，学习儿歌。

②激发自己作为中国人的自豪感。

③能够在教师的带领下完整地说唱儿歌。

④学习单词 China，Chinese，map。

活动准备

①主题人物中国男孩、中国女孩形象设计面具各一个，配班教师或语言发展较好的幼儿装扮主题人物。

②中国地图、中国国旗。

活动过程

①Scene：Our friends.

T：Look at this picture，boys and girls. What do you see in the picture？Do you know who they are？

C：Sorry，I do not know.

T：OK！Let me tell you. He is Chinese Boy and she is Chinese Girl. They are good friends.

C：He is Chinese Boy and she is Chinese Girl. They are good friends.

T：Today，they will visit us. Look！They are coming.（Chinese Boy and Chinese Girl enter）

CB：Hello！My name is Chinese Boy. Do you know why I have such a special name？Because I am Chinese. I have black hair. I have black eyes. I have yellow skin. China is my motherland.

CG：Hello！My name is Chinese Girl. I am Chinese，too. I have black hair. l have black eyes. I have yellow skin. China is my motherland.

GB：Hello，Chinese Girl！Nice to see you.

CG：Hello，Chinese Boy！Nice to see you，too.

GB&CG：We are very happy. We will visit our new friends today.

②Scene: Giving the gift.

(They give the gift to the children)

CB&CG: Hello, boys and girls! We have a gift for you.

T: A gift? Let us have a look. (CB opens the map of China) This is a map of China. Thank you very much.

C: This is a map of China, Thank you very much.

CB&CG: You are welcome. We should give gifts to other friends. So, see you later.

T&C: See you. (CB and CG go off)

③Talking about the map of China.

T: CB and CG gave us a map of China. Let us have a look at this map. (Open the map) China is one of the biggest countries in the world. There are a lot of people and many cities in China. Look at this map carefully.

You will find that there are many colors on this map of China. Each of the colors means something different. So we can see a colorful China. My children, can you see many different colors?

C: Yes, I can see many colors. You see there are many colors on the map of China. We can see a colorful China.

C: A colorful China.

T: Look! This is the Yangtze River. What is this? (Point to the Yangtze River)

C: It is the Yangtze River.

T: The Yangtze River is the longest river in China. There are many cities on both sides of the Yangtze River. Look here, this is the Yellow River. (Point to the Yellow River)

There are many people in China. (Point to the map of China) We call them Chinese. I am Chinese. Chinese Boy, Chinese Girl and all of us are Chinese, too. We have black hair. We have black eyes. We have yellow skin. Now, boys and girls, let me ask you. Are you Chinese?

C: Yes, we are Chinese.

④Talking about the chant and say the chant with the actions.

T: Today, we will learn a chant about China. The name of the chant is I Am Chinese. What is the name of the chant?

C: I Am Chinese.

T: We will listen to the chant and I will do some actions. Please do as I do.

C：OK!

T：Opening the map, I see a colorful China. (The children imitate the actions) So that is the chant. What will we see when we open the map?

C：The Yangtze River and the Yellow River.

T：We know people who come from China are called Chinese. How does Chinese look like?

T&C：Chinese have...

T：Are you Chinese? Do you love China?

C：Yes, we are. I love China forever!

T：Well, let us say the chant together.

Chant：I Am Chinese

Opening the map,

I see a colorful China.

The Yangtze River is very long.

The Yellow River is my mother river.

She tells me I am a Chinese.

I have black eyes.

I have black hair.

I have yellow skin.

I am Chinese.

I love China forever!

图7-45　我们的朋友　　　　　　　图7-46　与朋友们分享礼物

图7-47 表演律动"I am Chinese"

活动反思

通过这个活动，幼儿对祖国有了一个较为整体的了解，产生了自己是中国人的自豪感。幼儿通过学习和朗诵儿歌，在感受儿歌之美的同时，进一步加深了对祖国大好河山的认识，激发了热爱祖国的美好情感。

活动二

Where are you from（你从哪里来）

活动目标

①理解歌词，学唱歌曲。

②愿意与他人友好交往。

③能够在教师的引导下大方、自信地演唱歌曲。

④学习单词America、Canada、Japan、Britain、Australia。

活动准备

五个国家的国旗、中国地图、世界地图、音乐。

活动过程

①Saying the chant：I Am Chinese.

（Show the map of China to the children）

T：Look here. This is the map of China. Do you remember the chant I Am Chinese?

C：Yes. I remember it.

T：OK! Let us say it. Opening the map...（The children and the teacher say the chant together with actions）

②Talking：Different countries.

T：I have another map. Let us have a look. This is a map of the world.（The teacher shows the map of the world）

T：How do you think of it?

C：It is very big/colorful.

T：There are many countries in the world, such as China. Do you know where China/America/Australia/Canada is?

C：Here.（Point to China on the map）

③Scene：Where are you from?

T：Today some friends will come to our classroom. They want to make friends with you. They are from different countries. Do you want to make friends with them? Do you want to know where they are from?

C：Yes. I do.

（Five children enter the classroom one by one with the music and everyone has a national flag）

T：Boys and girls, they are coming. Let us say hello to them.

T&C：Hello! Welcome to our class!

Five children：Hello!

T：OK! Let me ask them where they are from. Hello! Hello! Where are you from?

C1：I am from America.（C1 raises the national flag of America）

T&C1：We are good friends.

（Teacher and C1 say the words and do the actions）

T：Where is she/ he from?

C：She/He is from America.

（Other four children introduce themselves in turn）

④The teacher and five children sing the song and do the actions.

T：I will invite five children to sing a song with me. Now, please listen carefully.

（The teacher and five children act out the song together）

T：Does everyone like this song?

C：Yes, I like it.

T：The name of the song is Where Are You From.

C：Where Are You From.

⑤Singing the song.

T：Let us sing this song together.

T&C：Hello! Hello! Where are you from?

T：Just now, we learned to sing this song. Now we will act out the song in groups. You may find a partner and sing the song.

C1&C2："Hello! Where are you from?"

图7-48　谈话活动：全世界不同的国家

图7-49　你来自哪里

图7-50　代表四个不同国家的小朋友介绍自己

图7-51　一起唱"Where are you from"

Where Are You From

Hello! Hello! Where are you from?

Hello! Hello! Where are you from?

Hello! Hello! Where are you from?

I'm from America/Canada/Japan/Britain/Australia.

活动反思

在表演与音乐结合的活动中，幼儿有自我展示的机会，积极性很高。如果教师能分组给每名幼儿展示的机会，幼儿可能会更自信。

活动三

Making flags（制作国旗）

活动目标

①认识几个国家的国旗。

②愿意按自己的意愿参与手工制作活动。

③能够制作出两面不同国家的国旗。

④单词：national，flag，belong，star。

活动准备

制作国旗的纸张、颜料、剪刀等。

活动过程

①Talking about different national flags.

T：Hi, children! Last time, we performed the song Where Are You From. Now let us sing this song again.

T&C：Hello! Hello! Where are you from?

T：From the song, we learned the names of many countries. They are…

T&C：America, Canada, Japan and Australia.

T：Today I would like to introduce the national flags of these countries. First, please have a look at the national flag of our country. This is the national flag of China.（Show the flag）

C：The national flag of China.

T：What color is the flag of China?

C：It is red.

T：How many big stars and how many small stars are there on the flag?

C：One big star and four small stars.

T：That is right. Next, let us see some national flags of other countries. (Show the flags one by one) This is the national flag of America.

C：The national flag of America.

T：What are these on the national flag of America?

T&C：White stars. /Red and white strips.

(Other flags are introduced in the same way)

②Introducing the materials.

T：We just talked a lot about the national flags. Now, let us make these flags by ourselves. Would you like to do that?

C：Yes, I would like to.

T：Let us see what we will need in order to make flags. (Show the materials one by one) Here is some paper.

C：Paper.

T：Now, please look carefully. I will show you how to make flags…

(The teacher shows how to make flags)

③Making flags.

T：Well, children, you can make flags now. Everyone please makes two different flags. OK, let us begin.

C：Let us begin.

(The teacher helps the children make flags)

④Showing the children's works.

T：Well done. Now, let us have a look at the flags you have made. (Point to one flag) Look at this one. Which country does this national flag belong to?

C：China.

T：Great! This is the national flag of China. Now, please show me the national flag of Canada.

C：The national flag of Canada is here. (Show the flag)

图7-52 讨论不同国家国旗的特征

图7-53 教师介绍制作所需材料

图7-54 幼儿动手制作国旗

活动反思

在这个综合活动中，教师结合经验带领幼儿认识各国国旗，并鼓励幼儿自己动手制作国旗。在这种手工制作活动中，幼儿能自发地与同伴用英语交流，相互帮助，是浸入式英语运用到一日生活各环节的成功表现。

活动四

Different people on the earth（地球上的人）

活动目标

①认识世界上几个不同的国家。

②愿意和不同国家的人们交朋友。

③能够说出几个不同国家的名称。

④学习单词 American，Britain，British，Canadian。

活动准备

①世界地图、各国的国旗图片。

②中国男孩挂饰、中国女孩挂饰、各国幼儿的挂饰。

活动过程

①Talking about the map of the world with children.

T：Today, I invite two friends here.Chinese Boy and Chinese Girl，where are you?

CB&CG：We are here.（Chinese Boy and Chinese Girl enter）Hello，everyone.

C：Hello，Chinese Boy.Hello，Chinese Girl.

T：This is the map of the world. On this map, there are many other countries besides China. (Show the map to children)

T: Look at this country.It is Britain.It looks like an old man's head. Here is the nose, there is the man's hat, it is the old man's hat and it is the old man's chin. How interesting!

CB&CG: It is Britain.

(Teacher introduces the other countries in turn)

T: There are many different countries in the world. I have some good friends in different countries.Would you like to visit them with me?

C: Yes, we want to.

T: OK! Let's go.

②Scene: Visiting their good friends.

CB&CG: Where are we going now?

T: How about Britain? My friend Lucy is in London.

CB&CG: OK.(They go to Lucy's house)

T: "Knock!" "Knock!"

Lucy: Who is there?

T: Your friend, Jenny.(Lucy opens the door)

Lucy: Hello, Jenny. How are you?

T: Fine, thank you. Lucy, here is Chinese Boy and Chinese Girl, my good friends.Chinese Boy and Chinese Girl, this is my friend, Lucy.She is British.

CB&CG: Lucy, how do you do?

Lucy: Chinese Boy and Chinese Girl, how do you do? And I hope we will become good friends!

T: Let us go to visit Tom and Jim.

(Visit the other different countries' friends)

③Talking: Visiting different countries.

T: Just now, Chinese Boy and Chinese Girl visited many different countries. Where did they go?

T&C: They went to ...

T: Are they happy today?

C: Yes, they are.They have so many good friends.

T: Do you remember their names?

C1: One is Lucy.

C2：One is Tony.

T：You are so awesome!

④Talking：I am Chinese.

T：Today we visited some friends in different countries.Lucy is British.Tom and Jim are American.And Tony is Canadian.

T&C：Lucy is British...

T：Wonderful.Where are you from?

T&C：I am from China.I am Chinese.

T：Right. Do you remember the chant I Am Chinese?

C：Yes.

T：Let us say the chant，OK?

C：OK!

图7-55　讨论世界地图

图7-56　拜访英国朋友

图7-57　拜访美国朋友

图7-58　不同国家的朋友们一起开心地玩

活动反思

通过本次活动，幼儿初步了解了几个国家的名称。在活动中，幼儿积极参与。特别是在情境活动中，幼儿能大方自信地表达自己的想法。

活动五

Famous buildings around the world（世界上著名的建筑）

活动目标

①认识世界上著名的建筑，体验亲子共同查找资料的乐趣。

②对喜爱的著名建筑，能通过观察其特点，简单画出其大概的样子。

③对所在的城市、国家以及世界有从小到大的宏观概念。

活动准备

世界著名建筑图片课件、幼儿上交的主题亲子调查表。

活动过程

①Discussing the famous buildings in Shenzhen City.

T：Look at this map, it is the map of China. We live here, Shenzhen City of Guangdong. In our city, we have many tall and famous buildings. Please tell us about some buildings.

C1：Ping An Building.

C2：Kingkey 100.

…

T：Wow, you know a lot. How do you think of them?

C：They are …

②Showing the photos of famous buildings of China.

（Show photos of Tianan Men Square/The Great Wall）

T：Beijing is our capital city. If people go to travel in Beijing, people will go to visit them.

C：I have been Beijing with my mom and grandma.

（Show photos of the Oriental Pearl Tower）

T：This is a famous tower in China. Oriental Peal Tower is in Shanghai?

T：Do you know how tall it is?

C：I don't know.

T：It is 468 meters.

③Sharing children's family sheets of Building Around the World.

Teacher puts some children's family sheets on the whiteboard.

T：Just now, we learnt famous buildings in China. There are many beautiful buildings in other countries. Last weekend, you had finished the sheet with parents. Now, let's share your work.Whose sheet is it?

Jacky：It's mine.

T：Please tell us what did you draw on the sheet.

Jacky：I drew the Pyramid. It is in Egypt. And I drew the Liberty of Statue. It is in New York, America.

T：Wow, thanks for your sharing. I know that there are some children also drew these two pictures.

（Teachers invited children to share sheets about other buildings around the world, like Eiffel Tower, the Leaning Tower of Pisa）

④Exchanging family sheets each other.

T：five Children make a group to share your buildings you drew, then discuss which building or which country do you like.

Teacher invited some children to tell children, then help them write down the buildings names.

活动反思

在设计调查表时，教师可以把简单介绍建筑物的句子以填空的形式呈现。因为主题活动设计了亲子共同完成的"世界上著名的建筑"的调查表，所以教师可以更好地在课堂上利用。在上课时，教师应该先请幼儿分享他们亲子合作查找的资料。

图7-59　讨论深圳的著名建筑　　　　图7-60　讨论世界各地的著名建筑

（六）主题调查表

Famous Buildings Around the World
（世界上著名的建筑）

请家长帮助幼儿在表格第一行分别写两个"世界上著名的建筑"的英文名，并在下面的方格里画出或贴上对应的图（如空间不够，可以贴在背面）。要求：家长引导幼儿查找资料后，幼儿知道此建筑的名称、所在的国家和城市的英文表述，如"The White House is in New York of America"。

图7-61　幼儿交流分享各自完成的亲子调查表

表7-4　英文亲子调查表

1. Name of the famous building	
2. Picture of the famous building	

Name: Coco

大一班英文亲子调查表

Famous Buildings Around the World（世界上著名的建筑）

请家长帮助幼儿在表格第一行分别写2个"世界著名的建筑"的英文名，并在下面的方格里画出或贴上对应的图（如位置不够，可以贴在背面）。要求：家长引导幼儿查找资料后，幼儿知道此建筑的名称、所在的国家和城市的英文表述，如 The White House is in New York of America.

1. Big Ben is in London, the capital city of England/Britain.	2. The Eiffel Tower is in Paris of France.

2017.5.12

图7-62 完成后的亲子调查表

（七）主题小结

1. 幼儿的积极参与和家长的密切配合

在主题活动进行的过程中，家园共同讨论、收集资料等方面都离不开幼儿的积极参与和家长的支持与配合。在开展主题活动时，我们会在每个子主题后布置相关的小问题，鼓励幼儿和家长一起收集相关资料，阅读书籍，并带到班级分享，这些都为主题活动的开展奠定了坚实的基础。

2. 幼儿的探索让我们意外

我们生活在城市中，我们生活在中国，我们生活在地球上。这一切，对于幼儿来讲，既是身边的事，又似乎很遥远。幼儿没有真正系统地去关注过。有些幼儿家长的知识面广一点，和幼儿聊天的时间多一点，这样幼儿自然懂得也多一点。而更多的幼儿只能从电视、书本中获取相关知识，了解得并不全面。今天，我们设计这样一个主题活动，就是把这类知识进行整合，让幼儿有机会系统地去了解。教师通过一些游戏化的讲解，直观地展示给幼儿一个多彩的世界，让幼儿更爱地球，爱中国，爱家乡。

3. 安全教育不容忽视

最后，我们对安全教育活动也同样重视。城市是美丽的地方，同样也是危险的地方，而且危险时时刻刻都存在。我们通过一些活动让幼儿认识到各种不文明的习惯对安全的危害，让幼儿养成良好的文明习惯，让我们生活的城市更美好。

第二部分 区域探究活动

第八章 室内区域活动

> 室内区域活动是幼儿园里最能体现幼儿自主性的学习方式之一，也是绝大多数幼儿园课程的重要实施方式。一般来说，教师通过创设"有准备的环境"让幼儿自主选择学习内容，使其在主动探究中获得个性化发展。区域材料是支持幼儿个别化学习的基本要素，材料的丰富性、层次性、吸引性、引导性决定了区域活动能够在多大限度上支持不同学习进度、学习风格、学习节奏的幼儿进行个别化学习。同时，每份材料允许的操作人数也决定了学习方式是独自探究还是合作探究。允许多人参与操作的材料在支持幼儿个别化学习的同时，还能够引发、支持幼儿的合作学习和社会性发展，进而促进其全面发展。

一、室内区域活动的特点

深圳市第八幼儿园课程中的区域活动是蒙台梭利教育理论的本土化实践，既传承了蒙氏教学法的规则性、系统性、可操作性和严谨性，又凸显了幼儿间的合作性、操作材料的生活化和趣味性。教师根据各班实际情况为幼儿"量身定制"了一个"有准备的环境"，将班级划分为科技探索区、语言区、美工区、数学区、沙水区、角色区、建构区、生活区、特别研究区等若干区域，然后有目的、有计划地投放区域材料，让幼儿在"份化"的工作中自主选择、有序操作、积极思考、发展个性。

激发幼儿参与区域活动的兴趣，最关键的因素是区域材料的投放。投放幼儿感兴趣的游戏材料，不仅能激发幼儿的好奇心，更能引导幼儿主动、积极地参与活动。因此，我们在区域材料投放过程中遵循了"四个结合"的原则：

①科学性和教育性相结合；
②丰富性和层次性相结合；
③合理性和安全性相结合；
④趣味性和启发性相结合。

二、区域活动中的幼儿科技探究

科技探索区包括各班级的科技探索区和全园公共的科技探索区，是科技园本课程的主要实施空间，支持幼儿在科技领域的自主学习、合作探究，关注幼儿主动性、合作性、创造性等学习品质的培养。

（一）区域活动对幼儿科技探究的价值

幼儿与环境的相互作用是在活动中实现的，区域活动是幼儿园有效教学的一种形式。幼儿园的科技区域活动作为幼儿科技探索的主要场所，对培养幼儿的主动学习和主动探索品质有重要作用。

首先，科技探索区可支持幼儿亲身经历探究过程，体验科学精神和探究解决问题策略的过程，获得有关周围物质世界及其关系的感性认识和经验。幼儿在触摸、

图8-1 科技探索区域活动

摆弄材料时，就会在尝试错误与成功中有所发现，有所探究，并在发现、探究中发挥自己的才能。即使是最简单的制作，幼儿也要动脑思考，认真设计，亲自动手使用工具材料，努力进行实践活动，克服一定困难，从而培养耐心、自信心以及初步的创造能力。其次，区域活动丰富且有层次的材料和自由选择的氛围可支持幼儿个性化发展。每名幼儿可以按照自己的方法探究、学习和发展，在满足需要、发展个性的基础上，形成对未知事物的积极态度及对自我探究的自信和能力，为后继学习和终身发展奠定基础。

（二）支持幼儿科技探究的原则

1. 为幼儿选择合适的材料

幼儿思维具有具体形象的特点。对于幼儿来说，材料既是激发他们主动探究欲望的刺激物，又是他们认识物质世界的中介。因此，操作材料是幼儿思维的基石，脱离了操作材料的探索将是一纸空谈。教师应高度重视材料的选择与投放，在选择材料时要注重适宜性、生活性、探究性、可操作性、丰富性和层次性六个方面的原则。

（1）适宜性

由于不同年龄的幼儿的学习特点及积累的生活经验不同，材料的选择与投放也应有所区别与侧重。

(2)生活性

教师要为幼儿提供日常生活中经常碰到的、感知过的或触摸过的材料,由此引发和保持幼儿对材料的探索欲望。正如《幼儿园教育指导纲要(试行)》指出的:"科学教育应密切联系儿童的实际生活进行,利用身边的事物与现象作为科学探索的对象。"

(3)探究性

教师为幼儿提供的活动材料应能够不断引发幼儿的思考,不断促进幼儿从多个角度、用不同方法解决问题,这样才能促进幼儿进行持续深入探究。

(4)可操作性

美国心理学家耶克斯和多得森认为,中等程度的动机水平最有利于学习效果的提高。如果材料难度过大,幼儿容易放弃或做别的事情;如果材料太简单,幼儿又容易失去兴趣。因此提供给幼儿的材料应该适合幼儿的年龄特征及其发展水平,最大限度地激发幼儿探索的积极性。

图8-2 拼装电路

图8-3 会飞的球

图8-4 水果发电

图8-5 水的实验

（5）丰富性

提供给幼儿数量充足、多种多样的材料，可以给幼儿较多的选择，有效减少幼儿的等待时间和相互争抢材料的情况。

（6）层次性

教师在材料投放和区域目标制定时都应考虑到幼儿的最近发展区和不同材料的难易程度等问题。这样，缺乏自信的幼儿能感受到成功的喜悦，发展较快的幼儿也能看到前进的方向。他们都能在区域游戏中运用与自己能力兴趣相适应的材料进行探究，都有机会体验成功，进而在原有水平上得到提高。

2. 引导幼儿做记录

记录是科技探究的重要步骤。进行科学记录是由科技和科技教育活动本身的特点决定的，也是符合幼儿年龄特点和学习特点的。在科技探究中，记录帮助幼儿从客观的视角、用基于事实的客观语言和证据解释自然、认识自然、理解自然。让幼儿客观描述事物，充分尊重事实，使结论建筑在事实之上，正是幼儿进行科学记录的主要目的所在。

幼儿的记录可以有不同的形式，如图画、符号、表格、简单的文字、照片等各种直观形象的方式都是幼儿科学记录的适宜方式。教师应当引导幼儿以自己的方式记录、表达对材料的感知。

幼儿进行科技探究时特别要注意把握好记录的时机、内容和方式。一方面，幼儿要记录活动的重要过程和关键信息，避免抓不到记录重点；另一方面，教师要避免让记录成为幼儿的负担和不愿意做的事情。

3. 耐心等待，使幼儿与材料充分互动

教师要为幼儿提供指导和帮助，最大化地丰富幼儿的学习经验。当然，教师并不是当幼儿出现困难时就马上介入，也不是把正确的方法告诉幼儿，更不是手把手地教，而是在活动中注意观察每名幼儿，了解幼儿的原有水平，给予一定的等待时间，让幼儿通过充分的操作、探索，尽可能自己解决困难。教师还要进行有效的提问和追问，帮助幼儿明确自己的想法，厘清问题解决的思路，从而让幼儿沉浸在探索和与材料积极互动的乐趣中，保证幼儿探索活动的持续和深入。

图8-6 称重记录

4. 及时更新材料，满足幼儿的持续性学习

区域材料并不是一成不变的。在区域活动中，教师要随时关注幼儿活动的过程，对幼儿表现出的兴趣倾向和提出的要求给予积极的回应，调整幼儿探索的材料及内容，不断激发幼儿的探究欲，只有这样才能让幼儿保持对区域活动的兴趣。

及时更新材料的前提是了解幼儿。在区域活动中，教师要仔细观察，及时了解幼儿当前的兴趣和需要以及他们在操作过程中遇到的困难，把握幼儿在认知水平、情感态度方面的个体差异，了解他们的经验，观察他们的兴趣点，确认区域材料是否能满足幼儿的需要以及应在哪些方面给予帮助，并分析其最近发展区，有针对性地在难度、形式、内容、数量、记录、辅助工具等方面做调整。材料更新后，教师要观察幼儿使用材料的情况，反思材料蕴含的能力要求是否适应幼儿新的发展水平，然后再进一步对材料进行调整，只有这样才能充分发挥材料的重要作用。

活动区中教师的观察指导是为了帮助幼儿与环境、引导者及同伴发生积极有效的互动，这就需要教师在活动过程中了解幼儿的学习特点和发展速度，随时进行调整。同时，在区域活动中，教师的参与性评价也很重要，这可以引发幼儿思考，提升幼儿的经验。

三、科技探索区

（一）目标体系及框架

表8-1　科技探索区活动框架

年龄段		物质科学	生命科学	地球与空间	科技与生活
小班	上学期	沙中取物 听话的小鱼 旋转的荷花	动物找家 种子发芽 认识水果	地球上的山 我爱小鸟 小鱼哭了	擦镜子 望远镜 我的指纹
	下学期	会飞的球 磁力棒 水果叠叠乐	动物的生长 动物爱吃的食物 人体嵌板	细细的沙 白天和黑夜 离不开的空气	开锁 有趣的水管拼装 水不见了（吸水实验）
中班	上学期	电灯亮了 有趣的颜色 弹簧小摇摆	找尾巴 蘑菇拼图 我的小手	地球上有四季 宝贵的土壤 地球清洁工	时钟 沙中取宝 水瓶音乐
	下学期	压水机 拆装螺丝车 电路连接	它们长在哪里 葵花的生长 人的一生	各种各样的天气 四季轮盘 自制简易环保标志	运水 交通标志 打包

续表

范畴 年龄段		物质科学	生命科学	地球与空间	科技与生活
大班	上学期	百变球杆 承重实验 自制万花筒	动物的生长 花生的生长 人体结构图	白天与黑夜 天气预报 大气和水	拼装圆珠笔 溶解实验 制作降落伞
	下学期	立体结构（橡皮泥、牙签） 虹吸实验 自制潜水艇	桑蚕的生活 认识树的结构 人体器官	穿越太阳系 认识星座 自然灾害	谁能穿过管子 清理鱼缸 手动吸尘器

（二）材料的设计及操作

活动一

虹吸实验——饮料分装

适用班级：大班

活动目标

①了解虹吸实验的基本原理。

②能把高处的饮料通过虹吸管分流到低处的空瓶子里。

③感受实验的过程，体验成功的快乐。

材料清单

①大饮料瓶，里面装有调好颜色的水。

②小矿泉水瓶。

③虹吸管。

经验准备

幼儿对虹吸实验有一定的了解。

操作说明

①教师将大饮料瓶放在高处，将小矿泉水瓶放在低处。一名幼儿将虹吸管一端插入高处的大饮料瓶，另一名幼儿挤压低处虹吸管的气囊，把管中的空气排尽，这样高处大饮料瓶的水就会沿虹吸管流到低处小矿泉水瓶里。

②两名幼儿交换位置，重新插好虹吸管，将小矿泉水瓶的饮料回流到大饮料瓶里。

指导建议

①按压气囊要有一些力度，否则里面的空气排不出来。

图8-7 虹吸管

图8-8 大、小瓶子

图8-9 挤压气囊

图8-10 交换大、小瓶子的位置

②"饮料"可以用相应颜色的颜料兑水制成。

③小瓶的水快到水位线时,为防止水溢出,要把上面大瓶里的管子从水中提出来,或者把下面的小瓶举高,高度高于上面的大瓶。

④开始练习最好用两个大小一样的瓶子,这样"饮料"就不会溢出来;增加难度时再用小的空瓶子进行分装。

⑤两人要互相配合,并且互换位置,体验不同环节。

活动二

制作降落伞

适用班级:大班

活动目标

①能看懂流程图,学会制作降落伞的方法。

②感知降落伞平衡与重力的关系。

③感受制作过程,体验成功的乐趣。

材料清单

①染色的面巾纸。

②一样长的细绳。

③橡皮泥。

④小竹签。

经验准备

幼儿对降落伞如何降落有一定的了解。

操作说明

①根据操作流程图，在染色纸四角的边上扎四个洞。

②在四个角的洞里系上细绳，绑紧，绑好后检查细绳的最下面是否一样长。

③把四根绳子对齐，将四根绳子的最底端用一块橡皮泥包住，这样降落伞就制作完成了。

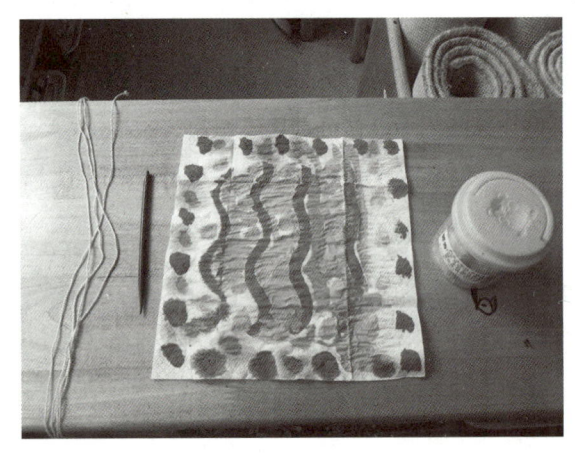

图8-11 降落伞制作材料

图8-12 四角扎洞

图8-13 绑上绳子

图8-14 用橡皮泥包住绳子底端

指导建议

①幼儿在使用小竹签时，教师要提醒幼儿注意安全。当幼儿扎不进时，教师可协助幼儿。另外一个方法是用捆绑的方式绑住四个角。

②染色纸可用塑料袋或布代替。

③橡皮泥的大小要适中，太大会使降落伞降落得太快，太小会使降落伞降落得太慢。

④本活动适合大班幼儿。制作前教师让幼儿充分了解降落伞的外形特点以及降落伞平衡和重力的关系。降落伞的四个角绑好后，选择橡皮泥是一个探索重力下降的过程，可由幼儿自行探索，看看大块橡皮泥和小块橡皮泥下降速度的区别，最终选择多大的橡皮泥比较合适。教师还可以提供秒表，鼓励幼儿把自己多次尝试的降落时间记录下来，与其他幼儿的记录结果比较，从而培养幼儿的早期科学思维。

第九章 户外区域活动

童年需要游戏，幼儿拥有游戏的权利。已有大量研究表明，游戏是促进幼儿个性养成、社会性交往的重要媒介。户外区域相比室内区域环境更加丰富，场地更大，空间更开放，能够给予幼儿更多的游戏空间和机会。为体现户外区域的教育价值，教师在创设户外环境时，要遵循安全、自由、快乐、丰富的原则，因地制宜地规划每块区域的功能，全面覆盖相应的课程目标，在材料投放上实现与室内区域功能互补，使不同的活动、不同的材料、不同的选择最大限度地满足不同幼儿的需要。游戏开展时，幼儿做游戏的主人，自己决定玩什么、怎么玩、和谁玩、在哪玩。教师可根据需要扮演观察者、材料提供者、游戏促进者、指导者和游戏同伴等不同角色，使幼儿的主动性、计划性、社会性都得以发展。

一、户外区域活动的意义

户外区域活动是利用户外环境来进行活动的。在户外区域活动中，幼儿的活动空间较大，相互干扰较少。幼儿在心理自由和心理安全的环境中能充分发挥自己的长处和个性，获取更多的成功机会，增强自尊心和自信心，激发探索的主动性、积极性。户外有更多的材料可以成为幼儿的"玩伴"，更好地促进幼儿与环境的交流。更重要的是，教师要利用户外区域，并利用幼儿认识世界的独特方式，鼓励幼儿通过自己的游戏和实践获得多方面的经验。

幼儿在游戏中认识世界。户外区域活动承载的教育价值就是将我们的教育意图渗透到游戏当中，让幼儿在游戏中满足个体发展的需要。我们充分利用幼儿这种独特的认知方式，开展户外区域活动，鼓励幼儿通过自己的游戏和实践获得多方面的经验。在这样的学习过程中，幼儿也许从头至尾都是在"玩"。正是"玩"引发、支持并促进了他们的学习活动。幼儿在玩的过程中学习，张开想象的翅膀，在游戏中实现自由学习和主动探究。

二、户外区域活动的特点

（一）多样性

一是户外区域活动空间的设置体现多样化的特点，封闭的、半封闭的或开放的活动空间能满足喜欢独处、喜欢交往等不同个性幼儿的需求；二是户外区域活动的内容是丰富多样的，能满足幼儿不同的兴趣需求。

（二）自主性

幼儿可以按自己的兴趣、需求选择活动区，决定操作的时间、速度、次数。同伴间相互干扰的现象较室内区域活动少。

（三）探索性

在户外区域中，幼儿有充分的空间、时间与材料相互作用，并进行思考，解决面临的各种问题，积累丰富的经验。

三、户外区域活动的设置

户外区域活动是对室内区域活动的有益补充，在实践中主要包括三大区域：建构区、沙水区、社会理解区。这三大区域基于对幼儿内在需求的了解，为充分满足幼儿全面发展的需求而创设。幼儿园可根据自身条件，挖掘并利用各方面的资源，因地制宜地创建创意区域。例如，充分利用室外活动场所、幼儿园的公共区域以及社区环境等，根据不同区域的活动需要来选择适宜的场地；在材料提供上，可更多地使用低结构化、半成品材料，同时可加工使用废旧材料，创造宽松自由、充满创意的区域环境，为幼儿提供更多的实践机会，促进幼儿的发展。

表9-1　户外区域活动区域简介[1]

沙水区	沙和水是幼儿喜欢接触的自然物。幼儿在自由自在的玩沙、玩水活动中了解了沙和水的特性，并从中体验玩沙、玩水的乐趣，培养了自主性和创造性。 沙水区可开设在空气清新、阳光充足的室外。为了让玩沙、玩水活动更有趣，教师可提供必要的活动工具和辅助材料。

---

[1] 王微丽、霍力岩：《支架儿童的主动学习》，北京，北京师范大学出版社，2016。

社会理解区	教师通过创设生活化的游戏环境，投放真实或替代性的操作材料，引导幼儿在该区域中按照自己的意愿选择和扮演角色，设计活动情节，模拟再现他们了解的真实社会生活情境，并充分发挥想象力进行创造，满足幼儿再现生活场景和模仿成人的愿望。幼儿在不同场景模拟各种社会角色，感受角色之间的关系，学会交往与合作，获取社会情感体验。
建构区	在建构区，幼儿可利用各种低结构的材料（积木、塑料罐、竹梯、栅栏等）搭建，在堆积、拼插、排列、组合等搭建过程中充分发挥创造性，发展建构能力和空间能力，获得形状、数量、力和平衡等几何、结构力学方面的感性经验，提高发现问题和解决问题的能力。

四、户外区域活动案例

（一）玩沙区

游戏主题

沙中寻宝

游戏目的

①通过学习耙、挖、铲、搬等系列动作，增强大肌肉力量，促进动作协调发展。

②在寻宝过程中学会寻找同伴和教师的帮助，体验成功的喜悦。

环境设置

游戏开始前，教师先在沙池中均匀埋入一定数量的彩色石子。

材料提供

图9-1 钉耙

图9-2 铲子

图9-3 小桶　　　　　　　　　　图9-4 彩色石子

游戏过程

①幼儿拿好玩沙的工具：钉耙、铲子、小桶等来到沙池，开始寻宝。

②幼儿用钉耙轻轻把沙耙开，把埋在沙中的宝贝找出来。

③幼儿可以在这里挖一下，在那里铲一下，还可以用铲子把沙子铲到小桶里去，再倒出来，也可以用手抓沙子……

图9-5 寻宝活动开始啦　　　　　　图9-6 用双铲子挖沙，提高寻宝的效率

图9-7 宝石就在这下面，我们快挖　　图9-8 我挖到宝石啦

过程分析及评价

①在整个沙中寻宝的过程中，幼儿都十分投入、积极，也愿意与同伴和教师交流分享自己在哪里挖到了宝石，怎么挖到的，挖了多少。

②整个活动旨在发展幼儿的动作协调能力、相互合作能力和自我保护能力，让幼儿在有趣的游戏情境中充分体验玩沙的快乐。

③幼儿在寻宝过程中还一边挖沙子，一边自发地念诵自己即兴创编的儿歌：宝石、宝石你快出来，我挖、我挖、我挖挖挖。这在不经意间流露出幼儿的愉快情绪，也提高了幼儿的语言发展能力。

④在这个过程中，当幼儿遇到困难找不到"宝石"的时候，教师可根据幼儿的情况或需求适时地参与游戏或引导幼儿重新调整策略，选择工具，以便帮助幼儿体验到成功。

⑤沙子的可塑性很强，可以千变万化，深受幼儿喜爱。在活动中，教师要避免放羊式的自由玩。在幼儿活动前，教师除了交代一些常规要求，还应该提出一些情境化、具体化的操作要求，丰富主题情节，并引导幼儿玩出更高水平。

（二）玩水区

游戏主题

猜猜水会从哪里出来。

游戏目的

①在游戏中感知水流动的特性，知道水往低处流的规律。

②感受玩水的乐趣，愿意与同伴分享自己的探索结果。

环境设置

在水池的周围搭建水的流向探索板。

图9-9 水的流向探索板

材料提供

图9-10 漏斗+彩色水管 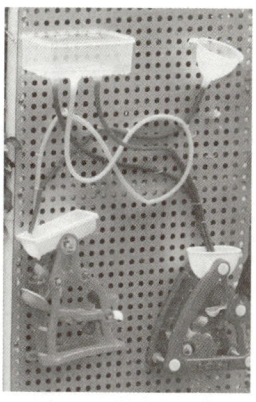　　图9-11 塑料盒+彩色水管+水车 　　图9-12 漏斗+PVC水管 　　图9-13 竹筒

图9-14 水桶 　　图9-15 水壶 　　图9-16 漏斗

游戏过程

①教师组织幼儿玩水，让他们体验玩水的乐趣，感知水往低处流的特性。

图9-17 体验玩水的乐趣 　　图9-18 利用漏斗感知水的流动方向

图9-19　我们来看看水会不会流到水车里

图9-20　水会从哪口流出来

图9-21　小鱼、小鱼，你要游到哪里去

图9-22　猜猜我倒的水会从哪条管流出来

②自由探索。幼儿在探索板上探索水的流向，可以自己探索，也可以合作探索。

③分享交流。幼儿和同伴以及教师交流自己探索的结果与发现。

过程分析及评价

①幼儿借助探索板，根据经验估计水流时间的长短，感受水的流动特性。

图9-23　和教师分享

②幼儿通过实验发现水在粗的PVC水管里比在细的PVC水管里流得快。

③幼儿从猜测到实验验证，形成水在各种延伸的管道和弯道里会分流的结论，巩固科学认知，形成一定的前科学概念。

④幼儿天生喜欢玩水，这是大自然赋予他们的。玩水给幼儿带来无穷的乐趣，能让幼儿发挥自己的思维和想象，还可锻炼手的动作灵活性，并让幼儿在游戏中认识自然物的性质，激发探索科学精神，形成初步的科学概念。

（三）社会理解区

游戏主题

厨房、餐厅。

游戏目的

①喜欢所扮的角色，积极模仿厨师炒菜、服务员招待客人的行为。

②能通过协商进行简单的分工，各自做好相应的工作。

③有交流的愿望和意识，会使用礼貌用语。

环境设置

划分厨房和餐厅两个区域，厨房内摆放一些常用的用具；餐厅摆放2~3张餐桌，每张餐桌铺上桌布，摆放筷子架，还可粘贴一些美食的图片。

材料提供

①角色身份的标志：厨师帽、服务员的围裙。

②常见的餐具、厨房用具：煤气灶、锅、小碗、微波炉、冰箱等。

③各类点心、菜肴：馒头、饺子、青菜等。

游戏过程

①教师提出游戏主题，幼儿自由选择。

②幼儿看录像或照片，讨论解决上次游戏时出现的问题及怎样分工合作。

③幼儿分组，自主选择游戏，学会协商分配角色，合作布置游戏场所。

④适当的时候教师可以"记者"或顾客的身份参与游戏，在游戏过程中引导幼儿遵守游戏规则，讲文明，有礼貌，大胆地模仿扮演的角色，将游戏进一步推进。

图9-24　我们是厨师和服务员

图9-25　我们是顾客

⑤教师请幼儿说一说在活动中有什么收获，或有什么想与大家分享的事情。

⑥幼儿说说在游戏中发现的问题，然后进行思考，想办法解决，为下一次游戏做好准备。

过程分析及评价

幼儿能够从录像或照片上回忆上次做得不够好的地方，如取餐时没排队，厨房内乱放东西、不整齐，并提出了改正的方法，如要排队取餐，适当时候可请工作人员疏导；厨房内东西不能放地上，可以多搬一张桌子来放东西；去超市买的东西太多时，可以用一个篮子来收纳等。大部分幼儿都能互相商量，很快就分配好了角色。在厨房的幼儿开始由于有几个都想当经理，商量了很久都没定下来，后来只好用石头剪刀布来决定。可见，幼儿已经会运用一些办法来解决问题了。

在本次的"厨房"角色游戏中，幼儿通过对现实生活中厨师等角色的模仿，再现社会中的人际交往，练习社会交往的技能，不知不觉中就提升了人际交往能力。游戏中，幼儿的行为与扮演的角色行为相吻合，都把自己放在角色的位置上。同时，在游戏中，幼儿通过对顾客角色的扮演还学习了如何维护自己正当的权利及遇到问题时怎样控制自己的言行，以符合游戏规则，学会了从他人角度看问题，增强了与同伴之间的交往技能。

（四）建构区

游戏主题

自主搭建房子。

游戏目的

①喜欢自主搭建，能根据自己的经验和想象进行设计、搭建。

②与同伴共同协商、讨论，绘制设计图。

③会根据自己的设计，观察并选择适合的材料进行搭建。

环境设置

①在展示绳上挂上生活中房子的图片和幼儿的设计稿。

②根据材料的材质，将材料分类并投放在不同的区域。

材料提供

①不同材质的积木：木质积木、泡沫积木、塑料积木。

②装饰物：树、花、栅栏、线轴等。

游戏过程

（1）引入活动

①教师带幼儿入场，走场一圈，看看不同的材料放在了什么位置。

②幼儿围坐在教师周围。教师介绍新材料，让幼儿讨论这些新材料可以如何运用在自己的搭建上。

③温馨提示：活动时注意安全，保护好自己；取放材料时小心一些，不要碰坏别人的作品。

（2）自主搭建

幼儿自由组合，选择自己需要的材料进行自主搭建。

图9-26 城堡

图9-27 三角形的房子

图9-28 圆形的房子

图9-29 高楼大厦

活动小结

①在音乐中，幼儿停下手中的工作。

②幼儿排成一队轮流欣赏大家的作品。

过程分析及评价

①活动开始前要确定好活动常规，这是自主搭建顺利进行的前提。例如，幼

儿要找一个合适的场地搭建，不要离材料箱太近，以免影响其他幼儿取放材料；当与同伴意见不统一时，应当与同伴协商。

②活动中幼儿主要采用试误策略。试误策略是指让幼儿充分尝试一些错误的动作。随着不断地尝试，错误动作逐渐减少，成功动作不断增多，直至最后幼儿完全获得成功。例如，在活动中，当幼儿遇到问题时，教师应让幼儿充分进行自主尝试。在不断尝试的过程中，他们在其中寻找原因，进行修正，最后解决了问题，体验了自己解决问题后取得成功的快乐。

③搭建完成后的分享经验环节，能帮助幼儿提升游戏水平，梳理经验。例如，教师可以针对幼儿的分工与合作、搭建技能的掌握、材料的运用、游戏常规等方面进行指点，发现幼儿的闪光点。

④分享作品后教师需要根据活动继续丰富游戏场景、活动材料、主题情节，使幼儿对下次游戏充满期待，如可以提问幼儿对下次游戏的建议，需要增加哪些材料。

第三部分 亲子探究活动

第十章 家园亲子活动

> STEM教育与幼儿家庭及社会生活有着紧密的联系。首先，STEM学习的内容通常来源于幼儿家庭和社会生活。越是接近幼儿真实生活的问题，越能引发幼儿感兴趣的、有探究价值的话题。其次，家庭的参与可丰富幼儿STEM学习和探究的经验和资源。这些家庭支持蕴含着大量的、真实的、跨领域的问题情境，允许幼儿产生好奇、提出问题，使幼儿进一步获取资源，寻求支持，动手操作，进行探究，进而在探究中实现主动学习和个性化发展。

一、建立家长亲子活动的意识

（一）了解课程

家长观念的转变、更新是先决条件。家长只有对亲子活动有了正确的认识，才愿意花时间参与到亲子活动中来，才能成为幼儿活动的合作者和支持者。幼儿园应从观念引导入手，加强宣传，创造条件，让家长树立一种意识——家长是幼儿的基本教育者，有责任更有义务与幼儿园共同建设课程。幼儿园可通过家长会让家长对园本课程的亲子活动有基本认知，了解亲子活动在幼儿期的重要性，增强家长参加亲子活动的意识，使家长从旁观者转变为参与者，和教师共同完成活动，最终成为课程实施的合作者和支持者。

（二）参与课程

幼儿园可建立家委会，以传、帮、带的形式展开工作。通过家委会，各年级相互学习经验，学习制订班级亲子活动计划，可以起到引导、宣传、以点带面的积极作用，调动家长的参与热情。

（三）支持与完善课程

建立起有效的沟通平台是实现亲子活动的重要手段。幼儿园可通过微信、QQ、家长园地、互联网平台发起倡议、通知、分享，让家长更清晰地知道何时参与、如何参与，收获怎样，调动家长的积极性，使家长从旁观者变成参与者，最终成为促进教育的合作者。

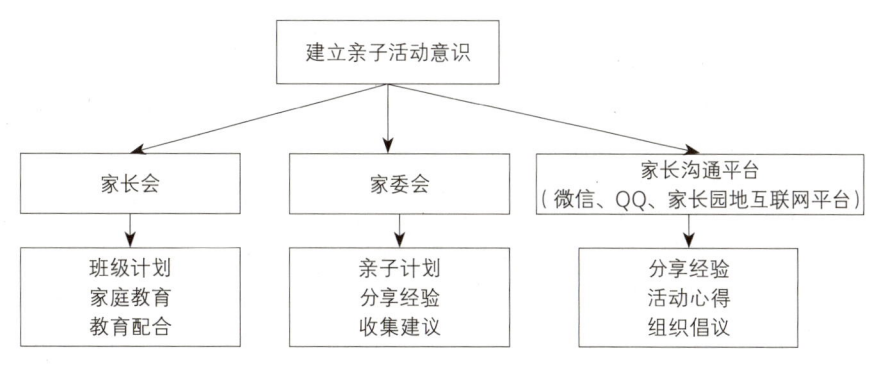

```
                    建立亲子活动意识
          ┌─────────────┼─────────────┐
        家长会         家委会      家长沟通平台
                                (微信、QQ、家长园地互联网平台)
          │             │             │
      班级计划        亲子计划       分享经验
      家庭教育        分享经验       活动心得
      教育配合        收集建议       组织倡议
```

图10-1　培养家长亲子活动意识的途径与方法

二、教师指导家长设计亲子活动的方案

根据小、中、大班幼儿各年龄特点设计的亲子活动，主要可以分为：户外亲子活动、亲子体验学习大型活动、亲子主题活动、家庭亲子游戏活动等。具体表现为：春游，秋游，节日活动（春节、妇女节、儿童节、端午节……），体育节，亲子户外搭建活动，宝宝生日会，儿童科普活动，童心梦想秀，家长助教，老少同乐节日活动，主题参访活动，家长开放日，亲子读书会，户外郊游，亲子体验，周末小任务等。幼儿园的亲子活动要有多元性、多向性、全面性的特点，可以增进家园、亲子之间的感情，提高家长科学育儿水平，形成教师、家长与幼儿三方位互动游戏式教育模式。

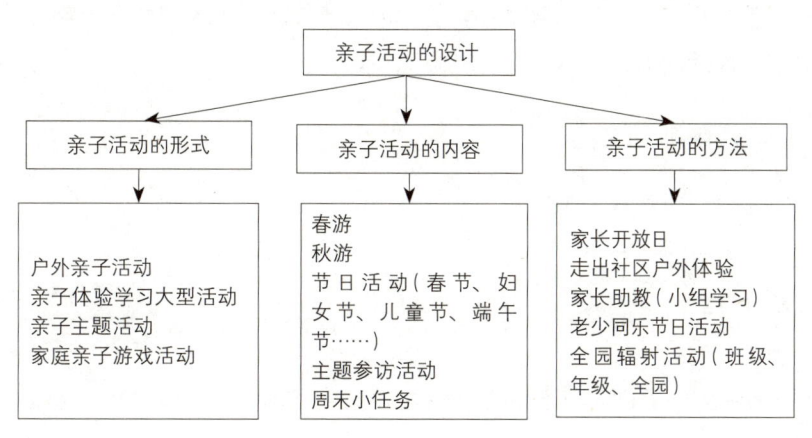

```
                    亲子活动的设计
          ┌─────────────┼─────────────┐
     亲子活动的形式  亲子活动的内容  亲子活动的方法
          │             │             │
     户外亲子活动    春游          家长开放日
     亲子体验学习    秋游          走出社区户外体验
     大型活动       节日活动(春节、 家长助教(小组学习)
     亲子主题活动   妇女节、儿童节、老少同乐节日活动
     家庭亲子游戏   端午节……)     全园辐射活动(班级、
     活动          主题参访活动    年级、全园)
                   周末小任务
```

图10-2　亲子活动的设计

（一）户外亲子活动

亲近自然、拥抱自然是亲子外出的首选，可以让幼儿走出教室，与大自然亲密接触，充分挖掘自然教育资源。大自然中的一花一草、一事一物成了活教材。幼儿通过找一找、看一看、闻一闻、玩一玩等游戏活动，与大自然零距离接触，在大自然中尽情地寻找足迹，捕捉特征，感受美好，开阔视野，陶冶情操，体验活动带来的无限快乐，提高社会交往能力，感恩大自然给予人类的所有馈赠。

户外亲子活动的选择要考虑幼儿的年龄特点。小班幼儿喜欢的活动，中班幼儿可能兴趣不大，大班幼儿或许对此根本不感兴趣。受年龄及经验水平的限制，小班幼儿喜欢有情境的活动，大班幼儿对知识和竞赛性活动感兴趣，中班幼儿处于二者之间过渡阶段。教师和家长在选择幼儿参与的活动时要充分考虑其特点，以便更有效地组织户外亲子活动。例如，小班幼儿户外踏青活动较多（如游览东湖公园、光明农场、青青世界、海洋馆）；中班适宜组织体验式活动（如参观深圳市安全教育基地，参加深圳警察日体验、万圣狂欢夜等）；大班幼儿经验水平有所提高，动手能力增强，更适宜知识性和操作性强的活动（如安排南澳植树野炊、大鹏民宿沙滩亲子游、松山湖骑车、梧桐山徒步、广州长隆欢乐世界游览、深圳市气象台参观等）。

户外亲子活动的组织为家长和幼儿提供更深层次的情感交流，在户外亲子活动中给亲子双方都带来了乐趣，既让幼儿体会到创造和成功的欢乐，也让家长体会到参与和交流的幸福。

（二）亲子体验学习大型活动

体验学习是幼儿学习中一种有效的方式，符合幼儿通过直接感知、实际操作和亲身体验获取经验的学习特点。幼儿园大型活动是有目的、有计划、非个别班级师生参与、具有一定规模的综合性教育活动。幼儿园亲子体验学习大型活动通常包含在主题性活动和节日性活动中。

（三）亲子主题活动

1. 家长助教
①科技小实验。
②家长故事团。
③亲子时装秀。
④根据职业和兴趣爱好来进行的相关主题教育活动，如扮演警察、医生、教师、园艺师等。

家长中有各种类型的专业人才，蕴含着丰富的教育资源。幼儿园可利用家长的特长，以各种活动方式走近幼儿，和幼儿亲密接触，拓展幼儿园教育的宽度。

2. 老少同乐节日活动

①节日性的主题活动："热热闹闹过新年""我和爷爷奶奶一起闹元宵""端午分享美食节""九九重阳老少同乐""冬至节的饺子真香"等。

②社会性活动："慰问敬老院"。

③制作类活动：制作风筝、桥、车，电的活动。

例如，在"九九重阳老少同乐"系列活动中，幼儿用实际行动表达了对老人的关切，小手牵大手奏出了和谐的音符，让老人深深体会到了社会的需要，小辈对他们的尊敬、爱护和关心，更让幼儿体验到了尊老爱老的美好情感，同时享受由自己的付出带来的快乐和成就感。

图10-3　老少同乐包饺子，欢欢喜喜过新年活动

3. 主题参访活动

①教师根据主题课程开展进度，适时组织幼儿走出家庭和幼儿园，拓展幼儿相关经验，如安全教育月"参访安全教育基地"，汽车主题"参访奔驰4S店"，海洋主题"参访海洋世界"，恐龙世界主题"参访恐龙博物馆"，科技小博士主题"参访深圳科学馆"，动物主题"参访深圳野生动物园"，植物或季节主题"游览公园"等。

②教师根据可获得的家长资源安排公安局、消防局、自来水公司、农场、伞场、银行等参访活动。

> 活 动

安全教育基地参观活动方案

活动目的

安全是生命之本，多一些安全教育，少一些意外发生。多掌握一些自救常识，就多一份战胜灾害的可能。安全教育，防患于未然。本次参访活动重点培养幼儿的安全意识，让幼儿了解遇到危险时如何躲避和应对。

集合时间

11月9日上午9：15。

集合地点

基地正门口，小组报到。

活动费用

免费。

报名方式

结合本学期教师布置的安全教育课程，大一班家委会以小组为单位、家庭自愿报名的形式组织本次安全教育基地参观活动，10月31日前找各小组组长统一报名，报名时需告知家长和幼儿的人数及出行方式，尽量拼车。

深圳市安全教育基地简介

深圳市安全教育基地又名深圳市现代安全实景模拟教育基地，由深圳市原安监局建设，是全国第一家市级综合性安全教育场所，占地9380平方米，位于笋岗物流园区，由一座7层楼的仓库改造而成，有15个分场馆，涵盖了消防、建筑、机械、交通、家具、电器、自然灾害等方面，是一家综合式、一站式的安全教育体验场所。该教育基地借鉴发达国家和地区先进的互动式安全教育模式，运用声、光、电等各种高科技手段，使参与教育训练者仿佛置身于各类安全事故的发生现场，亲身感受在各种紧急情况下如何自我逃生、自我救护。教育基地有专业的讲解员带领参访人员参观、体验，并解析安全知识。

参观内容

拟安排参观场馆：3楼消防安全体验学习馆，4楼家居安全体验学习馆，5楼交通安全体验学习馆，6楼综合安全体验学习馆、儿童安全体验学习馆、公共安全体验学习馆、自然灾害体验学习馆。因为时间有限，场馆又比较多，所以为了避免走马观花似的参观，本次活动着重安排适宜幼儿的场馆让幼儿和家长进行参观体验。

注意事项

①每名幼儿需由家长陪同。

②集合时间为11月9日上午9：15，到基地正门口找小组组长报到。请大家守时，如路上遇特殊情况不能按时抵达，请电话联系小组组长说明。

③自备饮用水。

④参观完后在基地门口就地解散。

⑤家长提前向幼儿告知参观时的注意事项：

一切行动听指挥，不得乱跑；

讲解员讲解时要保持安静；

不能损坏场所内的设施和物品。

展馆地址及出行方式

略

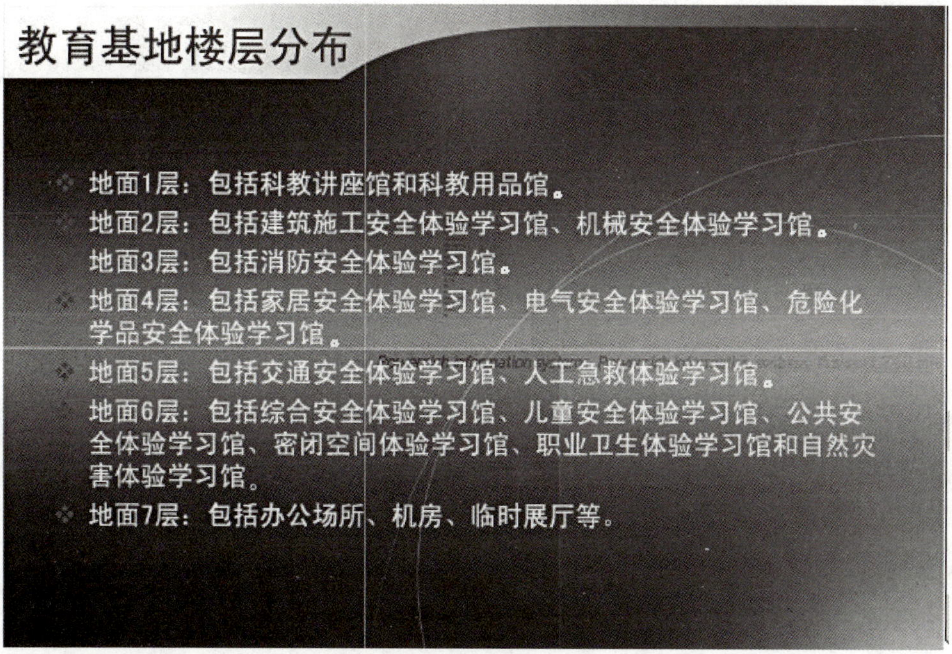

教育基地楼层分布

- 地面1层：包括科教讲座馆和科教用品馆。
- 地面2层：包括建筑施工安全体验学习馆、机械安全体验学习馆。
- 地面3层：包括消防安全体验学习馆。
- 地面4层：包括家居安全体验学习馆、电气安全体验学习馆、危险化学品安全体验学习馆。
- 地面5层：包括交通安全体验学习馆、人工急救体验学习馆。
- 地面6层：包括综合安全体验学习馆、儿童安全体验学习馆、公共安全体验学习馆、密闭空间体验学习馆、职业卫生体验学习馆和自然灾害体验学习馆。
- 地面7层：包括办公场所、机房、临时展厅等。

图10-4　教育基地楼层分布

图10-5　大一班合照

图10-6　前往各展馆

图10-7　地铁安全体验

图10-8　消防安全体验

图10-9　模拟报警

图10-10　电气安全体验学习馆

图10-11　人工急救体验　　　　　　　　　图10-12　常识问答

2016年11月9日大一班基地参观小结

　　出席人数：本次基地参观邀请深圳市第八幼儿园大一班全体幼儿和家长参观，共34个家庭，93人出席。

　　参观场馆：根据幼儿的年龄特征，基地工作人员安排参观了三楼（消防安全体验学习馆），五楼（交通安全体验学习馆、急救安全体验学习馆），六楼（综合安全体验学习馆、儿童安全体验学习馆、公共安全体验学习馆）等场馆。

　　家长反馈：基地安排非常充分，有专门的讲解员帮忙讲解，家长、幼儿能够在听说的同时亲身体验、模拟，巩固学到的安全知识，学以致用，非常棒。很多家长反馈"温故知新"，等幼儿再大些时还可以再去学更多的安全知识，很实用。

　　4. 家长开放日

　　①社会类的主题活动：如"爱妈妈活动""我的爸爸"等增进亲子感情的活动。

　　②制作类的主题活动：如"风筝""风铃""叶脉书签""大桥""创意灯笼"等。幼儿在操作中发现科技，在生活中运用科学。

　　③探究类的主题活动：如"亲子实验大观园""自制图书""图书漂流"等。

　　④种植类的主题活动：如"创建植物园进行持续的观察"。

（四）家庭科技游戏活动

　　家庭是幼儿园科技教育的重要组成部分，科技亲子活动带来的乐趣让幼儿和家长的关系更亲密。每周针对幼儿的科技教育布置多种形式的小任务，既让幼儿体会到了创造、成功的欢乐，也让家长体会到了参与、交流的幸福，在欢乐中不知不觉培养了幼儿的科技素养。

1. 科技与生活紧密结合

生活离不开科技，科技创造生活。幼儿和家长一起将生活与科技活动贯穿在家园共育中。例如，小班幼儿穿脱衣服，穿脱鞋袜，扣纽扣，叠衣裤，洗袜子，洗小拖鞋，刷小椅子，剥鸡蛋，剥花生等；中班幼儿的快速穿脱衣服，穿脱鞋袜，扣纽扣，叠衣裤，帮助家人洗袜子，学习使用筷子，摆放碗筷，切水果，帮助家人盛饭等；大班幼儿整理书包，收拾碗筷，学习扫地，蒸煮鸡蛋，整理书桌等。幼儿从生活活动中提高自理能力，探究生活中的科技。

表10-1　小班上学期月亲子任务安排

时间\任务	科技与生活任务	亲子阅读	主题参与	亲子科技小游戏
9月	学习穿衣服 学习用大小材质不同的勺子	绘本漂流 阅读心得	认识自己的名字	捉迷藏
10月	学习穿裤子 学习穿袜子	亲子故事团1	熟记爸爸妈妈的电话	小猴爬树（爸爸做大树）
11月	学习刷拖鞋 学习叠被子	亲子故事团2	户外民俗游——我的创意小屋大赛	拍球比赛
12月	体验刷椅子 学习装书袋	亲子故事团3	亲子小组运动手抄报	小皮球滚得快

表10-2　小班下学期月亲子任务安排

时间\任务	科技与生活任务	亲子阅读	主题参与	亲子科技小游戏
3月	学习扣纽扣 比比看哪种扣子（纽扣子、绳结、摁扣）的衣服更好穿。	绘本漂流阅读心得	家庭亲子小种植 创建班级亲子植物园	枕头大战
4月	比比看哪种鞋子（皮鞋、布鞋、凉鞋）更好穿	绘本漂流阅读心得	亲子户外农庄游 参访种子公司	比比看爸爸妈妈的鞋和我的鞋有什么不同
5月	我帮爸爸妈妈盛饭 学习剥鸡蛋	绘本漂流阅读心得	亲子手抄报——我和春天有个约定	皮球在哪里滚得快（草地上和广场上）
6月	剥橘子皮 剥花生	绘本漂流阅读心得	种子贴创意画展	比比看爸爸妈妈的手和我的手有什么不同

2. 主题延伸

活动结合幼儿园课程的科技主题，进一步延伸探究内容。家长参与，共同研究，激发幼儿的好奇心。例如，小班的"种子的秘密"主题，幼儿和家长一起种植，寻找种子，制作种子标本，创作种子亲子艺术画；中班的"树叶"主题活动，幼儿和家长一起制作树叶标本，创作树叶贴画；大班的"风筝"主题活动，幼儿和家长一起制作风筝，一起放风筝。

表10-3 主题延伸

各年龄段	主题活动名称	亲子家庭活动内容
小班	"种子的秘密"	亲子种植——创建自然角 亲子手抄报——我和春天有个约定 亲子创意种子贴画 参访农科院——种子公司
	"蒜"	亲子种蒜活动
	"玩颜色"	亲子实验——多变的颜色 亲子摄影大观园——生活的色彩
中班	"树叶"	亲子制作树叶标本 创意树叶贴画
	"伞"	参访伞场 亲子户外彩绘创意伞活动
	"汽车"	参访停车场 体验活动——坐公交车 参访奔驰4S店
大班	"风筝"	亲子制作风筝 亲子游戏——放风筝
	"灯"	亲子影子游戏
	"水的游戏"	亲子参观自来水厂 参观污水处理厂
	"环保小卫士"	亲子制作环保服装 亲子时装秀 亲子废旧手工作品博览会

3. 体能游戏

体能游戏在家庭中有更好的开展空间，如枕头大战、跳绳、拍球、徒步、游泳等能弥补幼儿园教育的不足。家长和幼儿一对一地进行体能游戏，便于开展针对性的教育。

4. 亲子阅读科技书籍

活动注重培养幼儿良好的阅读习惯，使幼儿拓展科学思维，开阔科学视野，对神奇的自然科学、生命科学、物质科学、地球与空间科学、科技与生活产生好奇和兴趣。例如，图书漂流，每周一本书的亲子阅读后，家长和幼儿一同写下一句话的心得，形成流动式阅读交流。教师向家长发一份"阅读一本主题科普书"的倡议书，引导家长进行亲子阅读，并在平台分享交流心得。

5. 网上宝宝秀

《饭没了秀》《爸爸去哪儿》《爸爸回来了》《萌娃来了》《爱上幼儿园》带火了中国的亲子节目，家庭秀这一概念也使家长们更愿意把时间和精力放在幼儿身上。运用互联网平台，可以让活动更有家庭的氛围。例如，小班的"小拜年"斑马平台的活动，让爷爷奶奶爸爸妈妈一同参与其中，老少同乐过新年，传承中华国粹。"热闹的机场"斑马平台的活动，亲子参观机场候机楼、停机坪、安检程序、行李传动带，体验登机托运等流程，丰富幼儿的生活经验。

（五）亲子活动实录

1. 亲子"小拜年"体验活动

图10-13　参与斑马平台新年包饺子活动　　　　图10-14　老少同乐过新年

2. 深圳交通"辣妈萌娃"亲子探险秀

图10-15 乘地铁去机场

图10-16 观看飞机起飞

图10-17 体验换登机牌

图10-18 准备登机

活动小结

  2016年11月,深圳交通辣妈萌娃亲子探险秀开始啦,这是一次跨越深圳的探险,充满挑战。这是一场充满意外惊喜的角色扮演,这是一个跨越时空的剧情故事。场景模拟40公里,幼儿全程独立6小时挑战自我。他们步行、坐地铁、到机场换登机牌完成模拟旅行探险。这对小班幼儿来说是一次难忘的人生经历,也是对幼儿在幼儿园两个多月的成长的检验。让家长们一起创造奇迹,我们期待幼儿共同快乐成长!

3. 科学种植体验活动

活动内容

  第六周周末小任务——家庭亲子小种植。

活动目标

  家庭互动一起体验科技游戏的快乐。

  每天定时记录,学习持续观察和记录的方法。

培养责任心、耐心。

在实践中了解豆子长成豆芽需要的条件，学会珍惜食物。

坚持全程，体验成功的喜悦。

活动记录

记录人：淇淇和爸爸妈妈。

活动时间

2017年4月1日—5日。

妈妈每个周五都习惯了"等待鞋子落地的那一声"（周末作业）。这次妈妈犯难了，因为没种过。种什么、怎么种、作业怎么完成，最后妈妈想了个好办法，就是问爸爸。

图10-19　洗豆子　　　　　　　　图10-20　泡豆、选豆、分豆

爸爸来帮忙：怎么种，真没试过，大脑一片空白，直接电脑查：黄豆、绿豆、扁豆、青豆，各种有创意的种法，各种器皿、流程，甚至还有为了保证口感、颜色等不同的经验分享，以及各家的心得、创意。爸爸赶紧发送给妈妈。

全家一起上：初步了解一下，爸爸妈妈的兴致被调动起来了，原来这作业还有这么多玩法，不错！好玩！决定一起参与一起玩！按照分工，爸爸负责做简单计划，妈妈负责带领幼儿实施。说干就干，为期三天的快乐种植作业就这么开始了。

爸爸的计划思路：亲子作业中最重要的应该就是"家庭亲子"，家长幼儿一起参与，幼儿是主角，所以主要由幼儿动手，家长只是起辅助和引导作用。既然种都种了，那就干脆来个完整过程，从中要让幼儿学到有用的知识。针对幼儿对食物兴趣不大的问题，干脆把豆子和参观菜场结合起来，把了解食物的乐趣也加上，爸爸的三天小计划初步成型了。

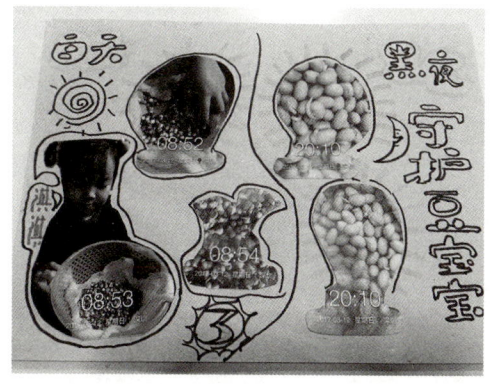

图10-21 第二天

图10-22 第三天

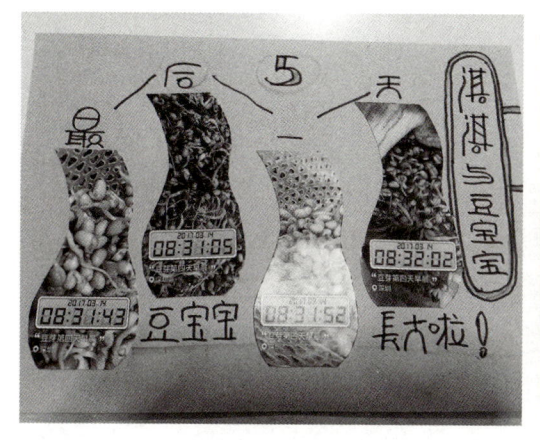

图10-23 第五天

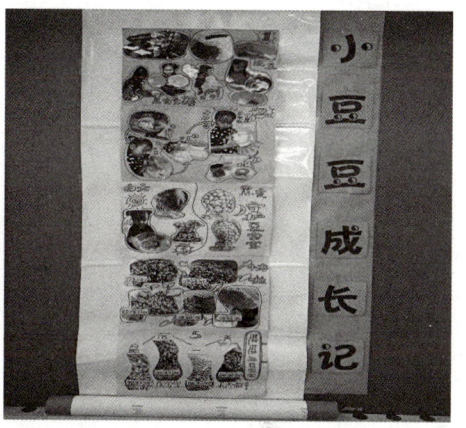

图10-24 延伸活动：班级环境布展分享

　　妈妈的实施想法：把参观菜市场、买用具等幼儿参与的过程都拍下来，一定很有趣！三天成长过程早晚各一次，让幼儿观察豆宝宝成长情况，幼儿一定喜欢玩！再来点好玩的，用些有趣的小软件自动给照片加上时间那就太棒了！

三、教师指导家长开展亲子活动的策略

　　家庭教育具有特别重要的意义，是一切教育的基础。陈鹤琴在《怎样做人民的幼稚园教师》中认为，幼儿园教师要负起协助家长开展家庭教育的责任。新的时代需要具有科技素养、探究精神、创新能力、多学科背景的人才。无论是幼儿还是家长、教师，都需要用开放的态度在生活中进行探究。幼儿园重视家园携手开展亲子科技探究活动，以科技探究为主要途径来培养幼儿的科技素养，使幼儿将探究转变为一种习惯和生活能力，最终促进幼儿、家长和教师的生活质量的提升。

（一）挖掘有效资源，补充课程，丰富幼儿学习生活

1. 挖掘家长资源为教育教学服务

家长从事各行各业工作，不乏各领域的专业人才，能够给幼儿特定领域专业的支持和指引。家长发挥各自优势自愿承担助教工作，能够开阔幼儿视野，丰富幼儿经验。例如，在机场工作的家长带领全班幼儿参观机场候机楼、停机坪、安检程序、行李传送带；会木工活儿的家长介绍各式木工工具的安全使用方法和常用木工制作技术，带领幼儿加工简单木工玩具；科技教育者带领幼儿做科学小实验、小制作；妈妈助教讲科普故事书等。不同的家长人群，让幼儿接收不同的信息，感受不同的教学风格。集体参与的探究氛围影响着、感召着幼儿。

2. 家长成为幼儿科技活动的支持者、合作者

教师引导家长充分重视和利用家庭资源，支持幼儿将大自然和生活中真实的事物与现象作为科技探究的生动内容，从中激发幼儿探究兴趣，使幼儿体验探究过程，发展探究能力。例如，家长周末常带幼儿接触大自然，郊游时到河边捞捞小蝌蚪、捡拾落叶、捕捉蝴蝶等，有利于激发幼儿的好奇心与探究欲望。

3. 开展个性化指导，提高亲子陪伴质量

亲子科技探究活动常常是一对一或多对一的教育。家长有充足的时间和空间与幼儿交流，有充分了解幼儿兴趣和学习特点的机会，可以更好地追随幼儿科技探究的兴趣点，适时调整探究进程，把握干预指导的度。例如，家长可以陪伴幼儿拆装旧的电动小汽车、旧手机、旧电话座机等，先打开所有的螺丝，拆到不能再拆，同时记录拆卸步骤，之后，根据记录再把它还原……整个过程家长还可以进行拍摄记录，并和幼儿一起动手将探究过程制作成小简报，让幼儿带回幼儿园与同伴分享。长期持续的家长陪伴和针对性指导，会使幼儿喜欢探究，并乐在其中。

4. 营造家园共育的科技探究氛围

幼儿园常常发起班级亲子科技探究活动，召集家长集体参与，如支持家委会发起班级全体幼儿和家长周末参观科学馆的活动，发起每年科技节的制作、展示交流活动等，通过班级家长集体参与的探究活动，形成浓浓的家园共育的科技探究氛围。

（二）户外亲子班级活动实录

高科技农庄游亲子活动方案

1. 计划与准备

活动主题

"种子的秘密"主题亲子活动——高科技农庄游

活动目的

让幼儿接触自然，学会观察自然，体会高科技与农业的紧密关系，激发幼儿对科技实用性的好奇心和探究欲；给家长和幼儿一个共同发现的机会，增进家长与幼儿之间的亲子感情。

活动地点

光明锦绣田园科技农庄。

参加人员

小二班全体教师、幼儿和家长。

活动时间

4月8日上午8：30。

活动安排

①亲手采摘田园里的番茄、胡萝卜、青菜。

②亲手种下美丽的鸡冠花，走近格桑花海，探望熊大熊二和光头强。

③学习了解可爱的小马的生长奇迹，与可爱的小马友爱互动，学习礼貌、勇敢、坚强的"小骑士精神"。

④12：30享受纯天然绿色农庄美食大餐。

⑤14：00集体趣味互动游戏、表演。

⑥16：00于园内指定地点集合返回幼儿园，结束行程。

交通工具

统一乘坐大巴前往。

温馨提示

①请注意幼儿的人身安全。

②请为幼儿准备午餐和水。

③请携带"长枪短炮"，为春游活动留下最美好的回忆。

请能够安排时间参与此次活动的家庭，在4月8日（本周五）下午5点前以电话、短信、微信或QQ消息等方式告知本小组组长，谢谢！

2. 组织与实施

（1）亲子活动倡议书

一起出发，来到高科技农庄。

走进田野，感受春的气息，体验高科技的种植。

2017年4月8日，经过了清明小长假之后，幼儿的"亲子主题春游"终于来啦！这是新学期第一次班级集体出游活动，全班的幼儿和家长一起去感受春天的色彩，一起体验高科技的种植，一起度过难忘的一天。欢声笑语洒在这个成长的

图10-25　倡议书封面　　　　　图10-26　倡议书封底

季节，成为我们共同美好的班级纪念！

春天来啦！

幼儿走进绿色的田野，体验神秘的高科技农庄，亲手采摘在音乐声中长大的、纯有机的青菜、萝卜、番茄，一起种植一盆属于自己的鸡冠花，感受春天的气息，了解生命成长的奇迹，做一天"快乐的小农夫"。

一起长大！

幼儿走进马场，了解矮马的成长故事，学习小马健康成长、卫生护理知识，与小马相约一起长大，当一次"勇敢的小骑士"。

走进花海，你是小公主，我是小王子。

在大花园中，幼儿感受不同的小组特色，感受温馨、和谐、快乐的小二班大家庭氛围。

（2）亲子活动过程

飘扬班旗，美好春天，幼儿2017新学期的第一个集体活动来啦！

和去年的秋游合影相较，一样的校园、一样的班服、一样的角度，不同的是在教师和家长的精心呵护下，幼儿的快速成长。他们长高啦，也更懂事啦！

准点集合，准时出发。两辆大巴满载大家的期待，认真的爸爸在活动中总是守护着幼儿的快乐和安全。穿过都市和乡村，一小时很快过去了，我们来到了锦绣田园，开始了科技生态农庄项目。

在这里我们特别感谢锦绣田园在活动中为幼儿提供的免费ATV越野山地车。旅途中总有意外和惊喜，幼儿一抵达庄园，就对这些酷酷的山地车喜欢得不得了，欲罢不能！

我要上，我先上，我也要，一起上！挤一挤！还有位置，小伙伴们一起来！

战旗就位，幼儿按捺不住了。来到乡村，走近田野，各种蔬菜大棚、菜地、果园就在前方山谷。我们一起出发。

来到了一个神秘的大棚，这里无土栽培的小番茄可是听着音乐长大的哦！墙

图10-27　全体集合

图10-28　准备出发

图10-29　体验ATV越野山地车

图10-30　插上战旗

图10-31　走进大棚

图10-32　采摘高科技音乐种植的番茄

上的波纹板用于消除噪声，小番茄们在安静、清洁、精心呵护的音乐环境下成长。家长带领幼儿，穿上鞋套，走进了这片神秘的高科技"小树林"。

阳光之下，格桑花开。一起走近春天的花海。光头强与熊大、熊二远远地招呼着幼儿快来走近鲜花的海洋。各小组走进花的海洋，看到了蜜蜂、蝴蝶、格桑花，家长和幼儿好像走进了仙境。

图10-33　隔音壁内的格桑花海

图10-34　纯天然绿色农庄美食

图10-35　互动表演

图10-36　喂马

图10-37　挖土

图10-38　种植

很快到了中午，我们来到餐厅。背景墙上的"萌萌哒-小沙弥"端坐在春天的草地上，好像很开心地看着我们的春游活动和快乐的幼儿。

音乐、儿歌、舞台、草帽、胡萝卜……今天幼儿是快乐的"小农夫"。小马、小马辛苦啦！我们请你吃"糖果"……马场互动环节很快结束啦。幼儿意犹未尽，亲手在家长的帮助下，给小马们送上可口的"小点心"。

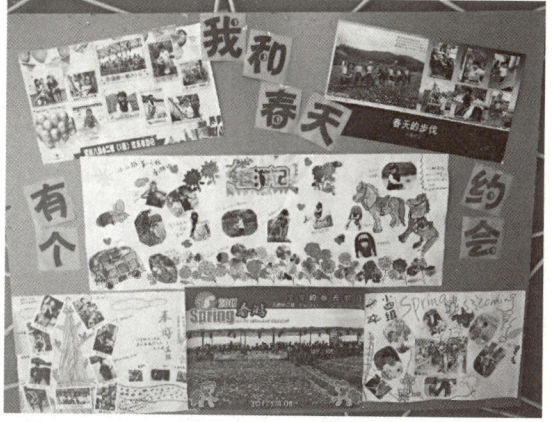

图10-39 做标记　　　　　　　　图10-40 亲子手抄报"我和春天有个约定"

农庄的种植活动好戏上演啦！一把小铲子、一个小水壶，幼儿在家长的带领下，一起动手，互相帮助，共同完成鸡冠花的种植；画上梦想，写下名字，记下今天我们对春天的回忆，下次再来！

3. 活动小结

美好的时光总是会很快过去的，2017年4月8日有我们共同的春天的故事、成长的回忆。当幼儿把亲手采摘的、在音乐声中成长的、酸甜可口的有机番茄喂给家长吃时，家长感到幼儿真的长大懂事啦。幼儿之间、亲子之间、家庭之间有着甜蜜的幸福感。在科技与农庄相结合的时候，幼儿体验到了科技带给我们不同的世界，更多地感受到了劳动成果的来之不易。幼儿在家长的陪伴中幸福快乐地成长。

科技大观园亲子游园活动方案

科技大观园亲子游园活动内容丰富，形式开放自由，能很好地激发幼儿探索的兴趣，深得幼儿和家长的喜爱，是实施《3—6岁儿童学习与发展指南》要求的有效途径。

1. 计划与准备

活动主题

玩转科技，欢庆"六一"。

活动目标

①帮助幼儿在游园中习得探究的方法，并对科技现象产生探究兴趣。
②搭建亲子交流、分享平台，提高家园共育效果。

活动场地

幼儿园大操场。

活动时间

5月26日（8:30—10:30大、中班，15:30—16:30小班）。

活动安排

表10-4　亲子游园活动安排

序号	内容	要求	负责人	完成时间	备注
1	游戏准备（含科学小实验、科学小发现、科技小制作）	①每个班级准备2个游戏 ②将选好的游戏先试玩一次，以确保游戏规则清晰、到位 ③将游戏写在展示板上，用来布置游戏场地	各班级教师	5月20日	
2	写游戏玩法的展示板	用KT板（统一大小规格、统一装饰风格）制作游戏玩法展示板	高老师	5月19日	图10-41
3	游戏卡和印章	①将22个游戏集中在一张卡上，方便幼儿和家长拿着游戏卡进行游戏 ②印章22枚，发给每个游戏点的教师，幼儿玩完一个游戏，教师就给幼儿的游戏卡盖一个章	郭老师	5月21日	图10-42和图10-43
4	制作横幅	××幼儿园庆"六·一"科技大观园亲子游园活动	李老师	5月25日	
5	"六一"节的有关音乐	①主题歌曲：六一儿童节 ②带动跳音乐：爱我你就亲亲我 ③游戏活动背景音乐：欢快的儿童歌曲	杜老师	5月21日	
6	发放科技大观园亲子游园活动的邀请函给家长	将科技活动主题、活动目标、活动形式、活动场地、活动时间及游戏内容和玩法告知家长，激发家长来园参加亲子游戏的兴趣	宋老师	5月24日	附件
7	科技大观园游园海报制作	将活动主题、时间等标注清楚	高老师	5月25日	图10-44
8	游戏场地布置	沿操场四周布置游戏档位，操场中间留出空位，以便家长和幼儿活动	张老师	5月25日下午	
9	音响	活动前将音响调试、试运行	李老师	5月25日上午	
10	照相、摄影	将相机、录像机电源充电，保障内存	张老师 林老师	5月25日	
11	活动总结简报	对活动全面进行总结	宋老师	5月26日	

2. 组织与实施

①每个年级在游园活动前，先在操场中央集合，介绍科技大观园活动宗旨、活动卡的用法等。

②带动跳活动（热身活动）：爱我你就亲亲我。

③科技大观园活动：亲子游园。

④凭活动卡去换取"六一"礼品。

图10-41　游戏玩法展板

××幼儿园
庆"六一"科技大观园活动卡

不湿的毛巾	颜色变变变	投硬币	摇摆小人	神奇的硬币	打气球
瓶子漏水	魔法静电	旋转的荷花	纸条转转转	运墨水	电线小人
沙中寻宝	水中淘宝	拆装圆珠笔	瓶中取物	吹乒乓球	钓鱼
顶顶乐	杯塔	针筒运水	海绵运水		

幼儿姓名：　　　　　　时间：　年　月　日

图10-42　游戏卡

图10-43　印章

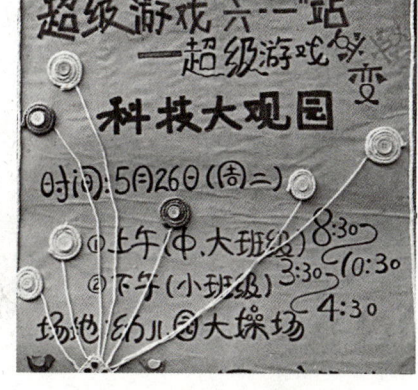

图10-44　科技大观园海报

3. 附件

科技大观园亲子游园活动家长邀请函

尊敬的家长：

您好！

为了更好地发挥幼儿园"科技启蒙教育"的园本特色的教育作用，引领幼儿探究日常生活中无处不在的科学现象、科学知识和科技发明，感受科技给人们生活带来的快捷，积极推动幼儿园科技教育的深入开展，根据"六一"系列活动方案要求，幼儿园特为您和幼儿精心准备了内容丰富、精彩的科技大观园亲子游园活动，欢迎您回归童年，与幼儿一起在幼儿园游戏。同时，请您预知以下事项。

活动主题

玩转科技，欢庆"六一"。

活动目标

①帮助幼儿在游园中习得探究的方法，并对科技现象产生探究兴趣。

②搭建亲子体验平台，提高家园共育效果。

活动形式

亲子体验活动。

活动场地

幼儿园大操场。

活动时间

×年×月×日×时—×时。

游戏内容及玩法

①游园活动涵盖了科学小实验、科学小发现和科技小制作三方面的内容，共22个游戏。

②每个游戏的玩法详见活动现场各游戏点的展示板。

来吧！亲爱的家长！放下您手头的工作，来幼儿园与幼儿一起游戏！共同发现！合作制作！

评价篇

评价是课程实践的方向。评价目标、评价内容和评价方式都直接决定了课程实践的目标、内容和实施。同时，评价对教师行为和专业发展提出了直接要求，也对理想的幼儿学习进行了界定。本篇尝试梳理幼儿园课程评价实践，以生动的案例及素材，呈现对"教学三要素"，即幼儿、教师、师幼互动的评价原理及过程。

第十一章 幼儿学习与发展档案

为了更好地促进每名幼儿健康、快乐地发展，落实健康教育理念，幼儿园应该重点关注幼儿发展进程，定期对幼儿的身体、认知、社会性交往及情绪情感等方面的现实发展水平进行测评、评价。

《幼儿园教育指导纲要（试行）》指出：评价应自然地伴随着整个教育过程进行，综合采用观察、谈话、家园联系、作品分析等多种方法，客观、全面地了解和评价幼儿。幼儿的行为表现和发展变化具有重要的评价意义，教师应视之为重要的评价信息和改进工作的依据。在本章中，我们主要通过幼儿健康测评、幼儿成长记录和幼儿观察记录三个途径，将评价渗透到幼儿园教育的各个方面。

一、幼儿健康测评

幼儿阶段是身体发展和机能发展极为迅速的时期。拥有良好的身体、强健的体质是幼儿身心健康的重要标志。为有效促进幼儿身心健康发展，我们会为幼儿提供营养丰富、健康的饮食，通过定期的体检、体能测试，针对个别体弱、肥胖的幼儿制定相应的改善措施。

（一）膳食营养

1. 膳食制定

（1）先算后吃

在制定幼儿食谱时，园医运用配餐软件，根据"学龄前儿童平衡膳食宝塔"制定品种多样且搭配合理的带量食谱，交由厨房采购，按量制作；同时根据幼儿进餐情况调整膳食，1~2周更换1次食谱，每周向全园家长、师生公布食谱。

幼儿摄入的热能及蛋白质要超过标准供给量的90%，其他营养素要超过标准供给量的80%。三大营养素热量占总热量的百分比分别为：蛋白质12%~15%，脂肪25%~30%，碳水化合物50%~60%。各餐热量分配比例为早餐25%，午餐35%，午点10%，晚餐30%。动物蛋白质和豆类蛋白质占总蛋白质50%以上。[1]

（2）先吃后算

幼儿园每季度至少进行一次膳食调查和营养评估（其中营养分析手工计算1次），根据调查结果调整改进食谱；每学期用称重法进行一次膳食调查，连续5天，记录每餐各种食物的生食量、熟食量及剩余量，从而计算出幼儿实际摄入量是否符合标准。在进行调查时，计算要准确，同时幼儿园要做好膳食调查总结、分析工作。

（3）特殊膳食

针对营养不良、贫血、食物过敏的幼儿，幼儿园要为其提供特殊膳食，以改善其身体状况。

表11-1　平均每人进食量

食物类别	细粮	杂粮	糕点	干豆类	豆制品	蔬菜总量	绿橙蔬菜	水果	乳类	蛋类	肉类	肝	鱼	糖	食油
数量（g）															

表11-2　营养素摄入量

	热量		蛋白质	脂肪	视黄醇当量	维生素A	胡萝卜素	维生素B₁	维生素B₂	维生素C	钙	锌	铁
	KCal	KJ	g	g	μg	μg	μg	mg	mg	mg	mg	mg	mg
平均每人/日													
DRIs													
比较%													

表11-3　热量来源分布

		脂肪		蛋白质	
		要求	现状	要求	现状
摄入量	KCal				
	KJ				
占总热量		30%～35%		12%～15%	

---

[1] 广州市第一幼儿园：《幼儿园平衡膳食食谱》，9页，南昌：江西科学技术出版社，2011。

表11-4　蛋白质来源

		优质蛋白质	
		动物性食物	豆类
摄入量	（g）		
占蛋白质总量	(%)		

表11-5　膳食费使用：当月膳食费/人

本月总收入：　　元

本月支出：　　元
盈亏：　　元
占总收入：　　%

2. 生活与卫生习惯的培养

在一日生活各环节中，我们会注重培养幼儿不偏食、不挑食、细嚼慢咽、按时进食的饮食习惯；进餐时间不少于20分钟，两餐间隔3.5~4小时；在饭前不安排剧烈运动，并强调幼儿用流动水和香皂洗手；饭前和进餐时保持幼儿心情愉快，引导其专心进餐、不说话；在洗手和吃饭时对体弱和其他特殊幼儿特别照顾。

从中班开始，幼儿的饭、菜分开；中班下学期的幼儿练习使用筷子，大班的幼儿使用筷子进餐；小班幼儿饭后用温水漱口，中大班幼儿用冷水漱口，以清洁口腔，预防龋齿。

为保证幼儿按需饮水，幼儿园每日上、下午各安排1~2次集中饮水；1~3岁幼儿饮水量为50~100毫升/次，3~6岁幼儿饮水量为100~150毫升/次。幼儿园要根据季节变化酌情调整饮水量。

3. 膳食监督

幼儿膳食由专人负责。我们建立了由家长代表参加的膳食委员会，并定期召开会议，进行民主管理，通过会议收集、反馈家长意见和建议，根据实际情况调整、改进膳食。在制作过程中，我们会将教职工膳食与幼儿膳食严格分开。幼儿膳食费专款专用，账目需每月公布，每学期膳食收支盈亏不超过2%。

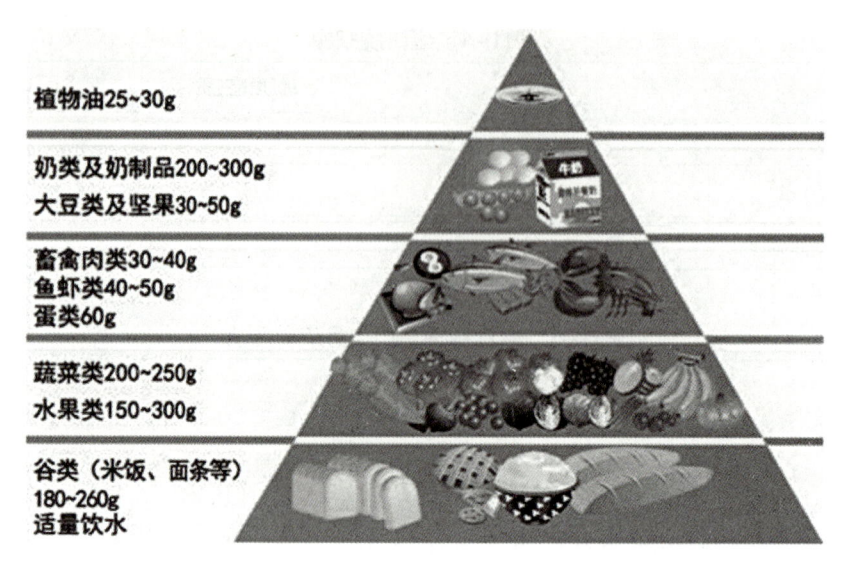

图11-1　学龄前儿童平衡膳食宝塔

来源：《中国孕期、哺乳期妇女和0～6岁儿童膳食指南》（中国营养学会妇幼分会，2010年）

（二）已入园幼儿定期体检

1. 定期体检

幼儿入园后应定期体检。每年各级保健机构做体检一次，体检率应达100%。体检的内容包括：①内科检查；②血常规；③肝功能检查。（②③为验血项目）检验率应达100%。

2. 身高、体重的测量

幼儿在园每学期测身高、体重两次，幼儿园做相应评价。园医在每年3月、6月、9月、12月对幼儿进行身高、体重测量并登记。登记评价表见表11-6。

表11-6　幼儿园身高（身长）体重登记评价表

姓名	出生日期	性别	检查时间　　年　　月　　日							
			年龄	体重	年龄别体重	增长	身高	年龄别身高	增长	年龄别身高

注：此表填写幼儿每年体检的身高体重的数据。其中身高单位为厘米，体重单位为千克。本表评价采用六级评价法。

对测量的身高体重数据，我们会输入评价软件。评价标准参照"世界卫生组织

（WHO）0—6岁儿童身高、体重参考值及评价标准"。按年龄别体重（W/A）、年龄别身高（H/A）、身高别体重（W/H）三个评价指标，评价分为"下、中下、中-、中+、中上、上"六级（通常称为"六级评分法"）。

等级评价

等级	≤-2SD	-（1-2SD）	-1SD	+1SD	+（1~2SD）	≥+2SD
评价	下	中下	中-	中+	中上	上

说明

实际测量值评价为"中下、中-、中+、中上"：提示营养正常。

实际测量值评价为"下"：提示营养不良。

实际测量值评价为"上"：提示肥胖。

幼儿园会对营养不良、肥胖儿童进行建档管理，采取家园结合措施积极矫治，并定期监测反馈。

3. 口腔保健

幼儿在园期间，每半年进行一次氟化泡沫护齿，每年进行一次口腔检查。口腔检查后，园医会对全园幼儿进行口腔检查情况登记，给有问题的幼儿发放"集体儿童口腔检查通知单"，督促幼儿进一步诊疗并将治疗回执交回幼儿园园医处留档，最后对全园幼儿口腔保健情况进行分析总结。

4. 视力筛查

幼儿园每半年对幼儿进行一次屈光筛查（由妇幼保健院眼科来园检查），每年对4岁以上幼儿进行一次对数视力表检查（下学期由园医做）。各年龄组视力判断标准见表11-7。屈光筛查及对数视力表检查后，园医对幼儿视力情况进行登记，给有问题的幼儿发儿童屈光筛查反馈单及视力复查通知单，督促幼儿进一步诊疗。家长将诊疗回执交回幼儿园园医处留档。幼儿园对全园幼儿视力保健情况进行分析小结及学年总结。

表11-7 各年龄组视力判断标准

年龄（岁）	正常	异常
3	≥0.5-0.7	<0.5
4	≥0.6-0.8	<0.6
5	≥1.0	≤0.8
6	≥1.0	<1.0

5. 听力筛查

幼儿听力筛查一般会在小班进行。幼儿园给筛查结果呈阳性或可疑的幼儿发复查通知单，督促家长带幼儿去医院做进一步诊疗。家长将复查回执交回幼儿园园医处留档。园医对听力检查情况进行分析小结。

6. 心理筛查

幼儿在园期间，我们每年会对幼儿做一次心理筛查，针对有问题的幼儿建立幼儿心理个案，同时建立转诊制度，使幼儿的心理问题得到纠正。

7. 其他特殊疾病

离开幼儿园3个月以上或有肝炎接触史、其他疾病的幼儿在检疫42天后，经体检证实健康方能重新回幼儿园。

表11-8　各类疾病的判定及处理办法

病种	"暴发疫情"判定标准	"突发公共卫生事件相关信息"判定标准	病人隔离期限	班级停课标准	停课时间
流感	同一班级（或宿舍）短时间内发生多例（1天内发生3例及以上，或1周内发生5例及以上）流感样病例（38℃+咳嗽/咽痛）	一周内同一学校或幼儿园出现30人及以上流感样病例（或有5人及以上住院病例/发生2例及以上流感样死亡病例）	症状消失后48小时	急性呼吸道感染现症病例累计达30%或以上	7天
流行性腮腺炎	同一班级（或宿舍）1天内发生3例及以上，或1周内发生5例及以上	1周内，同一学校、幼儿园等集体单位发生10例及以上	自发病起9天	经卫生和教育部门进行风险评估后判定停课标准	25天
水痘	同一班级（或宿舍）1天内发生3例及以上，或1周内发生5例及以上	1周内，同一学校、幼儿园等单位发生10例及以上	全部水疱干燥结痂	经卫生和教育部门进行风险评估后判定停课标准	21天
诺如病毒感染性腹泻	同一班级（或宿舍）1天内发生3例及以上，或1周内发生5例及以上	1周内，同一学校、幼儿园等集体单位中发生20例及以上，或死亡1例及以上	症状消失后72小时	现症感染性腹泻的病例累计达30%及以上	3天
急性出血性结膜炎	同一班级（或宿舍）1天内发生3例及以上，或1周内发生5例及以上	无	10天	现症急性出血性结膜炎的病例累计达30%或以上	2天
手足口病（疱疹性咽峡炎）	1周内，同一托幼机构及学校等单位发生5例及以上，或同一班级（或宿舍）发生2例及以上（以医院诊断为准）	1周内，同一托幼机构及学校等单位发生10例及以上	症状消失后1周	出现重症或死亡病例，或1周内同一班级出现2例或以上	10天

（三）个别体弱、肥胖幼儿的管理

1. 体弱幼儿专案管理

对于在体检之后被判断为体弱的幼儿，我们首先会和家长进行沟通，得到家长的理解和支持，并致家长一封信，讲述营养不良相关知识、干预原则、干预措施，必要时建议到专科医院进行诊疗。在幼儿园时，园方教师、保育员重视对营养不良幼儿的管理。在此期间，园医针对营养不良幼儿填写体弱幼儿专案管理表，每月对营养不良幼儿进行跟踪、记录。

表11-9　体弱幼儿专案管理登记表

本表包括佝偻病婴幼儿、小儿贫血、低出生体重儿、早产儿、营养不良儿等体弱儿的专案管理

幼儿姓名：　　　　　性别：　　　出生日期：　　　　户口：常住（　　），暂住（　　）
母亲姓名：　　　　　年龄：　　　职业：　　　　　　联系电话：
父亲姓名：　　　　　年龄：　　　职业：　　　　　　联系电话：
母亲怀孕情况：　　　营养状况：　　　　患何疾病：　　　　服何药物：
出生情况：孕周（　　）；顺产（　　），吸引产（　　），剖宫产（　　）；单胎（　　），双胎（　　）。出生体重（　　）千克，出生身高（　　）厘米。
喂养方式：母乳（　　），混合（　　），人工（　　）。
VitD添加情况：从未服用（　　）；有服用，从（　　）个月开始，每天服（　　）IU，有时服（　　），（　　）月停服。
辅食添加情况：生后（　　）月开始添加；菜水、果汁（　　）月，蛋黄（　　）月，碎肉（　　）月，猪肝（　　）月，粥或面（　　）月，鱼（　　）月，其他：
饮食习惯：正常（　　），厌食（　　），偏食（　　），挑食（　　），零食（　　）。
每天户外活动时间：2小时以上（　　），不足2小时（　　），不足1小时（　　）。
近一年患病情况：腹泻（　　）次，感冒（　　）次，肺炎（　　）次，其他： 病史：
症状：头晕（　　），乏力（　　），恶心（　　），食欲差（　　），多汗（　　），易惊（　　），烦躁（　　），头发干枯稀疏（　　），皮肤黏膜苍白（　　），体重不增（　　），消瘦（　　），腹泻（　　）。其他：
体征：体重（　　）千克，身高（　　）厘米；明显颅骨软化（　　），乒乓颅（　　），典型方颅（　　）；枕秃（　　），囟门晚闭（　　）；出牙迟缓（　　）；肋串珠（　　），鸡胸（　　），肋外翻（　　）；手镯（　　），脚镯（　　），O型腿（　　），X型腿（　　）；肌肉韧带松弛（　　）；面容（　　），皮肤黏膜（　　），淋巴结（　　）；肝（　　），脾（　　），心（　　），肺（　　）。其他：
化验：血红蛋白（Hb）（　　）g/L，红细胞（RBC）（　　）×10^{12}/L，白细胞（WBC）（　　）×10^9/L，血钙（　　）mmol/L，血磷（　　）mmol/L，碱性磷酸酶（ALP）（　　）IU/L；血清铁蛋白（SF）（　　）μg/L，红细胞游离原卟啉（FEP）（　　）umol/L，血清铁（SI）（　　）umol/L。其他：
初步诊断：_____　　　　　医生：　　　　　诊断日期：
处理意见：

2. 肥胖幼儿缺点矫治管理

针对肥胖幼儿，我们会先与其家长进行沟通，讲述肥胖的相关知识、不良影响、干预原则、干预措施，必要时建议到专科医院进行诊疗；园方教师、保育员重视肥胖幼儿的管理；同时，园医对肥胖幼儿每月进行提醒、跟进、测量，组织肥胖幼儿运动。

表11-10　致肥胖幼儿家长的温馨提示

温馨提示

____班_____家长：

　　最近您的孩子体重____千克，身高____厘米，经评价您的孩子属____度肥胖。由于该病对幼儿成长不利，可成为成人肥胖症、高血压、冠心病及糖尿病等疾病的先驱因素，故应引起重视。为了孩子的健康，园内建议或指导孩子饮食时先饮用汤水再进主食，也请您：1. 适当控制孩子饮食，主要限制脂肪摄入及适当限制甜食；2. 让孩子加强体育锻炼。

深圳市第八幼儿园保健室
_____年___月

二、幼儿成长记录

密切家园联系、加强家园合作是幼儿教育发展的趋势。幼儿园除了通过家园之窗、家园小报、对家长开放的半日活动等一系列活动，使家长对幼儿园教育有理性的认识和感性的了解外，还尝试开展了"幼儿成长档案"与"宝宝日记"这两种家园合作教育活动。

（一）幼儿成长档案

1. 幼儿成长档案的价值

（1）有利于教师评价幼儿和课程

一方面，教师通过成长档案可以掌握幼儿发展的更多信息。2005年，学者唐林兰在《对幼儿档案评定的价值分析》中提出，教师通过为每名幼儿建立成长档案，收集其成长的点滴，不仅能够更好地把握幼儿的个体差异，而且可以清楚地知道幼儿所属的发展阶段，发现幼儿的最近发展区，从而帮助教师提供合适的材料，创设适宜的环境，使幼儿充分发挥潜能。另一方面，幼儿成长档案对幼儿园课程的实施也有重大意义。档案袋的使用应该结合课程，使幼儿成长档案能够成为开展活动的重要资源之一。

（2）帮助幼儿学会自我评价

《幼儿园教育指导纲要（试行）》明确提到幼儿也应该参与到幼儿园教育评价工作中。幼儿在同教师、家长共同计划、制作、阅读的过程中，可以不断反思自身在活动中的表现，回顾心理发展过程。另外，有学者还认为成长档案对提高幼儿安全感和自信心有价值。幼儿成长档案充分体现了家长和教师对幼儿的重视，可以使幼儿体验到安全感。展示成长档案是对幼儿已获得能力的肯定，使幼儿体验成就感，增强自信心。

（3）帮助家长了解幼儿，促进家园合作

实践证明，充分调动家长的积极性对幼儿教育有不可忽视的意义。有学者认为，家长通过档案阅读幼儿在园的表现可以更加全面地了解幼儿，同时通过补充幼儿在家情况完善幼儿信息，以积极的态度参与教育，有助于加强家长与教师的联系。

通过对成长档案价值的梳理，学者们一致认为成长档案的价值在教育过程中，而不是在教育活动结束后发挥。我国学者大多从应然层面论述幼儿成长档案的价值，认为成长档案对教师、幼儿、家长三方面都是大有裨益的。如何在实然层面将成长档案的价值最大化是教育工作者需要深思的问题。[1]

2. 幼儿成长档案的内容

成长档案收集的内容可以覆盖幼儿的身体、动作、认知、言语、情感及社会能力等多个发展领域。其具体形式更是丰富多样的，主要有以下几方面。

（1）幼儿的作品

幼儿的作品主要是指幼儿的美工作品和口述记录。口述记录呈现了幼儿的语言表达能力，记录了幼儿的想法和感情。教师应该长时间持续地收集幼儿的口述记录，并记录背景资料。幼儿的口述可以用书面形式或录音记录的方式保存。

（2）文字记录

文字记录包括教师与幼儿的面谈记录及教师的观察记录。面谈主要是指教师与一名幼儿深入探讨一个主题，如可以讨论幼儿最近读过的一本书或玩过的一个游戏。教师可以引导幼儿口述关于阅读和游戏的感想和评论，了解幼儿在阅读或游戏中的困难与需求等。面谈记录记下幼儿的想法和需求等信息，能够让教师或家长了解幼儿的个别需求，并且在时间允许的情况下，给予幼儿反馈。教师的观察记录可以包括幼儿的系统化记录和逸事趣闻记录。前者主要记录幼儿在预定目标上的进步情况，后者则记录幼儿自发性行为。与系统化记录不同的是，观察记录并没有经过事先设计，而是捕捉一些有趣的事件，可以由教师配上照片。

---

[1] 岳露露、刘晶波：《国内外关于幼儿成长档案袋的研究综述》，载《早期教育（教科研版）》，2017（z1）。

（3）影像资料

影像资料主要是指照片、录音和录像。它们能提供幼儿成长与发展的丰富信息，并且对促进家庭的参与有很大帮助，能让家长在没有实际经历的情况下看到或听到幼儿的各项活动。例如，一份有幼儿复述故事、大声朗读自己的故事、练习唱歌的录音带，对幼儿、教师和家长来说，都是非常有力的语言发展证据。教师应该经常为幼儿和他们的活动照相或摄像；拍摄的时候，要简短记录所拍的内容或物体，包括日期、场所、幼儿的姓名以及每一个场景。

（4）各种测验和调查结果

测验和调查结果主要是一些正式的或非正式的调查表、检核表，如幼儿在家情况调查表、幼儿健康状况调查表、幼儿体能检测表、幼儿学习情况调查表等。这些调查表能让我们迅速了解幼儿的情况。

附：各年级体能检测表

表11-11　小班体能检测表

时间 \ 项目		手膝着地爬（15米）	跳圈（10个）	单手拍球（半分钟）	快速跑（15米）	平衡木（5米）
小班	学期初	___秒	___秒	___个	___秒	___秒
	学期末	___秒	___秒	___个	___秒	___秒

表11-12　中班体能检测表

时间 \ 项目		投掷	立定跳远	双手交替拍球（半分钟）	快速跑（20米）	平衡木（5米）	甩跳球（1分钟）
中班	学期初	___厘米	___厘米	___个	___秒	___秒	___个
	学期末	___厘米	___厘米	___个	___秒	___秒	___个

表11-13　大班体能检测表

时间 \ 项目		投掷	立定跳远	双手交替拍球（半分钟）	快速跑（20米）	平衡木（5米）	呼啦圈（1分钟）
大班	学期初	___厘米	___厘米	___个	___秒	___秒	___个
	学期末	___厘米	___厘米	___个	___秒	___秒	___个

图11-2　幼儿基本资料

图11-3　在家的我

3. 幼儿成长档案制作要求及范例

（1）基本信息

幼儿基本资料（照片、姓名、年龄、性别、爱好、昵称、出生年月、属相、喜欢的事物、个人志向等），富有个性的封面，封面照片，幼儿的身高和体重记录，手脚印等。

（2）在家的我

班级可以统一格式。家长需在其中添加上幼儿在家的精彩瞬间的照片，旁边附上简短说明。下方可以由教师写上简短的评价。

（3）教师寄语

（4）在园的我

格式统一，班级教师在其中添加上幼儿在园的、富有教育契机的精彩瞬间照

图11-4　教师寄语

图11-5　刚上幼儿园的我

图11-6　我学会了新本领

片，在旁边附上简短说明，在最下方写上简短的对幼儿的月评价。

（5）每月幼儿作品秀

教师存放幼儿典型的绘画、手工、搭建、科技制作、语言表达等作品，根据需要可以选择拍照、文字描述等方式记录。

（6）爸爸妈妈对我说：我可爱的家

图11-7　我的第一幅画

图11-8　我可爱的家

（7）我的快乐之最、秋游日记和成长趣事等

这个版块也可以是"瞧！这就是我""成长中的我""晒晒我的小秘密"等。若想提高照片的美观程度，教师可以用"可牛影像""光影魔术手""美图秀秀"等制作软件对照片进行美化。

图11-9　亲子活动记录

图11-10　成长趣事记录

图11-11　小班上学期幼儿发展评估表

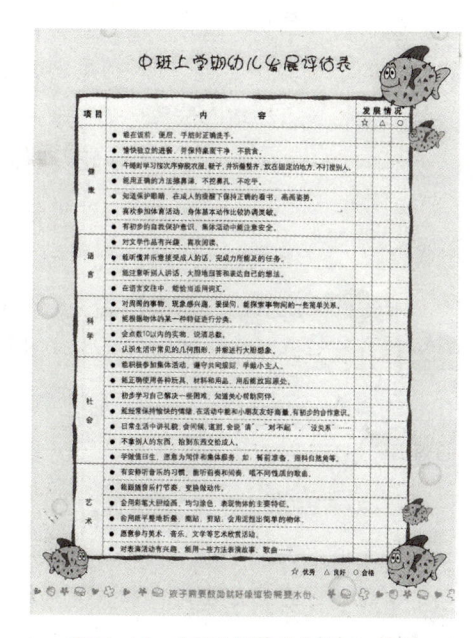

图11-12　中班上学期幼儿发展评估表

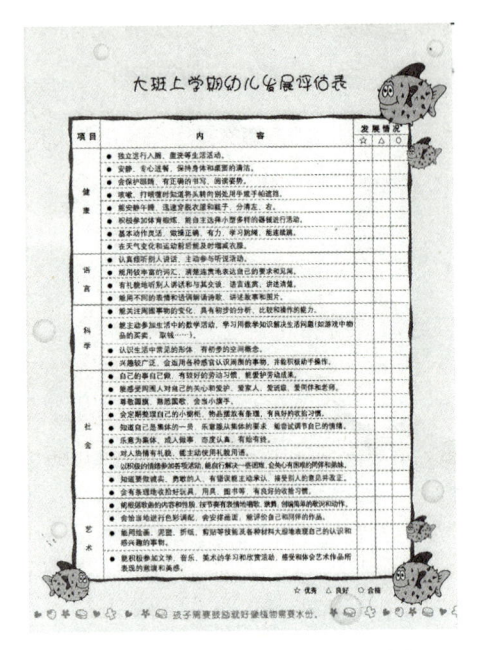

图11-13 大班上学期幼儿发展评估表

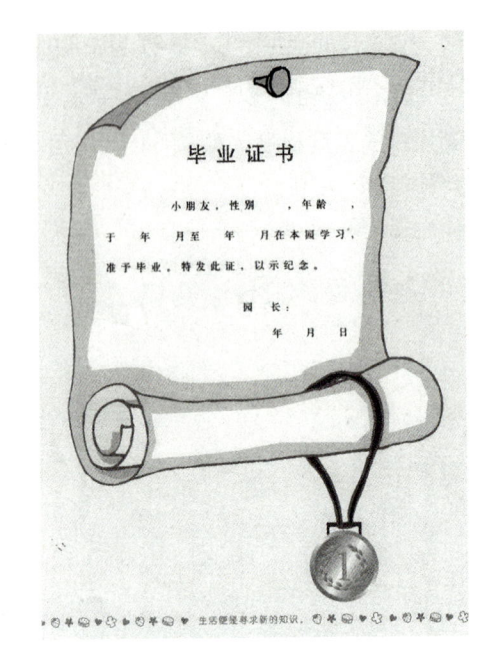

图11-14 幼儿毕业证书

精心制作幼儿的成长档案不是一件简单和省力的事情,但是成长档案真实记录了幼儿的童年生活,图文并茂地加以呈现,不失为一份送给幼儿的极具纪念意义的礼物。而且在制作过程中,家长可以静下心来回顾幼儿的点点滴滴,亲子间亲密交流,也能加深家长对幼儿的了解。所以大家要认真制作,不要怕麻烦哦!在未来的日子里,我们也将不断地探索和学习,希望能创建出更加全面反映幼儿成长过程中的足迹和阶梯的幼儿成长档案。成长档案是幼儿成长的"浓缩版",书写着幼儿成长中的精彩时刻。家长为幼儿精心制作一份成长档案,既能让幼儿拥有一部属于自己的、独一无二的成长史,也能让幼儿充分体验到家长对自己的爱。

(二)宝宝日记

宝宝日记是指幼儿在家将一天发生的事情讲述出来,请家长记录。这其中包括幼儿在幼儿园活动中探究问题的记录、答案的记录以及幼儿在生活动中遇到的开心或不开心的事的记录等。幼儿不会使用文字记录,但是他们有表述的能力。家长可用文字或图画以及图片把幼儿讲述的经历记录下来。

1. 记录价值

宝宝日记的出现替代了以往诸如家园联系册、家园信箱、便笺等多个烦琐的项目。教师可以在日记本中向家长汇报幼儿的进步情况、教学内容,也可向家长提出对幼儿进行教育的建议。内容可以简明扼要,条理分明,不需要用专业术语。更重要的是，幼儿通过这种形式，提高了学习的积极性。幼儿会主动配合教师在主题活动中寻找资料，并把所获得的资料展示在日记本中——这其中自然有家长的协助支持。家长已从简单的材料提供者，逐渐过渡为积极的行为参与者、主动的思想涌动者。当家长参与到学习过程中时，幼儿在幼儿园会表现出更大的成就和更强的自尊。家长工作具体到了每一名幼儿身上，也使家长切身感到教师细心、诚挚的关怀。相应地，教师也从日记本中实现了知识的再充实，受益匪浅。幼儿、家长和教师之间三维互动的关系，不仅会促进幼儿的学习，还会对家园共育工作起到积极的推动作用。

2. 记录要求

家长记幼儿口述日记的时候，要用幼儿的视野，以幼儿的口吻去记录。但是并不是每名幼儿都喜欢主动向家长描述自己的所见所闻，这就需要家长耐心地倾听幼儿随意说的一些语言，随时记录。如果幼儿的口语表达能力很强，家长在记录的时候可以适当地给予幼儿鼓励："你这句话说得真好。"多鼓励，多表扬，可以激发幼儿口述的兴趣。但也有一部分幼儿的口语表达能力较弱，这就需要家长从旁边适当地鼓励和引导，多启发幼儿说出自己的内心感受，善于引导。这样，给了幼儿多说话的机会其实就是训练幼儿的口头表达能力。等记录好后，家长还可以和幼儿一起边读边改："宝贝，你看这句话有点啰唆，删掉更好，这句话这样说就更清楚了。在和大家分享时，别人就能感受到你的意识了。"这样大大提高了幼儿记日记的兴趣。

3. 记录时间

（1）记录阶段要注重随机性

根据年龄段的不同，记录的要求也有所不同。不是每个幼儿都喜欢向家长描述幼儿园里和幼儿园外发生的事情的。家长要细心倾听幼儿随意说的一些语言，随时记录（宝宝日记并不要求每天都记），有时也可以对幼儿进行适当的引导，激发幼儿记日记的兴趣。如果在幼儿不知道的情况下，家长进行了记录，那么家长可以选择一个适当时间读给幼儿听，同时可以手指一些幼儿熟悉的字让幼儿学习，以激发幼儿的记录兴趣。有些幼儿会自己作诗、编故事，用绘画作品来表达自己的情感。家长可随时记录，然后找时间与幼儿一起朗读。这种和谐的家庭学习氛围更让幼儿受益。

（2）贵在坚持，注重养成口述日记的习惯

幼儿从需要提醒到自觉完成，到已经养成习惯：每天早上来到教室，第一件事就是把日记本交给教师，放学前自己会把教师批阅过的日记本拿回家。为了提高幼儿的积极性，教师会采取一系列奖励措施：每天选出几篇写得比较有特色的日记在全班幼儿面前朗读；批阅时会盖上红花或者红星的标记；幼儿集齐了20个红花或红星后就可以领到教师准备的奖品。在教师的鼓励下，幼儿的积极性有了明显提高。幼儿的口述是最真实的,这无形中就提醒和督促教师和家长要时时注意自己的一言一行。幼儿会把教师和家长的一字一句都口述下来,这一行为也培养了幼儿的任务意识和坚持性。

表11-14 小班宝宝日记

年龄、特点:小班幼儿多以对话的方式清楚地说出、复述简短的事情。	
日期:10月29日	天气:晴
小宇:我要和姐姐一起去上课。 爸爸:虫虫,姐姐要去上数学课,一会儿就回来,在家里和爸爸妈妈一起玩,好吗? 小宇:不!我就要去。(说完"哇"一声就哭出来了) (姐姐上完课回家后) 小宇:姐姐,你拿我的小球,还给我。 姐姐:来,给你!(直接扔给了弟弟) 小宇:姐姐,不能扔我的玩具。 妈妈:姐姐,上回弟弟扔你的玩具都被你拍了两巴掌,现在你扔弟弟的玩具是不是要受批评? 姐姐不情愿地给弟弟捡回了玩具。弟弟很严肃地接受了玩具,还让姐姐按要求放好他的玩具。	
家长的嘱托:每次出差回来看到孩子一点点长大,开心地和姐姐嬉闹,挺高兴。看着小宇一点点变成小大人,用幼儿园学到的技能、知识和我们交流,很惊奇。	
教师告诉你:宝宝越来越棒了,学会了很多本领,规则意识也增强了很多,加油,相信你会更棒。	

表11-15 中班宝宝日记

年龄、特点:中班幼儿愿意与他人交谈,能基本完整地讲述自己的所见所闻和经历的事情,讲述比较连贯。	
日期:10月7日	天气:多云
今天我要隆重介绍我家里的一位成员,他就是我弟弟——小宏。他的小名叫小宝,妈妈经常叫他小宝哥。我问妈妈为什么这样叫,妈妈说顺口而且这样好听。 今天我午睡醒后到妈妈房间和小宝一起看电影《功夫熊猫》。其实小宝很小,根本看不懂,只不过是躺在床上听声音。我坐在他旁边看电影,我很开心。	
家长的嘱托:看到有了小宝,哥哥忽然之间懂事很多,妈妈很欣慰,希望兄弟俩相亲相爱,相互陪伴。	
教师告诉你:有一个小弟弟是不是很开心?我们真喜欢这个有爱的哥哥。	

表11-16 大班宝宝日记

年龄、特点：大班幼儿能积极主动地与他人交流、讨论，能有序、连贯、清楚地讲述一件事情，讲述时能交代事情的时间、地点、人物、经过，并能使用常见的形容词、同义词等，语言比较生活化。	
日期：4月22日	天气：晴
我的运动计划	
从今天开始，我要加强很多运动。我要加强跑步，要从我们家跑到外婆家；我要多练习拍球，要拍一万下，就是从我们家拍到南极。我还要练习跳绳，要跳101下。谁能坚持得最久，谁第一个拍完，就可以得到奖杯，还有谁玩的玩具好，也可以得到奖励，还可以喝10瓶水。 我16岁的时候，要参加跑步比赛；我18岁的时候，要参加拍球比赛；我40岁的时候，要从我家跑到外婆家；我40岁的时候，还想当超人，就是从我们家负2楼可以爬到29楼。 我还要练习用勺子舀马拉糕，我要舀得很快，如果我先吃完就可以得到一杯水的奖励。我还要参加喝水比赛和拔河比赛，如果我赢了就可以得到很多很多的奖励。这就是我的计划。	
家长的嘱托：噢，溪溪一口气说了这么多宏伟的计划，真是让我望尘莫及——好吧，从练习跳绳开始吧，一起努力，宝贝！	
教师告诉你：哈哈，听起来这个计划很不错哦，不管怎么样，做好自己，加油，宝贝！	

可见，宝宝日记已成为家园双向交流的有效方式。我们倡导家长在工作之余，每天利用一些时间解决幼儿提出的问题，或者把周末亲子时光的美好回忆记录在口述日记中，以便幼儿回园后彼此交流、共享问题与经验。

三、幼儿观察记录

观察记录是教师用自然的方法观察幼儿，如实记录幼儿的行为表现，分析、评估、理解幼儿的各方面需要，有效运用评估结果，制定幼儿进一步发展的指导方案，为幼儿的学习、活动和发展提供支持的一种方法。在编写观察记录时，教师要注意从以下几点出发。

（一）确定观察目标

观察前，教师要围绕幼儿的身体动作、语言表达、智力发展、情绪情感与社会性互动等发展领域，对自己的观察范围和观察目标进行明确界定，弄清自己为什么观察、观察什么、想发现什么和期望解决什么问题。

（二）掌握观察记录结构

观察记录结构一般包括5个部分：一是观察基本情况，如观察日期、观察起止时间、观察地点、观察对象的基本情况等；二是观察的目的、目标和方法；三是观察过程实录；四是观察结论与分析；五是幼儿持续发展的指导方案或建议。

（三）恰当运用观察的基本方法

观察的基本方法主要有随机观察和有计划观察：随机观察是指在幼儿园一日活动的任何时间、场合、环节都可以进行观察；有计划观察是指事先对观察的目标、对象、场合、时间、次数、观察人员、记录方式等做出具体的安排，按计划进行观察记录。

（四）详尽记录观察情况

记录观察的过程和结果可以采用文字描述或叙事、表格与图表、图文结合等方式，还可以借助录像、照相、录音、作品分析等辅助方式，对幼儿的行为表现进行记录。记录应做到：一是要原始、客观、真实；二是要详略得当，重点突出；三是要及时准确，一般用现在进行时；四是记录语言要具体、清晰、简练、准确。

（五）科学分析观察记录资料

分析观察记录要以幼儿为本，遵循幼儿身心发展特点和保教活动规律，用科学的幼儿发展理论和学前教育观来分析：一是分析观察过程，包括幼儿能够做什么，达到了什么水平；二是对照《3—6岁儿童学习与发展指南》，从情感、态度、能力、知识、技能等角度解读幼儿的行为，分析幼儿的需要和经验；三是围绕观察目标，结合文化、生理、心理、社会、环境以及幼儿成长经历等方面，分析幼儿行为的原因，明确幼儿的深层诉求；四是将观察得到的发现和自己的工作实践联系起来进行分析。

（六）合理制定幼儿发展方案

教师依据观察记录分析、反思自己现行的教学策略，深入思考如何更好地满足幼儿的兴趣、需求，如何为幼儿提供更适宜的帮助、指导和支持，如何从内容、方式、策略、环境、条件等方面来进一步完善自己的教育教学决策和行为，并以此为基础，制定出支持幼儿发展方案。[1]

---

[1] 周玲玲：《幼儿教师如何编写观察记录》，载《中国教育报》，2014-04-06。

表11-17 观察记录之餐后活动

观察对象：大宝	幼儿年龄：4岁半

时间：2017年5月11日上、下午
观察内容：餐后活动
观察方法：随机观察

观察过程实录	①今天午餐后，大宝因为抢玩具与另一名幼儿发生了争执，很不高兴地坐在地上。这已经是他今天第三次与其他幼儿发生争执了。 ②下午在四楼户外活动时，他一定要插在云云的前面，并与云云互相推搡。教师出面制止，结果大宝大闹。 ③与别人闹矛盾，又受了批评，他就一直站在一旁发脾气。教师对着他拍照，他连忙用手挡住。 ④涵涵看见了要把他拉起来，但他对谁都抗拒。 图11-15　大宝挡脸　　　　图11-16　好朋友拉大宝
观察分析	大宝的妈妈刚生完二胎，也就是说，他有了一个弟弟。本来脾气就不好的他，心里不平衡了，总在找机会发泄。例如，他故意踢翻别人篮子里的雪花片，故意踩住别人的椅子不让搬走，受了批评就大叫大吼，总之，每天都在闹情绪。我们几位教师每天都在开导他。他在慢慢地好转，但一冲动又会和别人发生矛盾。每当这个时候，我都会用跳跳羊最经典的语言来开导他："粉红，粉红，粉红有什么不对，你的想法才需要改变！你觉得有了弟弟不开心，但是我觉得有了弟弟后就有伴了，不孤单了。"不论遇到什么情况，我都会耐心地开导他，没有发过脾气，所以他对我的教育能听进去，并且在慢慢地改变。由于一个人的性格不能一下子被改变，因此我们要有耐心和信心，静待花开，相信他一定会越来越好。
支持策略	①及时与家长沟通。家长在家也应该多关注大宝的心理与行为表现。只有家园一起合作，才能有最好的效果。 ②平时，让班上也有弟弟妹妹的幼儿多分享兄弟姐妹间的趣事，让幼儿的抵触情绪慢慢好转。 ③阅读时间可以和班级幼儿一起分享关于二胎的绘本，如《彼得的椅子》《世界上最棒的姐姐》《一点点儿》《安吉莉娜的小妹妹》等。

第十二章 教师学习与工作档案

一、教师成长档案

教师成长档案包含教师专业学习的材料，是真实反映教师专业成长历程的凭证，是教师在职业生涯中不断学习研究、实践反思、积累进步的个性化的、鲜活的历史见证，是全方位记录和展示教师在个人规划、教育教学、教育科研、继续教育等方面真实情况的材料汇集。

（一）建立层级教师成长档案

每个年龄段的教师都有各自的优势与发展规划。基于各层级教师的不同发展目标，根据教师的教龄和业务能力，我们将教师分为新手教师、骨干教师、专家教师三个层级，并按照层级建立教师成长档案，制定不同层级教师发展目标，以满足教师个性化发展需求。

（二）教师成长档案收集的内容

教师成长档案收集的内容包括以下几个部分。

1. 个人基本信息

我们要求教师提供的个人基本信息包括所学专业、最高学历、教师资格类型、专业技术资格级别及相应聘书、教育教学岗位或管理岗位、从教年限、工作经历、个人特长和喜好等。我们让每位教师自行设计、自主安排。由于每位教师设计的风格各不相同，因此教师成长档案既张扬了个性，又展示了风采。

2. 个人成长系列

①个人成长三年规划及阶段性目标；
②与专业发展有关的奖励证书复印件；
③发表的教科研文章复印件；
④参与课题研究、开设研究课、讲座等活动的记录、报告、证明、评价表等；
⑤反映个人教育水平的代表性作品、成果；

⑥专业学习、培训及考试考核记录，继续教育证书等；
⑦教育教学案例及个人反思的相关材料；
⑧所教幼儿学习和活动情况；
⑨幼儿园规定的其他必须收录的资料；
⑩教师个性化发展记录。

3. 教师成长档案的评价方法

教师成长档案的评价方法如下：
①自我评价；
②同事评价；
③幼儿评价；
④幼儿园综合评价。

不同层面教师的成长目标和评价标准要有所区别。评价者对教师个人要多一些纵向比较，少一些横向比较。唯有如此，才能满足不同层次教师的心理需求，使教师树立自信心；才能调动教师收集自己成长材料的积极性，并在全园营造良好的"比学赶帮超"的氛围。幼儿园综合评价小组的人员应涵盖各个部门，以便对教师的评价尽量做到公平、公正、公开，使教师对树立的榜样、评出的先进工作者信服，从而激发教师专业成长的积极性。

（三）教师成长档案的管理措施

①教师成长档案中的内容由教师自己填充，平时由教师自己管理，学年结束时交幼儿园作为评价教师工作的依据。当成长档案中的内容填满之后，学校档案室统一存档，并配给教师新的成长档案袋。

②分层级管理并定期展示教师成长档案，让教师及时了解自己的成绩和不足，对照其他同事的成绩，以便取长补短，明确今后努力的方向。

③树立建立教师成长档案的理念，收集并采纳来自各方面的意见和建议，进一步达成建立教师成长档案的初衷，以期对教师的专业成长起到更大的促进作用。

二、教学活动档案

幼儿园教学活动档案记录了幼儿园日常工作的开展历程和教学与研究的发展轨迹，凸显了幼儿园的教学成果。教学活动档案可以反映幼儿园的教育品质和教育内涵，同时也可以反映幼儿园教师的教学水平与质量。

(一)教学活动档案的内容

1. 日常保教

教学计划、总结、周计划、教学活动设计与反思、主题活动、区域活动、家园共育、教育环境、大型活动、安全教育。

2. 影像资料

PPT、视频、教学实录。

(二)教学活动档案的利用

教学活动档案可以帮助年级组和班级教师回顾一学年的教育教学工作内容和活动开展情况,使教师得到经验上的提升。

1. 教师工作的资料库

开学初,各班教师一起商定本学期主题活动的环境布置方式,思考什么内容与展示形式更适合幼儿学习与发展。教师从以往的主题资源档案里调出各类主题环境布置的影像资料用来分析共享,为自己班级的主题环境布置起到了借鉴并拓展新思路的作用。

2. 课题研究的好帮手

在参与"幼儿科学启蒙教育"课题研究过程中,教师需要积累丰富的过程研究资料。为了深入有效地开展课题研究,教师在以往的区域活动资料档案中,选择适宜的材料进行相关分类梳理,为课题开展和调整提供参考。

三、教学反思档案

教学反思是教师对教育教学实践的再认识、再思考,以此来总结经验教训,进一步提高教育教学水平的一种方式。教学反思一直是教师提高个人业务水平的有效手段。教师会从自己的教育实践中反观自己的得失,通过教育案例、教育故事或教育心得等来提高教学反思的质量。

(一)教学反思类型

按时间、教学内容和教学形式对教学活动进行反思,对教师提高教育教学能力有很大的促进作用。

1. 按时间反思

日反思、周反思、月反思和学期反思,针对幼儿园教育教学活动的有效组织形成一条反思链，由浅入深，螺旋上升。教师在反思过程中深入开展课程研究，提高教学技艺。

日反思：班级教师针对特定的活动和环节进行反思，如针对大集体教学活动、小组教学活动、区域活动、个别教育环节、生活环节、体能锻炼环节等，反思活动和环节的成功之处与不足之处。

周反思：班级教师每周五将一周的活动从三个方面进行讨论，反思班级周计划的合理性、幼儿发展的实效性、教师策略的可行性，发现问题及时纠正，设定下一个周计划，将周计划与反思提交到教研室并进行共同讨论提升。

月反思：班级教师对一个月的主题教学活动进行梳理分析，为生成和设计下一个主题活动建立依据。幼儿园针对整体教学完成情况以及教师的反思内容进行研讨，及时对教师给予指导与帮助。

学期反思：一学期结束后，教师比较完整地对班级幼儿进行阶段性分析，针对幼儿的发展与评价对学期教学工作进行反思，找出班级工作中的亮点和不足，并针对不足提出相应的措施及学期设想。

2. 按教学内容反思

教师在集体教学活动反思、生活活动反思、主题教学活动反思、自主游戏活动反思中形成一种自我修正的意识。习惯于理性思考的教师总是自觉或不自觉地对自己的行为进行内省和剖析，从而进行自我调控，提高教学水平。

（1）集体教学活动反思

教师要思考教学活动在实施过程中遇到哪些问题，针对问题需采取哪些策略和方法，师幼互动和幼幼互动的有效性如何，在教学中如何调整原先的教学设计。教师要对整个教学过程进行思考，对自己的教学观念、教学行为、幼儿表现进行理性分析，并设想改进的策略。

首先，活动前思考——预测与构想。针对教学内容，教师要了解幼儿的年龄特点，了解幼儿的原有水平和能力结构，针对幼儿的现状，找到幼儿的最近发展区，确定学习的重点，预知幼儿在学习过程中可能遇到的困难，并通过环境、材料、提问、环节设计帮助幼儿解决困难，使教学内容、形式更加科学，适合幼儿的学习。

其次，过程中反思——调控与应变。教师要观察活动环境能否激发幼儿学习的兴趣，投放的材料是否适应不同层次幼儿的发展，材料的数量是否充足，幼儿自主活动的进展如何，从中了解幼儿的兴趣需要、情感态度、认知水平、个别差异等，针对幼儿反应，调整教育策略，以提供适时、适度的指导。

最后，活动后反思——总结与提高。例如，在主题活动后，教师要对自己开展活动的情况进行反思与回顾：幼儿在学习过程中是否感兴趣，活动是否具有挑战性，幼儿是否完成了教师预想的教育任务，幼儿在哪些方面有了提高，幼儿还掌握了哪些教师没有预想到的内容。

（2）生活活动反思

幼儿的生活活动是习惯养成的重要环节之一。生活教师针对幼儿的习惯进行观察与反思，并建立定期的观察反思档案。生活教师将幼儿生活活动主要分成三个部分，即饮食、睡眠以及自理能力的培养，并对其进行跟踪式研究和反思，建立班级幼儿生活能力培养档案。

（3）主题教学活动反思

教师分析主题教学活动开展的情况，找出活动中的疏漏，进行再教设计和设想，生成新的主题。

（4）自主游戏活动反思

自主游戏体现了幼儿自愿、自发的游戏需求，保障了幼儿的游戏权利，促进了幼儿的全面发展。教师认识到自主游戏的价值、内涵及其特征等基本问题，在每次活动后组织讨论教师在活动中的场地占位、指导要领以及各活动区的环境创设和改进办法，对实践、反思、再实践的自主游戏深入研究，使自主游戏水平进一步提高。

3. 按教学形式反思

教师对每日的教育教学活动进行自我反思和调整，有利于加强集体教育反思，提高教师的整体教育水平。

（1）个体反思

在教育教学活动后进行总结思考，写好每节教学活动的评析和教学随笔，这对新教师非常重要。大多数教师的反思活动是通过教师个体来实现的。

（2）集体反思

教师通过每学期的观摩教学、公开课研习、一课三研、大型教育活动的开展，充分发挥集体的影响力，相互学习，补充完善教育，提升整体教学水平。在开展集体观摩听课交流中，教师反思自我，学习别人的教学长处。他山之石，可以攻玉。教师通过相互学习交流，找出理念上的差距，解析手段、方法上的差异，从而提升自己的教育教学水平。

（二）教学反思的方法与记录

理论上的反思方法有行动研究法、比较法、总结法、对话法、录像法、档案袋法等。在实际工作中，教学反思注重的是一个反，一个思，得失（成败）分析反，理性思考思。教师通过记录表或者教学随笔等形式将教学内容的实录、方法、反思以及设想记录下来，定期进行交流，逐渐把教学水平提升到一个新的境界。

表12-1 反思记录表

时间	实录	方法	反思	备注
记录时间	幼儿在教学活动中的真实状况（语言、行为）	教师策略（行动研究法、比较法、总结法、对话法、录像法、档案袋法）	①写得失 ②写师生反馈 ③写教学综合分析 ④找准要点写特点 ⑤写建议	生成课题、研究方向、跟踪观察、调整计划
……	……	……	……	……

表12-2 观察记录表

幼儿姓名	XXX	观察教师	XXX
观察时间	XXX	观察目的	XXX
观察实录	①照片说明 ②幼儿活动语言和行为记录（真实不加修改和评价的语言。）		
活动情况与分析	评价		
教育跟进	教育指导策略		
教育反思	综合分析与教学活动调整		

（三）教学反思案例

在小班电影《鼹鼠和棒棒糖》主题教学活动中，教师依据集体教学活动反思的方法，通过思考，根据小班幼儿年龄特点，设计了此次教学活动。

《鼹鼠和棒棒糖》的动画片深深地吸引了小班的幼儿。该故事情节幽默、生动，再配以优雅、富有变化的音乐，使主题更加鲜明。鼹鼠无限的想象力也激发了幼儿无穷的想象力和创造力。棒棒糖作为影片的主体贯穿了整部影片。小鼹鼠一开始不知道棒棒糖是什么，引发出来各种笑话，后来品尝到了棒棒糖的滋味。幼儿被棒棒糖深深地吸引着。它是幼儿喜欢且品尝过的一种糖果，深受幼儿的喜爱。

此次活动设定的目标是让幼儿体验与同伴一起观看影片的快乐，乐于参与讨论，能用完整的句子表达想法。

在前期活动准备中，教师要做好幼儿经验知识准备，即吃过棒棒糖；物质材料准备，即《鼹鼠和棒棒糖》视频、幼儿搜集的棒棒糖图片、主题调查表。

在教学过程中，教师采用了以下策略。

①集体观影，在观影后借助几个问题请幼儿说出剧情，加深幼儿对剧情的了解。教师有目的地与幼儿进行交流、对话，从而提高师幼互动的频率和效率。

②教师进一步追问，引出了好吃的棒棒糖的环节，让幼儿与同伴分享自己喜欢吃的棒棒糖以及对棒棒糖的了解，勾起幼儿的回忆，为幼儿创造幼幼互动、交

流的平台，加深幼儿与幼儿之间的了解，增进彼此友谊。胆小内向的幼儿可以向自己的好朋友介绍自己找到的棒棒糖。他们在你一言我一语中相互交流。教师进行有目的的观察，捕捉幼儿感兴趣、有价值的素材。

③欣赏糖果图片，了解不同种类的糖果。从幼儿经验的交流中，教师发现幼儿对棒棒糖的形状和口味比较感兴趣。教师跟随幼儿的兴趣点，在活动中进一步丰富知识，提升经验，形成活动延伸，布置糖果派对。教师在提升幼儿经验的基础上，引出各种各样的糖果，布置班级主题环境。

小班幼儿非常喜欢《鼹鼠和棒棒糖》，看了很多遍后还是意犹未尽。在整个教学活动中，幼儿的参与性、主动性和积极性都比较高，达到了教师设定的活动目标。在活动中，教师能够捕捉幼儿的兴趣点，积极回应，及时生成有价值的活动，达到有价值判断、有价值处理的目的，使师幼双方都体验到教和学的快乐。

图12-1 观影提问

图12-2 说说自己吃过的棒棒糖

图12-3 幼儿相互交流分享

图12-4 糖果派对

四、培训及教研活动档案

幼儿园应根据教师的年龄结构、专业技能、教学水平的实际情况，实行分层培训模式，引导教师在不同层级培训中学习，在学习中反思，在反思中收获，在收获中成长，真正实现教师的专业素质和教育质量的双向提高。

（一）分层立标，确定方向

根据幼儿园教师的教龄层次和教学能力，我们将全园教师分为四个梯队：1~3年新手教师（幼儿教育工作的入门期），3~5年成长教师（幼儿教育工作的起步期），5~10年骨干教师（幼儿教育工作的升温期），10年以上专家教师（幼儿教育工作的创新期）。我们根据梯队分别制定不同层次的发展目标与具体要求，如新手教师主要是以模仿老教师实施幼儿园规定的课程为主，了解实际教学的基本程序；成长教师在老教师和教研组的帮助下，开始独立执教创设活动，在幼儿园规定的课程基础上，摸索幼教工作的基本程序（包括一日活动安排、各教学活动的基本结构等）；骨干教师在前两个阶段的实践基础上，以反思的形式学习启用相关理念，能够在活动过程中以课程为载体对自己的教育理念和教育教学行为进行调整和梳理，形成自己的教学风格和教育特色。专家教师在骨干教师的基础上具备了一定的教科研能力。他们承担某一课题的牵头任务，能够在某一领域总结经验，协助幼儿园带教青年教师。这样教师能够根据自身实际和需求确立发展定位，力求人人有定位、个个有发展。

（二）开展多层次、全覆盖的分层培训

在园本培训中，我们要准确地分析把握每一层级教师的情况，尊重教师的个体差异，有针对性、分层次、全覆盖地做好新教师、青年教师、骨干教师、专家教师的培训，通过分层次、多角度的培训，满足不同阶段、不同教师的成长需要，激发教师的学习动机，优化培训效果。

1. 岗前培训促使新教师尽快适应角色

尽快了解幼儿园的办园理念、教育目标、园所文化、规章制度，尽快融入集体，顺利开展工作，是新教师培训要解决的问题。在每学年新教师上岗之前，幼儿园会组织为期一周的岗前培训。内容包括专业思想及职业道德教育、团队精神、《幼儿园教育指导纲要（试行）》《3—6岁儿童学习与发展指南》《幼儿园教师专业标准（试行）》等。此外，幼儿园还组织新教师学习幼儿园教育法规、幼儿园规章制度、教育教学常规，让新教师了解办园理念，感受园所文化，为其今后顺利开展工作打下基础，做好准备。

2. 师徒结对"传帮带"

师徒结对是一种促进教师专业成长的学习模式。该模式能促使新教师尽快适应教学模式，对新教师获得专业成长有很大的促进作用。此外，师傅在带教过程中也能获得进一步的成长。师傅和徒弟在互动过程中优势互补，协调发展，共同成长。

3. 学科组培训

各层级教师在专业成长方面基础不同，特长各异，需求也不相同。我们根据每位教师不同的专业需要，将他们分成若干学科组，如音乐组、科学组、体育组、语言组等。每学期初，各学科组都会制订相应的学习培训计划。教师根据各自特长参与学科组的各项培训学习，在各自领域提升自身的教育教学水平。

4. 年级组业务学习

年级组依据园内教育教学计划开展年级组培训学习，保证学习的时间和质量。学习内容大致分为集体备课、经验交流、问题解决、专题研讨、年级活动商讨等。年级组要对本年龄段教学整体成果有计划，有目标，做到心中有数，确保年级组整体共同提高。

五、家园与社区活动教育档案

幼儿园的教育不仅仅局限在幼儿园内。关注周围环境，关注社会生活，利用大自然、大社会中有利的教育因素来丰富我们的课程内容，把幼儿园的课程真正与家庭、社区整合起来，将对幼儿教育事业起到不可估量的作用。

（一）创建家园社区资源库

社区资源是丰富多样的。我们将家园、社区资源整理归类，以文本信息（包括图片）、电子信息等形式记录下来，形成社区资料档案，为教师建立良好的资源分配指南，以便教师在活动中及时获取所需资源。

表12-3　社区资源库

类别	社区资源	联系方式	建议活动
材料资源	节庆用品等	……	节日性活动（新年、"六一"儿童节、圣诞节等）
综合性资源	公园、住宅小区、种植园、培训机构、中小学、剧院	……	春游、秋游 拓展、主题参观
信息资源	广电专业人员、心理咨询师	……	各大活动的宣传语策划（摄影摄像） 讲座沙龙

续表

类别	社区资源	联系方式	建议活动
人力资源	交警、地铁工作人员、机场工作人员、医生、舞蹈教师等	……	主题体验活动 表演秀 沙龙等

1. 走进校园参与课程教育活动

教育活动需要各专业人员的支持,所以我们采用"请进来"的方式,将专业人员和有特长的家长引进课堂,让他们参与到教育教学中来,为幼儿提供更丰富的教育内容。例如,我们根据主题活动开展的爱牙日活动、自我保护活动、小小交通站游戏、交通小常识活动、DIY厨艺大比拼、我是环保小卫士手工赛、我和爷爷做风筝等,每月一期的妈妈故事团、家庭亲子宝宝秀、故事大王,节庆活动中的闹元宵亲子活动、妈妈的节日、端午美食节、我们爱老师、迎中秋庆国庆亲子活动、圣诞狂欢日、新年饺子宴等活动。

建立家园活动文档需按照教育内容类别(主题亲子活动、每期故事团、每月宝宝秀、节庆活动)收集每学期的家园活动资料。资料内容包括图片,音像,文字资料成册(计划、实施简报、反思与小结),公众号微信推文等。

表12-4　XX班家园活动登记表

时间	活动主题	图片	音像	文字资料			公众号微信推文	参与人数	负责人
				计划	实施简报	反思与小结			

2. 走入社区开展亲子教育活动

社区与生活紧密联系,为幼儿提供了更多真实的生活现场,可以拓展教育活动空间,丰富幼儿感性认识,帮助幼儿积累、提升生活经验。例如,走进社区的超市,坐地铁,在农场、农科所、公园开展春游、秋游活动,到敬老院献爱心,参观水厂、汽车店、科学馆、军营,开展阅读活动,开展家园社区互动项目等,都对幼儿发展有很大帮助。

每次活动都由参与组织者进行方案设计,与教师共同商讨,确定活动形式与时间,再通过发放邀请书,邀请更多的人参与活动。所有参与者以不同的角色参与组织，如摄影者、摄像者、纪律组织者、财务管理者、物品购买者、道具管理者、宣传者、助教者、讲解者等，把参与和管理结合，人人参与，人人担当，最后将资料整理归档。

表12-5　XX班家园共育社区项目活动登记表

时间	活动主题	图片	音像	文字资料			公众号微信推文	参与人数	负责人
				计划	实施简报	反思与小结			

（二）亲子宝宝秀

幼儿园亲子活动的开展对加强家园合作、增进亲子感情、促进幼儿健康发展具有重要意义。幼儿园开展的"宝宝秀"才艺展示活动，是以提高幼儿对各类才艺的感受能力、表现能力，丰富幼儿园的校园文化，增进亲子感情，搭建家园合作平台为目的的。

①以活动促进艺术为目的，增强幼儿对艺术活动的兴趣，为幼儿提供展示自我的平台，让家长和幼儿一起提升自信，增强团队合作意识，感受演出成功的喜悦，同时也在家庭与家庭之间搭建起良好的合作平台。

②制订计划，做好宣传工作。幼儿园通过召开家长会，向家长介绍"宝宝秀"活动的目的、意义，家长应承担的角色以及需要配合和注意的事项等内容。

③以小组形式自愿报名，家庭与家庭之间自由搭配分组。幼儿园每月为幼儿开设表演专场。全班幼儿做观众，演员家长到场，其他家长自愿到场。

④幼儿园以亲子互动的形式，积极地为家长和幼儿搭建一个展示亲子亲情的平台。家长全程参与"宝宝秀"的策划、节目编排、舞台布景、服装道具制作及演出，让幼儿感受到家长的陪伴。

⑤节目形式不限：歌曲、朗诵、舞蹈、模特秀、小合唱、集体舞等。家长和幼儿一起商量、准备和编排，使每个节目的时间控制在2分钟以内。表演结束后，每名幼儿可获得优秀表演奖状和小奖品。

亲子"宝宝秀"总结
（××班家委）

第一期"宝宝秀"活动开展得非常成功。家长们集思广益，组织和策划了一场紧凑且精彩的"宝宝秀"。这场"宝宝秀"舞台效果非常好，节目十分精彩。

家长们提前精心布置"宝宝秀"舞台，准备节目所需道具，耐心编排、整合节目。家长们分工明确，各司其职。幼儿们也表现得十分自信，有表演武术的，有跳舞的，有走模特的。个个幼儿都秀出了真我。活动开展得非常顺利，得到了幼儿和家长的一致好评。活动虽然取得了很大的成绩，但也存在一些不足。例如，幼儿上台后没有自我介绍；有些节目的道具可以更加丰富、美观一些；集体节目太多，可以增加一些个人才艺展示等。虽然第一期"宝宝秀"活动已经结束了，但我们对舞台的画面、热闹的氛围仍然记忆犹新。在这次活动中，幼儿收获了自己的成功，家长体验了幼儿的童真。

"宝宝秀"活动丰富了幼儿的生活，增进了家长和幼儿的感情。它作为一个平台，给了幼儿在家长、教师面前表现自我、施展个人才艺的机会。家长通过"宝宝秀"的平台也更加了解、贴近幼儿，从而加深了亲子感情。作为教师，我们更是在活动中得到了与家长充分交流与沟通的机会。

第十三章 师幼互动质量及提升

> 师幼互动是指在一日活动中，师幼之间发生的各种形式、性质和程度的相互作用和影响。师幼互动的过程既是教师教育价值发挥的过程，也是教师、幼儿共同成长的过程。任何先进的课程理念、课程目标、课程方案都要借助于教师和幼儿之间的相互作用来实现价值。师幼互动质量的高低直接影响课程效果的好坏，是幼儿的主体性、自主性能否凸显的关键影响因素。

一、师幼互动类型和情境

师幼互动既可以发生在有组织的教育教学活动中，也可以发生在非正式的游戏中。活动情境是影响师幼互动的隐性成分，影响着师幼互动的频率、类型以及内容等。

（一）根据教师行为对象划分的师幼互动类型

我们借鉴社会学视野与研究策略，以教师行为对象及师幼行为属性为标准来研究师幼互动类型。根据教师发起互动时的行为对象，我们可将师幼互动类型划分为师班互动、师组互动、师个互动三种。有研究通过对50位教师在活动中发起的1522次互动观察结果进行统计分析，发现不同的师幼互动类型有如下特点。[1]

表13-1　不同情境下教师不同行为对象的百分数比较

	师班互动（%）	师组互动（%）	师个互动（%）
游戏活动	45.6	8.8	45.6
生活活动	40.6	12.0	47.4
运动活动	56.7	10.8	32.5

---

[1] 黄娟娟：《师幼互动类型及成因的社会学分析研究——基于上海50所幼儿园活动中师幼互动的观察分析》，载《教育研究》，2009（7）。

续表

		师班互动（%）	师组互动（%）	师个互动（%）
学习活动	集体活动	71.4	7.2	21.4
	区角活动	26.8	13.4	59.8
其他活动		51.4	9.9	38.7
合计		49.7	10.5	39.8

（注：其他活动是指来园活动、过度活动和自由活动）

1. 师班互动

师班互动是教师行为指向全班幼儿的一种互动类型。这种互动主要发生在集体学习活动和运动活动的组织教学、陈述（说明或指示）、提问等过程中。特别是在幼儿园集体学习活动中，师班互动占绝对优势，高达71.4%。这两类活动中教师的价值取向倾向于强控制，"秧田型"空间形态导致了教师集权控制下的"伞状空间"。教师习惯于根据自己的预设框架展开教育教学活动，但幼儿具有主动交往和"角色主动化"的权利。因此集体教学活动情境下，教师应当注意发挥幼儿的主体性，建立"启发引导—主动发问"的师幼互动类型。

2. 师组互动

需注意的是，在幼儿园各项活动中，师组互动均是比例最低的。这说明幼儿小组在幼儿园活动中虽已引起教师的关注，但并未成为主导的互动群体。田方、黄瑾的研究结果显示，小组活动形式已经占有一定比例，但小组活动中的师幼互动水平明显低于集体活动和个别活动中的师幼互动水平，尤其是在认知发展方面不足，对幼儿的启发、引导较少。[1] 有研究指出，教师与小组幼儿的互动是建立在幼儿与同伴互动基础上的，这时发生的师幼互动质量更高。因此，小组活动中教师应当帮助幼儿建立有实际意义的小组，小组成员之间不是各做各的就可以的，而是必须分工合作才能完成任务的。

3. 师个互动

在区角活动中，师个互动占明显优势，比例超过50%，而且师个互动具有倾向性，即教师主要是与男孩、性格外向、发展水平中等的幼儿互动。教师在与个别幼儿互动时，要倾听幼儿的心声，给幼儿表达的机会，让幼儿学习沟通的技巧，与幼儿相互分享情感。这种具有预期目的与明确对象的师个互动行为表现在要求

---

[1] 田方、黄瑾：《不同类型和组织形式活动中师幼互动现状比较研究》，载《幼儿教育（教育科学）》，2014（6）。

与回应、提问与应答、口头表扬与批评、个别指导、身体接触、眼神交流等过程中。教师表露出对幼儿的期望、偏爱或偏见，幼儿体验着归属、自尊、对自己的评价等。[1]

（二）根据师幼互动内容划分的师幼互动类型

1. 班级管理型

班级管理型师幼互动最常发生在运动活动和生活活动中。在运动活动中，幼儿更多地与同伴互动；教师则对安全问题关注程度较高，常管理幼儿的行为。生活活动中的师幼互动以教师对幼儿行为的管理为主。幼儿发起的互动大多为"老师，我想上厕所""老师，我还想添饭"之类，而教师发起的互动多以对幼儿生活的照顾和秩序的维持为主，如"请排队喝水""请闭上小眼睛安静入睡"。此外，班级管理型师幼互动还常发生在常规建立及维持的情境下。例如，集体活动中教师引导幼儿安静倾听小朋友的分享；区域活动中建构区的幼儿声音过大时，教师温馨提醒等。

2. 情感支持型

情感支持型的师幼互动多发生在幼儿面临困难、挑战或接触新材料、新任务等情境中。例如，区域活动中教师鼓励幼儿尝试新材料、新方法并持续探究；运动活动中教师表扬幼儿坚持、不放弃的精神，鼓励幼儿挑战高难度的动作；尝试失败时，教师营造积极氛围，鼓励幼儿寻找原因，鼓起勇气再次尝试；当幼儿有不同想法或意见时，教师尊重并肯定幼儿的观点等。

3. 教育支持型

教育支持型的师幼互动多表现为启发思考、语言示范、归纳总结，以促进幼儿高级思维能力的发展。高质量的教育支持要求教师能够根据幼儿的年龄、性格、性别、学习风格、兴趣等特点，在幼儿的最近发展区内，促进幼儿的认知发展，对幼儿发起的互动给予高质量的反馈。教育支持型的师幼互动常发生在教学活动和区域活动中，如"我看到刚才你非常认真，尝试了好多次，你也发现了螺丝钉很难钉进去，为什么会这样呢？有没有更好的办法把木板固定牢固"。而生活活动和运动活动中的教育支持型互动内容相对较少，可见这与活动的情境有较大的关系。[2]

---

[1] 黄娟娟：《师幼互动类型及成因的社会学分析研究——基于上海50所幼儿园活动中师幼互动的观察分析》，载《教育研究》，2009（7）。
[2] 田方、黄瑾：《不同类型和组织形式活动中师幼互动现状比较研究》，载《幼儿教育（教育科学）》，2014（6）。

二、师幼互动的有效性

师幼互动存在于幼儿一日生活之中，表现在幼儿园教育的各个领域，是教育过程的核心内涵。师幼互动蕴含着教师的教育观、儿童观、课程观，这些都在师幼互动过程中外显出来。有效的师幼互动通常具备以下特点。

（一）营造积极的情绪氛围

师幼互动的精神实质是师幼情感的和谐交融。教师的情感特征极大地影响着幼儿一日生活的情感取向。教师对幼儿持认同、喜爱、友好、包容等正向情感，必将激发幼儿积极情感的共鸣，进而引发幼儿积极主动的学习态度；相反，消极的情感会打击、挫伤幼儿的主动性。

因此，教师必须对师幼互动中情感支持价值有深入的理解，在此基础上形成师幼之间良好的情感纽带才能进行顺势引导。正所谓"亲其师，信其道"。欣赏和接纳幼儿的想法和行为，以积极的态度启发幼儿提问、发起提问或回应幼儿，允许和鼓励幼儿大胆表达游戏中的创意和发现，及时给予肯定评价，激发并维持幼儿兴趣，将幼儿引入有趣且有意义的任务情境中，都有助于形成积极的情绪氛围。

（二）保持在最近发展区内

幼儿的学习源于他们的生活，符合其生活经验和认知规律的东西才是他们乐于关注和易于接受的。因此，师幼互动的有效性应当建立在教师充分了解幼儿的经验及发展特点的基础上，使幼儿的学习既不脱离现有水平，又具有一定的挑战性，而且不至于对引导者形成依赖。

在幼儿能够用语言说明自己想法的时候，教师可以通过倾听幼儿的自言自语来判断任务是否处于幼儿的最近发展区内。研究表明，当幼儿遇到具有挑战性的任务时，他们往往自言自语。如果出现这种自言自语的现象，而且自言自语的内容又与当前任务有关，那么就说明当前任务是在幼儿的最近发展区内的。[1]这就需要教师通过观察和倾听幼儿的表达来判断幼儿当前的水平和最近发展区，不断调整互动的时机、策略，使幼儿能够超越已有的思维发展水平，在新的水平上学习思考问题。

（三）着眼于幼儿长远发展

师幼互动的过程不应局限于就事论事，或只关注当下活动目标的达成，还要超越

---

[1] 刘焱：《儿童游戏通论》，445页，北京，北京师范大学出版社，2004。

活动本身，超越当下的情境。

  大班阅读活动"一寸虫"
  师：草丛里有谁？
  幼：有蚯蚓、虫子、蛇……
  师：草丛里会有很多有生命的东西！

  "草丛里会有很多有生命的东西"这句话乍一听只是小结语，是对幼儿经验的提升，其实是对幼儿看待周围世界态度的一种影响。对幼儿的回答进行小结是常见的回应方式，能留给幼儿更多的思考和想象的空间，激发幼儿的探究欲望和游戏动力，鼓励幼儿探索多种解决问题的方法，着眼于幼儿终身学习能力、学历品质、社会性等的长远发展，为幼儿的生命成长奠基。

（四）促进自我反思与调控

  当幼儿可以控制自己的学习时，他们实现了对自己学习的自我调控。教师应当鼓励幼儿独立或与同伴合作解决问题。只有当幼儿真正遇到困难又几经尝试不能解决时，教师再采取适当的策略，帮助幼儿聚焦问题的关键点，反思当前状况及其背后的原因。一旦幼儿可以独立工作，教师应当及时减少或撤回支持帮助。

  在师幼互动过程中，如果教师总是采用指令性的要求（如"把它放在这里，不要放在上面"）来调节幼儿的行为，或者正面直接回答幼儿的问题（如"这是因为你选的材料太重了"），就会抑制幼儿自我调控能力的形成。所以师幼互动的策略方法非常关键。教师直接的干涉程度影响着幼儿自我调控能力的形成。

三、教学观摩及同侪互助

（一）同侪互助式教学观摩的内涵

  通俗地讲，教学观摩就是教学一线的"听课"，由两位或更多的专业同事有针对性地对同伴的教学进行观摩，然后由观摩者就某一方面的问题提供观察到的客观信息，并开展交流和讨论。

  但同侪互助中的教学观摩和行政式的教学观摩有所不同。就观摩搭档而言，选择对象既可以是同年级、同学科的，也可以是跨年级、跨学科的，一般由教师根据自身需要自主选择搭档、师父或专家。搭档关系是建立在教师彼此信任基础上的合作关系。彼此平等且互相尊重，没有上下等级之分，这为教师的互相指导提供了良好的合作氛围。就观摩的内容和形式而言，同侪互助并非一种训练或辅导，也不是一种指导与被指导的关系，而是由搭档自己选择研讨内容，确定研讨方式、时间，然后双方就某个问题共同进行研究的过程。不同于每学期固定的行政式观摩安排，观摩可能根据研究进展持续多轮，直到搭档彼此觉得问题得到妥善解决为止。同时，他们彼此还共享资源，交流教学或分享个人专业学习中的心得及困惑，这有助于促进各自的实践反思和业务水平的提高。

显然，同侪互助中的教学观摩具有如下特性：一是自愿性，同侪互助不同于正式群体，它是教师自愿组成的群体，通过氛围与情感维系共同体的成员；二是同一性，同侪互助共同确定实践和信念（如共同的探索目标和方法、协商的意义和充分的交流、趋同的学习研究兴趣和观点、基于合作的实践和基于实践的合作等）；三是发展性，同侪互助以创造与传承知识为主要路径，以促进成员的专业发展为最终目标。[1]

同侪互助式教学观摩案例——第一轮观摩

观摩时间

周四上午9：00—11：30。

观摩主题

户外建构游戏中的师幼互动策略。

主题背景

2015年6月，我园部分骨干教师赴安吉幼儿园学习，并将"安吉游戏"的先进理念与我园的园本特色相结合，形成了每周一次的幼儿大型户外自主游戏活动。根据幼儿园现有活动场地分布，我们把自主活动区域大致分为大型体能锻炼区、沙水区、角色区、科技操作间和大型搭建区五部分，每个区域的环境布置和材料投放都是经过教师多次的探索、碰撞、思考最终决定的。每周四上午是中、大班的幼儿自由选择心仪区域进行游戏的时间。幼儿是活动的主人，教师是伙伴、观察者和支持者。很快户外自主游戏就成了幼儿最爱、最期待的一项活动，这让教师备感欣慰。

在摸索过程中，教师逐渐发现了问题，担心影响幼儿的自主自由（这也是安吉游戏的核心）。教师观察多，介入少，只有在幼儿需要材料或遇到安全问题时才介入。幼儿最初很享受完全自主自由的游戏。随着时间的推移，教师在大型搭建区发现，幼儿搭建长期停留在低水平重复阶段。于是教师开始思考户外自主游戏中教师的角色，在倡导自主的情况下，教师是不是一定不能介入？有没有一些师幼互动策略既不影响幼儿的自主性，又能促进幼儿的发展？

于是我园骨干教师刘老师就这个问题查阅了文献，进行了深入反思，把总结

---

[1] 丁新胜：《幼儿教师同侪互助观课的理念与运作》，载《学前教育研究》，2007（07-08）。

的师幼互动策略在自己班级上进行尝试，收到了一定效果。于是她计划邀请本园的几位教师来现场进行同侪互助式教学观摩。教学园长非常支持刘老师的想法，并邀请了姐妹园的教师参与了此次观摩。

活动过程

1. 介绍材料和活动要求

①教师带领幼儿绕场地一周，介绍场地里新增的搭建材料，让幼儿了解各类材料的存放位置。

②教师提出活动要求。

教师：小朋友们，我有两个温馨提示：第一，在活动中请小朋友们注意安全，保护好自己；第二，当你去取放材料的时候，一定要小心，不要碰坏其他小朋友的作品。

2. 幼儿自主搭建

①幼儿自由组合，选择材料和搭建场地。

②幼儿自主搭建，教师指导。

3. 集体参观搭建作品，分享搭建过程

研讨过程

1. 执教教师反思

在日常的搭建活动中，我常用的策略有试误策略、干扰排除策略、异向思维策略、情境体验策略、平行示范策略。今天的师幼互动主要运用到了试误策略和异向思维策略。

（1）试误策略

试误即尝试错误，是指让幼儿不断地尝试多种方法，使错误逐渐减少，成功体验不断增多。在幼儿快要放弃时，教师给予幼儿鼓励，但不直接告知幼儿正确方法，直至幼儿自己探索获得成功。

（2）异向思维策略

异向思维是指从不同方向、角度思考问题的思维方式。例如，在幼儿搭三角形亭子时，刚搭完没过多久亭子就倒了。幼儿反复搭建，亭子反复倒塌，幼儿一直没有寻找到亭子倒塌的原因。这时教师介入进去，和幼儿一起寻找亭子倒塌的原因。教师通过引导，让幼儿观察圆柱的受力面。当用手轻碰圆柱时，圆柱就会晃动。此时教师找来了另外一个方形柱子，让幼儿比较两个柱子哪个稳。幼儿通过尝试发现，在用手触碰柱子的比较中，方柱比圆柱稳些。于是幼儿展开思考，寻找稳的原因，发现是受力面的因素，受力面大的柱子比受力面小的柱子要稳。教师通过这样的异向思维策略引导幼儿改变当前的思维方式，帮助幼儿获得新的搭建经验。

2. 参与人员研讨

（1）对本次活动的评价

①场地材料。

场地宽阔；材料丰富，有层次，全面，细致，摆放有序合理。

男生注重场地的规划，女生注重建筑的装饰。材料能满足幼儿的需求。

高质量的互动并不全是看得见的。教师有准备的环境很重要。

②活动过程。

幼儿的活动不光是建构能力的锻炼，还有适度的运动量。

幼儿活动自主有序。

教师能顺应幼儿的特点，提供发展支架，给予幼儿的语言、手势、眼神很恰当。当幼儿遇到困难时，教师以辅助者的角色介入，语言启发到位，遵循幼儿在前、教师在后的原则，同时很好地把握了退出的时机。

③活动小结。

教师小结时能抓住有价值的问题进行提升。

④建议。

教师的情绪支持很重要，参与时可以更加投入。

教师可以和幼儿一起以玩伴的角色参与活动，激发幼儿游戏向更高水平发展。

小结的方式可以更加多元，如分小组分享。

亭子搭建可以更多样，方法可以更丰富，需要用多种策略提升幼儿多样化搭建水平。

活动开始前，幼儿没有做计划，没有商量要搭建什么。教师应该给予幼儿做计划的时间和材料支持，让搭建更有计划性，让幼儿在计划中思考，这也能提升幼儿的表征水平。

（2）关于师幼互动中教师介入时机的研讨

经过研讨，参与观摩教师一致同意执教教师的观点，即自主游戏不代表放任，教师也不能只在出现安全问题时才介入，否则会导致幼儿游戏停留在低水平重复上。具体需要教师介入的时机归纳如下。

①游戏出现负面内容的时候，如冲突、打闹、粗口等。

②出现安全问题时。

③个别幼儿游离在外，一直在独自游戏时。

④幼儿主动发出寻求帮助请求时。

⑤幼儿遇到困难难以实现自己的愿望时。

⑥使用材料，幼儿的技能达不到时。

同侪互助式教学观摩案例——第二轮观摩

观摩时间

周四上午9：00—11：30。

观摩主题

户外建构游戏中的"激发式"师幼互动策略。

主题背景

通过上一次观摩研讨，执教教师进一步肯定了自己"在自主游戏中，必要时教师也可介入"的观点，并认识到了介入时所采用的师幼互动策略的不足，对游离状态的幼儿、投入但满足低水平现状的幼儿、重复操作却没有反思提升的幼儿支持不够。根据上一次观摩的研讨建议，执教教师对师幼互动策略进行了进一步梳理，并把重点放在了"激发式"师幼互动策略上，旨在在不影响幼儿自主性的前提下，采用适当的激发式策略，提升幼儿搭建游戏水平。经过一段时间实践后，执教教师再次邀请同事前来观摩评价。

活动准备

户外搭建活动前一天，执教教师请幼儿自由结伴，在教室里做了搭建计划，画好图纸，并告知教师新的材料需求，以便教师在第二天搭建时准备好。

活动过程

（同上一轮）

研讨过程

1. 执教教师反思

结合上次大家提供的意见，在活动前，教师让幼儿在搭建前一天做了计划，并为他们准备了新材料。如果不能满足幼儿的需要，教师就让幼儿自己思考有什么替代物可以实现同样的功能。

活动过程中，教师主要采取了以下策略。

（1）引发策略

激发时机：当幼儿无目的、无计划时。

提升内容：兴趣、计划。

场景描述：搭建游戏时，乐乐一个人在玩汽车，不参与任何搭建活动。

师：你的汽车看起来很棒。

乐：是啊，它是可以前行、后退、旋转的飞车。

师：一般的马路上好像是没有这种车的。

乐：那当然，这车只能在旋转公路上行驶。

师：这样的公路我都没见过，要是有一条这样的公路让你的汽车潇洒地在上面行驶就好了。

乐：那很简单啊，我现在就去搭一个，你能帮我看着我的汽车吗？别让别人拿走了。

乐乐的公路搭建持续了一个多小时……

（2）质疑策略

激发时机：当幼儿重复操作，意识不到问题存在时。

提升内容：搭建技能、主题完善、装饰美观等。

场景描述：几个女孩搭了一个三层高的酒店，每一层设置了不同的场景功能，但没有进入的楼梯或电梯。

幼：老师，快来看看我们的酒店，有三层呢！

师：这是个很华丽的酒店，我很想进去住一下，我该怎么进去呢？要直接飞到二楼去吗？

幼儿之间：看吧，我们没有楼梯，老师你等会儿再来吧。

20分钟后，教师再次走过来……

幼：这是我们通往二楼的楼梯，里面这个方块是电梯，你去几楼？

图13-1 教师介入前的酒店　　　图13-2 教师介入后的酒店

（3）推进策略

激发时机：当幼儿满足于低水平搭建时。

提升内容：挑战欲。

场景描述：两个女孩搭建公园，放好围栏，铺上草坪，种上小树，很快搭好后便重复摆放小树。

师：这是你们设计的公园吗？

幼：是的。

师：好像我去过的公园都有很多好玩的地方，你们的公园有吗？

图13-3　教师介入前的公园　　　　　　　图13-4　教师介入后的公园

幼：有啊，有过山车、摩天轮、跷跷板。

师：原来你们的也有，那一会儿我带我的宝宝来玩。

……

20分钟后，游乐场里多了许多游戏设施。

（4）归因策略

激发时机：当幼儿重复操作，却没有反思总结时。

提升内容：逻辑思维、问题解决能力。

场景描述：图图垒围墙，花了很长时间，搬了几趟积木才垒高了一点，偶然尝试把积木立起来，很快就搭高了。

师：你刚才很快就把围墙搭起来了，你是怎么做到的呀？

幼：我开始是这样平着放积木的，后来又把积木立起来放了。

图13-5　教师介入前的围墙　　　　　　　图13-6　教师介入后的围墙

师：如果下次你再想搭一个高高的东西，你觉得怎样做更快呢？

幼：把积木立起来更快，这样只用几块积木就可以搭得很高了。

2. 参与人员研讨

（1）对本次活动的评价

①场地材料。

教师在场地悬挂了大量建筑物的照片。这些照片作为环境的一部分，引发了幼儿的观察、讨论和思考。幼儿把观察到的内容运用到了搭建中，丰富了自身经验。

教师创设了丰富的、有准备的环境。幼儿兴趣浓厚，不断体验从失败到成功的喜悦。前一天做计划→提前准备材料→放手让幼儿搭，教师把工作都做在了前面，才有了今天幼儿尽情地创作。

②活动过程。

师幼互动氛围很好。提问时机恰当，语言凝练。教师能够把主动权交给幼儿，在尊重幼儿、保证幼儿愉悦心情的前提下让幼儿得到经验提升。

作品倒塌时，教师没有立即介入，而是给幼儿提供了自主协商的机会，让幼儿的社会性得到了发展；推进策略及时得当，总结分享了搭得最高和最稳的经验，抓到了关键。

教师给人的状态很舒服。幼儿干得热火朝天，很专注，合作能力、合作精神都得到了体现。教师积淀深厚，抓住契机让幼儿感知平衡、摩擦等物理经验。

③活动小结。

总结时，教师能够抓住有价值的问题递进提问，并让倾听的幼儿提问，让大家都参与进来，提升经验。

④建议。

教师可以发挥设计图的价值，介入时问"你搭的是设计图里的哪个部分"，以便图与实物对应。

教师可在结束前两分钟预告幼儿，让他们有时间做好收尾工作，而不是突然结束。

教师可以提供小凳子或其他合适的工具，帮助幼儿拿够不到的材料，或者辅助搭高。

分享时教师可以让幼儿分析作品和计划是否相符，修改了哪些，增加了哪些。

（2）关于"激发式"师幼互动策略的研讨

观摩活动的教师就"户外建构游戏中还有哪些场景需要教师介入，介入的目的是什么，该采取什么策略介入"进行了讨论。内容归纳如下。

表13-2 户外建构游戏中教师的介入

介入场景	介入目的	介入策略
想要放弃时	培养幼儿的耐心和抗挫力	了解问题，给予针对性指导 沟通鼓励，以同伴身份合作参与
进展困难时	提升幼儿经验	推进策略 情境化语言催化

（二）学习共同体

教师专业素养的高低直接决定了幼儿园教育教学的质量和水平的高低。幼儿园的教研活动承担着促进教师专业发展的使命。学习共同体理论对于教师的专业发展有积极作用。学习共同体具有互动性、异质性，这些特征对幼儿园教研活动的开展有很大的借鉴意义。学习共同体强调成员之间有效互动和资源共享，针对教育教学和自身发展中出现的问题选择适宜的教研形式解决，能够有效促进幼儿教师的专业成长、幼儿园教研质量的提升及幼儿的健康成长。[1]

1. 学习共同体的类型

根据幼儿园教研内容来源既有自上而下的又有自下而上的实际情况，学习共同体的构建也可以有两种方式：一种是行政式学习共同体，教师必须参与其中，如不同的年级组、中英文教研组；另一种是自发式学习共同体，创建的标准可以是幼儿教师的兴趣和特长、现有发展水平、开展的课题研究或自发形成的专题式研究等，如阳光户外组、幼儿自主评价研究课题组、共读一本书组等。两种类型的学习共同体互为补充，共同满足不同发展阶段教师的成长和学习需求。

自发式学习共同体的组建一定要甄选异质性成员。成员的异质性不仅体现为引领者与学习者之间的异质性，还体现为个体成员内部的异质性。在学习共同体中，引领者负责学习共同体成员研讨活动的针对性、有序性及延续性，以更好地达到知识交流、反思和共生的效果。需要强调的是引领者不是领导人员，而是参与人员。

2. 学习共同体的运行机制

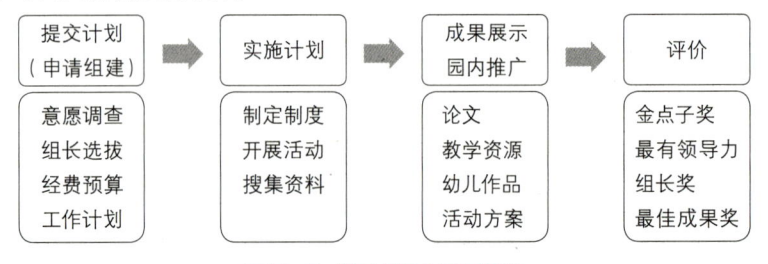

提交计划 （申请组建）	→	实施计划	→	成果展示 园内推广	→	评价
意愿调查 组长选拔 经费预算 工作计划		制定制度 开展活动 搜集资料		论文 教学资源 幼儿作品 活动方案		金点子奖 最有领导力 组长奖 最佳成果奖

图13-7 学习共同体运行机制

---

[1] 娄丽娟：《基于学习共同体视域的幼儿园教研活动研究——以山东省六所幼儿园为例》，硕士学位论文．山东师范大学，2016．

表13-3 幼儿园学习共同体构成（样例）

名称		带头人	参与人	学习/研讨内容	开展形式	开展时间
按管理	中文组	中文教研员	全体中文教师	①学前教育前沿政策、理论与实践动态 ②某一领域的系统知识、经验 ③本园教师当下迫切需要解决的共性问题 ④本园课程建设遇到的问题 ⑤各类检查反馈的教育教学问题	①教师讲坛（成熟教师） ②专家讲座 ③主题教研（针对不同发展阶段的教师设置不同的主题） ④经验交流 ⑤区域材料观摩 ⑥主题环境观摩 ⑦外出学习（学术论坛、跟岗观摩）	单周周三下午
	英文组	英文教研员	全体英文教师			每周五上午
按年级	小班组	年级组长	全体小班教师	①教学活动方案（共性方案+个性化方案） ②年级组共同面临的阶段性问题（如小班入园焦虑、大班幼小衔接） ③大型活动方案（节庆、家长开放日、运动会、春/秋游）	①集体备课 ②计划商讨	第4、8、12、16、20周周三下午
	中班组		全体中班教师			
	大班组		全体大班教师			
按兴趣	科学组	学科组长（组内自选，由该领域有专长的成熟教师担任）	在该领域有兴趣的教师自愿选择参加	①材料投放 ②教学活动设计 ③师幼互动策略 ④资源包，如科技资源包、音乐资源包、早操资源包 ⑤课题研究 ⑥特色创建 …… （由小组成员自行研讨制订活动计划）	①活动观摩 ②主题研讨 ③外出学习 ④资源共享	第2、6、10、14、18周周三下午
	体育组					
	音乐组					
	读书组			①分享读书心得 ②好书推荐	①线上分享 ②线下讨论	双周四19：30—20：30

注：按兴趣组成的学习共同体不局限于表中的几类，可根据教师需求灵活建立。

（1）提交计划

每学期初各小组制订、提交工作计划。行政式教研组要结合园务计划中的教育教学重点和教师的共性需求制定具体实施措施；自主式教研组可根据小组成员的意愿、兴趣、需求，自行制订工作计划。计划应当包括但不限于目标，具体活动安排（时间、地点、内容、形式），经费预算等内容。

表13-4 "共读一本书"活动约定

书目	《幼儿园区域活动——环境创设与活动设计方法》				
时间	每周四晚19：30—20：30				
目标	①青年教师全面了解区域活动开展的各项要求和方法，提升专业素养 ②青年教师养成定期阅读并深入思考的良好阅读习惯 ③幼儿园为青年教师提供交流读书和工作感悟的平台				
内容	汇报读书进度，分享阅读过程中的感悟与疑惑				
人员	每次分享设1位主持人、1位秘书长。职责如下： 主持人：负责预告、领读、组织、总结分享活动 秘书长：①负责活动签到和请假 　　　　②记录所有人的阅读进度 　　　　③活动结束后整理当次分享的会议记录				
流程	读书分享在"共读一本书"微信群里进行，流程如下： ①接龙汇报各自阅读进度，如已完成/未完成（读至××页） ②分享各自阅读心得及疑惑并聚焦该章节相关的主题，进行深入研讨（阅读心得及疑惑100字左右，可用文字记录或拍手写笔记） ③总结				
请假	①当值主持人或秘书长请假：请自行委派代理人并提前1天在群里告知大家 ②其他参与人员：请自行联系秘书长请假				
分享内容安排	日期	分享章节	日期	分享章节	
	10.26 主持人XX 秘书长XX	第一章　区域活动的概述	12.7 主持人XX 秘书长XX	第六章　预备区域 第七章　基本区域（第1、2、3节）	
	11.9 主持人XX 秘书长XX	第二章　区域环境的准备与创设 第三章　区域材料的投放与研究	12.21 主持人XX 秘书长XX	第七章　基本区域（第3、4节） 第八章　创意区域（第1、2节）	
	11.23 主持人XX 秘书长XX	第四章　区域活动的组织与开展 第五章　区域活动的分析与评价	1.11 主持人XX 秘书长XX	第八章　创意区域（第3、4节） 第九章　延伸区域	
经费预算	支出项目 书籍	单价 47.4元	数量 10本	预算总计 474元	

（2）实施计划

科学合理的制度是活动有序开展的重要保障。首先，幼儿园要颁布统一的教研活动制度，制定诸如《_____工作计划表》《教研活动记录表》《区域材料观摩评价表》等统一规范文件，以帮助教师聚焦研究问题，及时归纳整理研究成果；其次，幼儿园还可根据具体的活动开展形式，制定相应的保障制度，如制定《师徒结对协议》以明确师徒双方的职责。

×××幼儿园师徒结对协议书

为了加强教师队伍建设，充分利用现有教育资源，发挥骨干教师的"传帮带"作用，帮助青年教师尽快更好地提高教育教学工作能力，促使其快速成长，双方愿意结成师徒对子，并达成如下协议。

一、师傅职责和义务

①教书育人，为人师表，热爱学生，热爱教育事业，在师德、工作态度、教学业务、班级管理等方面做出榜样；对青年教师应真诚关心，耐心指导，把自己丰富的教育教学经验倾囊相授，真正促使青年教师快速成长。

②每学年至少听青年教师4节活动课（集体教学、小组、区域），并实事求是地对活动进行评价，肯定进步，指出不足，积极支持青年教师参加各种专业活动和交流活动，并做好必要的指导。

③每学期指导青年教师学习一本教育教学理论著作，撰写一篇教学文章（案例分析、教研叙事、自我反思、论文等）。

二、徒弟职责和义务

①虚心好学，乐意接受指导，认真贯彻师德规范，自觉执行师德标准，教书育人，为人师表；在教育教学各个环节多钻研，多请教，在不断学习的基础上，提高教育教学质量。

②积极参加各种教研、业务交流活动；每学年至少听师傅2节课；听课要认真记录，写出反思。

③撰写一篇教学文章（包括案例分析、教研叙事、自我反思、论文等），结束时做好工作、学习的汇报总结。

三、本协议书有效期为一年，协议自签订之日起生效。本协议书一式三份，甲乙双方和幼儿园资料室各存一份。

师傅（签名）：

徒弟（签名）：

×××幼儿园
年　月　日

（3）成果展示

按照小组计划的时间，幼儿园在学期中或学期末展示一学期所取得的研究成果或阶段性成果。成果包括理论成果和实践成果：理论成果，如论文、著作等；实践成果，如教玩具、教学资源包、优秀课例等。展示的形式可根据成果类型灵活选择教师讲坛、教育活动展示、教玩具展示、教学资源包展示、幼儿作品展示等。

一方面，成果展示为了推广优秀经验，让观摩的教师快速知道怎么做，同时展示过程中的探讨还可以让教师知道为什么要这么做，以达到触类旁通、学习迁移的效果；另一方面，在展示的过程中，借助全园的智慧，教师对阶段性成果进行评估，为共同体成员的研究提出多角度的可行性建议。

（4）评价

幼儿园对教师教研有效性的评价应坚持以鼓励为主，激发教师自我成长，多用纵向比较，慎用横向比较，将过程评价和结果评价相结合，如设立"金点子奖""进步奖""主动参与奖"等，营造良好的教研氛围，激发教师持续学习和成长的欲望，调动教师的主动性和积极性，避免行政督促让教师感到压抑，产生抵触心理。

四、师幼互动的典型案例

在户外自主搭建活动中，美美和熙熙在用两个梯子搭房子，可是经过多次尝试都没有搭稳。这时熙熙跑来找我帮忙，我跟着她走到了梯子旁。

教师：美美，发生什么事了？

美美：这个梯子总是搭不稳。

教师：为什么它会搭不稳，你们有没有想过这个问题呢？

这时在一旁观看的火火说："因为有一个比较重。"

教师：原来是这样。我提醒你们一点，你们两个想办法找一找它的平衡点。如果这个东西平衡了，它就可以立住了；如果没有平衡，它就不能立住。你看这肯定是没有平衡的，再尝试调整一下。

于是两名幼儿在合作中慢慢地调整，寻找平衡点。可是她们尝试了很久，还是没能成功。

教师：还是没办法找到平衡吗？现在请你们来观察一下这两个梯子，先观察我手这边这个梯子，上面和下面哪个宽？哪个窄？

美美：上面宽，下面窄。

教师：那么我们可以怎么样……

美美马上抢着说：我找到问题了；那边的是上面宽，下面窄；这边的是上面窄，下面宽。

　　教师：那我们应该怎样调整呢？试一试。

　　于是熙熙立刻将上宽下窄的梯子，调了个头变成上窄下宽的梯子，两人再次尝试，成功了！

　　美美：这样子就完美了！

　　教师：所以你们遇到问题要自己去观察，才能够想到解决办法，加油！

　　户外自主搭建活动一直强调幼儿自主。对于幼儿遇到的问题，教师应根据幼儿现阶段的能力水平，给出不同的解决方法。对于美美和熙熙，教师觉得她们的能力很强，是可以通过不断地尝试来找到解决办法的，所以在稍做提示的基础上，给了她们很多时间尝试。她们经过多次试误，最终解决了问题，获得了成功。

　　在解决问题的过程中，教师还运用了提问策略。一开始幼儿找不到平衡点，不断地尝试，花费了很多时间，但是没有成功。此时，教师及时介入，用提问引导，鼓励幼儿从不同的角度思考问题，重新观察梯子的形状，发现梯子的重心，从而使幼儿找到了平衡点，解决了搭建的困难。

　　总之，在户外自主搭建活动中，当教师退到幼儿身后时，教师应该时刻关注他们的需要，及时有效地介入，做幼儿游戏的支持者；适度"示弱"退后一步，让幼儿在前，教师在后，做活动的观察者和支持者；"管住手，管住嘴"，给幼儿足够的时间和空间，把解决问题的机会尽可能地留给幼儿；关注幼儿在活动中的表现和反应，及时察觉他们的需要，及时以适当的方式应答；在师幼互动中，尽可能采用开放性的提问来激发幼儿的建构意愿。

参考资料

［1］蔡迎旗，海鹰．自主学习：幼儿园教师专业发展的现实之需．学前教育研究，2016（3）．

［2］陈鹤琴教育文集．北京：北京出版社，1983．

［3］狄飞．幼儿英语浸入式教学的研究与实验．兰州：西北师范大学，2001．

［4］丁新胜．幼儿教师同侪互助观课的理念与运作．学前教育研究，2007（07-08）．

［5］盖伊·格朗兰德．发展适宜性游戏：引导幼儿向更高水平发展．严冷，译．北京：北京师范大学出版社，2014．

［6］郝和平．幼儿园开展STEM教育的途径和方法．早期教育（教师版），2016（6）．

［7］黄娟娟．师幼互动类型及成因的社会学分析研究——基于上海50所幼儿园活动中师幼互动的观察分析．教育研究，2009（7）．

［8］黄珊梅．追随幼儿兴趣，促其自主成长——论探究型主题活动中幼儿自主性的发挥．网络科技时代，2006（9）．

［9］霍力岩，陈雅川，周彬．美国学前儿童观察记录系统的评价内容、实施方法与借鉴意义．中国特殊教育，2015（1）．

［10］卡罗尔·格斯特维奇．发展适宜性实践：早期教育课程与发展．霍力岩，等，译．北京：教育科学出版社，2011．

［11］林秀娟．幼儿园主题探究活动课程的探索与实践——幼儿园主题探究活动课程实验研究课题总结报告．厦门教育学院学报，2007，9（2）．

［12］刘馨．学前儿童体育．北京：北京师范大学出版社，1997．

［13］刘焱．儿童游戏通论．北京：北京师范大学出版社，2004．

［14］广州市第一幼儿园．幼儿园平衡膳食食谱．南昌：江西科学技术出版社，2011．

［15］娄丽娟．基于学习共同体视域的幼儿园教研活动研究——以山东省六所幼儿园为例．济南：山东师范大学，2016．

［16］莫源秋，等．幼儿园教研活动设计与实施．北京：中国轻工业出版社，2014．

［17］上海市教育委员会教学研究室．幼儿园课程图景：课程实施方案编制指南．上海：华东师范大学出版社，2013．

［18］田方，黄瑾．不同类型和组织形式活动中师幼互动现状比较研究[J]．幼儿教育

（教育科学），2014（6）.

[19] 王微丽，霍力岩. 支架儿童的主动学习. 北京：北京师范大学出版社，2016.

[20] 王微丽. 幼儿园区域活动：环境创设与活动设计方法. 北京：中国轻工业出版社，2014.

[21] 徐子煜. 幼儿科技教育概论. 上海：上海科技教育出版社，2003.

[22] 杨伟鹏，邓丽霞，何红漫，等. 幼儿园主题活动质量提升研究——以L园为例. 幼儿教育（教育科学），2015（7）.

[23] 杨伟鹏，霍力岩. 生态学视野下的幼儿园环境创设——对三种课程模式环境创设的比较及借鉴. 幼儿教育（教育科学），2013（4）.

[24] 虞永平. 幼儿园教师在课程建设中的角色转变. 教育导刊（下半月），2012（6）.

[25] 岳露露，刘晶波. 国内外关于幼儿成长档案袋的研究综述. 早期教育（教科研版），2017（z1）.

[26] 张俊. 幼儿园区域活动研究的学科视角——兼论科学与数学区域活动的开展. 幼儿教育（教育教学版），2016（4）.

[27] 赵琳. 幼儿英语浸入式整合课程. 西安：西安交通大学出版社，2004.

[28] 周玲玲. 幼儿教师如何编写观察记录. 中国教育报，2014-04-06.

[29] 朱家雄. 幼儿园课程. 上海：华东师范大学出版社，2003.

[30] Baartman, L. K. J., Gravemeijer, K. Science and technology education for the future. Professional development for primary teachers in science and technology, 2011, 9.

[31] Butz, W., Kelly, T., Adamson, D. M., et al. Will the scientific and technology workforce meet the requirements of the federal government? Pittsburgh, PA: RAND, 2004.

[32] Clements, D. H., Sarama, J. Building Blocks, Volumes 1 and 2. Columbus, OH: McGraw-Hill Education, 2013.

[33] Damhuis, R., Blauw, de, A. High quality interaction in science and technology education. Professional Development for Primary Teachers in Science and Technology, 2011.

[34] Donegan-Ritter M. STEM for All Children: Preschool Teachers Supporting Engagement of Children With Special Needs in Physical Science Learning Centers. Young Exceptional Children, 2015, 20（1）.

[35] Ellen, K., Qiang, H. Y., Pei, M., et al. Early English immersion and literacy in Xi'an, China. The Modern Language Journal, 2007, 91（3）.

[36] Helm, J. H., Katz, L. G. Young investigators: The project approach in the early years (3rd Ed.). New York: Teachers' College Press, 2016.

[37] Katz, L. G., Chard, S. D. The project approach. Curriculum Design, 1993.

[38] Katz, L. G. STEM in the early years. Conference paper from the STEM in Early Education and Development, 2010.

[39] Meyer, M. The greening of learning: using the eighth intelligence. Educational Leadership, 1997, 55(1).

[40] Montessori, M. The Montessori Method. www.Snowballpublishing.com, 2009.

[41] Moomaw, S, Davis, J. A. STEM comes to preschool. YC Young Children, 2010, 65(5).

[42] Moomaw, S. Teaching STEM in the early years: Activities for integrating science, technology, engineering, and mathematics. Redleaf Press, 2013.

[43] Morgan, P.L., Farkas. G, Hillemeier. M. M, et al. Science achievement gaps begin very early, persist, and are largely explained by modifiable factors. Educational Researcher, 2016(1).

[44] National Research Council. Successful K-12 STEM education: Identifying effective approaches in science, technology, engineering, and mathematics. Washington, DC: The National Academies Press, 2011.

[45] Sharapan H. From STEM to STEAM: How early childhood educators can apply Fred Rogers' Approach. YC Young Children, 2012, 67(1).

[46] Siegel, L., Knell, E. Teaching English to Chinese-speaking children. Revisiting The Chinese Learner, 2010, 25.

[47] Slough, S. W., Milam, J. O. Theoretical framework for the design of STEM project-based learning. STEM Project-Based Learning, 2013.

[48] Soler, J., Miller, L. The struggle for early childhood curricula: A comparison of the English Foundation Stage Curriculum, Te Wha̎riki and Reggio Emilia. International Journal of Early Years Education, 2003, 11(1).

[49] Van Uum, M. S. J., Verhoeff, R. P., Peeters, M. Inquiry-based science education: towards a pedagogical framework for primary school teachers. International Journal of Science Education, 2016, 38(3).

[50] Wood, E., Attfield, J. Play, learning and the early childhood curriculum.

Paul Chapman Publishing, 1996.

[51] Yang, W., Li, H. A school-based fusion of East and West: a case study of modern curriculum innovations in a Chinese kindergarten. Curriculum Studies, 2017.

后　记　孩子们从中华文化中走来

　　学前教育课程受到多种文化的影响，经济全球化时代下的文化体现出多元融合、兼收并蓄的特点。因此，我国学前教育课程在政府主导的改革和幼儿园实施的创新这两股力量的影响下，广泛引入具有外来文化因素的课程模式，如蒙台梭利教学法、瑞吉欧方案、高宽课程等。在尊重儿童发展规律、中国原有文化特点和本地社会特点的基础上，学前教育工作者努力探索，实现了园本课程的创新。

　　深圳市第八幼儿园在社会变革和文化碰撞中，扎根深圳特区，主动参与课程改革和园本变革，在教育教学实践经验的基础上，顺应当今世界的发展趋势，实现了独具特色的幼儿STEM课程创新，并培养了与幼儿STEM课程创新需要相匹配的教师队伍。这套课程是在科学技术日新月异的时代背景下，根据幼儿身心发展的客观规律，基于中华优良文化传统建构的支持幼儿主动探究的学前教育内容与行动方案。

　　为了更好地与读者分享我们的课程创新，实现优秀经验的推广和改良，我们特此集结了专家队伍和骨干教师，将这些经验凝结成册。在课程实施和总结的过程中，我们坚持三项原则。第一，文化传承与发展。幼儿从过去走来，又向未来走去。过去有中华五千年文化，未来有未知的挑战。文化传承保证了幼儿的文化认同，也为幼儿的可持续发展提供了滋养源泉。第二，幼儿身心发展规律。幼儿的学习过程应遵循生理和心理发展的客观性。基于对这些规律的了解，我们才能理解幼儿的需求、兴趣、前期经验及其可以接受的学习挑战，支持幼儿个别化、主动性、综合性、可迁移的探究。这些规律源自国家颁布的专业标准，包括《幼儿园教育指导纲要（试行）》和《3-6岁儿童学习与发展指南》等。第三，家长与社会需求。我们在此分享的内容实际上是扎根深圳特区、不断打磨的课程经验，这些经验是与家长需求息息相关的。幼儿园课程除了服务幼儿外，也应该服务家长。我们在文化与幼儿发展适宜性的大前提下，充分考虑家长的呼声，并基于社会发展的需求，优化相应的课程资源配置方式与实践方式。也正是因为这项原则，这套STEM课程融合了幼儿的双语教育及诸多学习品质的养成，为幼儿的后续学习与发展奠定了基础。

　　本书呈现的聚焦STEM教育的幼儿园课程实践，正是对以上关于科学与人文的辩证思考的直接体现。这些见解和经验都源自深圳市第八幼儿园多年的摸爬滚打，融汇了多位专家和姊妹园的贡献。这本书分享的经验离不开专家与园长的引领，也离不开领导和全体深圳市第八幼儿园人的支持。

　　张丹丹和杨伟鹏提炼、敲定了前期课程框架，并推动了全书文字的撰写。杨伟鹏撰写了引言和前三章，杜豪杰、付瑶、邓珍靖、陈小红、刘姝、卓丽莉共同撰写了第四章，符晨雁、费洪利、李美玲、刘瑛共同撰写了第五章，白明明、林竟豪、李美玲共同撰写了第六章，彭丽、江佳佳、吴群、邹姝华、张婧婧、张晚霞、方旖旋、贺佳、蒋玉妹、徐蕴、罗珍妮、吴南、许盈共同撰写了第七章，张丹丹、魏建红、蓝丽葵、张彦、宋春蕾共同撰写了第八章，付瑶、胡敏、刘瑛共同撰写了第九章，陈灵、李涛、卓丽莉、罗丹共同撰写了第十章，彭丽、卓丽莉、朱彩玲、罗丹共同撰写了第十一章，陈灵、杜豪杰共同撰写了第十二章，庞明俊撰写了第十三章。全书后期整理与修订工作由张丹丹、杨伟鹏、庞明俊共同完成，全书最终由汪秀宏园长敲定。

　　就像在培育一个崭新的生命，不知几度花开花落，许多教师、研究人员、专家、领导付出了努力，才使这本书顺利诞生。在此我们感谢北京师范大学霍力岩教授为我们提供有价值的学术思想和指导，感谢深圳市实验幼教集团林瑛熙、吕颖、韩智等领导的规划、指导与支持，感谢王微丽园长多年来对深圳市第八幼儿园的引领带动，更要感谢深圳市第八幼儿园全体教职工的默默付出。

　　尽管我们为课程经验总结和本书的撰写付出了最大的努力，但是由于作者水平有限，本书可能还存在疏漏与不足，恳请读者不吝指正。

张丹丹　杨伟鹏